香火競爭

清代媽祖廟的湄洲進香

蕭信宏——著

推薦序

　　一直很用心研究的信宏要出書了，託我寫篇序，想起過去幾年信宏在這方面的努力，也就答應下來。信宏本從商，奮鬥了二十年後，毅然退休，回到他所喜愛的臺灣文史研究上，後來進入逢甲大學歷史與文物研究所攻讀碩士，就跟著我學習。記得第一年修完課後，他就寫好了論文，讓我幫他批閱。我看信宏有強烈的求知慾，脾氣也溫和，也認真的幫他看了論文，但非正科班畢業的他，對這方面的研究底子甚弱，論文被我改得慘不忍睹，要他回去重寫。對於一個非本科班來講，似乎有點殘忍，但事前溝通過，他認為受得了刺激，後來也證實了這一點，苦過才能知甜。

　　信宏的論文要探討臺灣媽祖的湄洲進香活動，有關媽祖信仰的論文上千篇，要有突破並不容易，但信宏有相當堅定的信念，於是在不斷的討論下，慢慢抓住了論述的主軸。臺灣媽祖的湄洲進香資料雖然有限，但信宏以鹿港天后宮與新竹長和宮為中心，抓住了島內媽祖勢力的競爭，並在我不斷問問題的指導方式下，也注意到了大陸沿海地區的媽祖信仰活動，究竟如何發展。結果在這樣的追尋下，終於發現從明代到清代湄洲的媽祖祖廟香火是有變化的，清代的湄洲媽祖香火，受到政治事件的影響，香火已經衰敗，不若以往，但為何臺灣的媽祖廟還是要到湄洲天后宮進香，就是因為其過去的官祀媽祖廟及其歷史的正統地位使然，這樣的進香，也是臺灣媽祖廟提升自己地位的一種方式。另

一方面，清中葉以前福建、粵東與臺灣的媽祖廟並不盛行赴湄洲進香，原鄉的宮廟赴湄洲進香反而有可能是受到臺灣宮廟影響而開始的。其背後原因為臺灣媽祖信徒多且為移民社會，部分地區盛行進香，而清中葉以後臺灣各方面條件逐漸讓湄洲進香可以成行。在這種狀況下，鹿港天后宮和新竹長和宮在受到其他媽祖廟的競爭威脅後，於是到湄洲祖廟進香，藉以提升其正統地位。從過去到現在，這種提升地位的模式，事實上不斷重複的發生，我們也可以看到戰後大甲鎮瀾宮的發展，就是一個明顯的案例。

上述的論點，讓信宏的湄洲媽祖進香，在論述觀點上有所突破，後來他也改寫了論文發表在《臺灣文獻》上，其研究受到了肯定，也讓他受到了相當大的鼓勵。從商人到文史研究者，信宏一直都相當努力，這份堅持和信念，也讓他從一個非本科生，竟然能在短短幾年的碩士訓練，產生了相當大的蛻變。在此一方面恭喜他終於能有自己出版的專書，另一方面也從擔任指導教授的角色，略談信宏的經歷與寫作歷程，與喜歡文史研究的朋友一起分享。

逢甲大學文化與社會創新碩士學位學程教授

王志宇　謹識

民國111年9月23日

推薦序

　　多年以來，我常應逢甲大學歷史與文物研究所（今已改名為文化與社會創新研究所）王志宇前所長之邀請，擔任歷屆畢業生碩論的口考委員，坦白說，近幾年好的畢業碩論實在不多見，題目不新，文筆不順，架構不嚴密，引用抄襲多過自己的創見，我個人常戲稱這是「雞肋型」碩論，讀之無味，但又棄之可惜，此為全臺各大學普遍之現象，根本原因就在於少子化，以至於招生不足，影響學校經營困難，不得不浮濫錄取，素質普遍不佳。

　　但這幾年有兩位研究生的畢業碩論，擇題新，取材廣，結構綿密，創見不凡，令人大開眼界，有「驚豔」之感。

　　其中一位是蔣若琳同學，針對石匠辛阿久（或作「救」）的生平及廟宇龍柱的雕刻特色，作了深入研究。採取田野調查與文獻考證的雙重史學方法，還親自到原鄉採訪，尋找文獻資料，結果有了新突破、新創見，其碩論分數也突破了逢甲該所的歷史之最，為最高分數，我與有榮焉！不久即由蘭臺出版社出版，書名《臺灣龍柱石雕研究》，暢銷一時，成為研究臺灣廟宇龍柱的必備入門書。

　　原以為短期內，無人可以破她記錄，不料，隔年又有蕭信宏同學的畢業論文，以清代與日治時期臺灣媽祖廟返原鄉謁祖進香為研究主題，兼及福建、廣東媽祖廟是否也有謁祖進香的現象。放言之，他的論文視野宏大，論地區涉及臺、閩、粵；論年代跨及清、日及現代，其格局之宏偉，已不是碩論等級，而是達到博

論層級！不但跑遍臺、閩、粵多座媽祖廟，口述採訪資料堆積如山，引用文獻有及腰之嘆，果然在志宇名師的指導及他個人辛勤著述，至少五易其稿，結果有了驚人創見！清代臺灣媽祖廟，除了幾間香火鼎盛大廟的確有返鄉進香外，而閩、粵的媽祖廟亦很少赴湄洲進香，換句話，其他媽祖廟的湄洲進香說法或記錄，多半是瞎說偽造的！至於進香現象，反而是在日治時期才開始大興起來，近代各媽祖廟為了爭取香火權威與地位、信徒、香金，更是偽造傳說，拼命宣傳，以訛傳訛下有了錯誤認知。而且他在研究進香問題外，順便對各廟的偽造文物（如：匾額、柱聯、碑文……等）瞎說史實、神蹟也進行嚴實的考證及批判，也因此造成此本研究夾敘、夾議、夾考、夾論，產生糾葛枝蔓，不易讀的毛病，但瑕不掩瑜，只有待他日再分別子題細細重寫吧！

因此，信宏的畢業碩論分數又破了若琳的分數，一躍為該所第一。其中數章已改寫發表在學術期刊，果不其然，現在又將要出版，索序予余，我自然不便推辭，欣然撰序，略敘經過如上。簡單說，我個人以曾經口考過蕭、蔣兩位同學的畢業碩論為榮，兩位的著作恐少人能推翻，而其創見研究三十年內少人能超越，後繼有人，余可安心退休矣！是為序。

卓克華
于三書樓
民國111年9月25日

推薦序
成人之美：推薦優質的清季媽祖進香論文

　　好東西要與好朋友分享，好酒與好友共品，好茶與知心交流；佳作則可推薦給各位讀者。

　　在我看來，蕭信宏君的媽祖研究，就是一篇碩士論文中的佳作，值得推薦給讀者細細品味。

　　它好在哪裡呢？有下列幾點門道，值得觀賞：

1. 主題選擇：他在諸多媽祖進香研究中，他挑選了前輩學者未探索之議題。以「清朝時期」臺灣媽祖廟前往湄洲祖廟進香為研究焦點，突破過去前輩學者的框架，屬於「新題細作」的研究。

2. 個案研究：為了細作此主題，他搜尋到清朝本地宮廟的史料，發現彰化鹿港舊祖宮與新竹長和宮的資料頗為豐富。乃以此為研究主軸，且將兩個個案作比較。這種「個案研究」的比較方法，是值得當下及未來的碩博士生，書寫論文時的參考學習範例。

3. 原因探索：如果一篇論文，只是史料堆積；屬「描述型研究」。本書則在此之上，花整章的篇幅，探索清朝兩間宮廟前往湄洲祖廟進香的的時空脈絡。包含分析當時的經濟條件、地理位置、宗教領袖的信仰認同度及組織力等因素，豐富了本研究的意義，升級成為「解釋型研究」。

4. 內容及書寫佳：就整篇論文的份量來看，作者取材甚廣，

爬梳相當多的史料。而且，他在王志宇教授的指導下，作
將資料有系統地排列組合，鋪陳於研究架構中；讓整篇論
文的內容顯得豐富且紮實。

　　加上，作者對史料的理解、詮釋能力佳，再運用流暢的筆
調行文、書寫。串起龐雜的史料，讓讀者閱讀起來，卻無艱澀之
感。因此，在我看來，它雖然是一篇碩士論文，但是已有準博士
生的程度。

　　行文至此，我還是再次肯定信宏賢棣的用心。

　　今日，欣聞他的論文付梓而向愚索序；我當然樂於為文、作
序、推薦。況且，後學忝為其論文的口試委員，除了獎勵賢士，
與人為善外，尚且鼓勵蕭君應該更上一層樓之意。希望他未來攻
讀博士，成為優質的研究人才。

張家麟

民國111年10月6日

推薦序

　　蕭信宏君是土生土長的鹿港人，其先祖來自福建興化府，是鹿港少數的興化人。清代咸豐二年（1752）興安宮重修時，其先祖蕭日新參與鹿港興安宮的重建，並於正殿留下「奠安山海」匾額。信宏君的父親亦是鹿港文德宮「六神會」的創會會長，他亦深受文化的薰陶，對歷史與文化肩負熱情與使命。

　　信宏君為逢甲大學國貿系畢業，出社會後即從事服裝業。隨著中國經濟的發展，前往經商，拓展事業，將臺灣流行服飾設計帶往中國生產，其設計的潮流服飾品牌，席捲全球。不論是服飾業或是房地產，都有不錯的成就。

　　不惑之年，信宏君選擇鮭魚返鄉，來到臺中定居，並開始參與鹿港的文化研究與記錄。隨後，進入逢甲大學歷史與文物研究所深造，鑽研臺灣媽祖信仰研究。在王志宇教授、卓克華、張家麟教授嚴厲的指導下，歷經三年餘，取得文學碩士學位，並創下歷史與文物研究所成立以來，取得最高分數畢業者。

　　今日，信宏君以碩士論文改編成書，書名《香火競爭：清代媽祖廟的湄洲進香》，期能讓讀者輕鬆閱讀，進而認識臺灣媽祖信仰文化。

陳仕賢
民國111年10月13日

自序

　　我想這本書的出版應該是與筆者自幼的生活環境和興趣有關，學齡前因老家在廟（鹿港文德宮）前，當時我最感興趣的就是遶境和暗訪等宮廟活動。上了國中後，我最喜歡就是歷史課，常常將歷史課本當成課外書來看。至今經常閱讀的書籍大都以歷史、財經類為主。本人2013年自中國大陸結束事業後，返回老家居住，開始研讀有關鹿港和臺灣的歷史書籍。多次在鹿港老廟間閱讀碑記，記得有一次站在新祖宮的虎邊（右邊）碑文前，閱讀乾隆年間的「敕建天后宮碑記」，同時靈光一現，想起舊祖宮（鹿港天后宮）嘉慶年間的碑文，寫著舊祖宮因新祖宮的敕建而改名，當時我就有聯想到這兩間廟是否有香火競爭關係。但鹿港人都知道舊祖宮是全臺香火大廟，新祖宮香火相對冷清，怎麼可能會有香火競爭的關係。後來在研究鹿港的史料中看到出版將近兩百年的《彰化縣志》，其中記錄到鹿港幾間廟宇，包含新祖宮和舊祖宮；加上我本身祖籍是興化莆田人，對鹿港興安宮（興化媽）也感興趣，故對鹿港三間媽祖廟展開研究。因對這三間廟的探究，也就踏入媽祖信仰及進香的研究。其中大甲鎮瀾宮、北港朝天宮、新港奉天宮和臺灣絕大部分的媽祖廟都宣稱創廟時就從湄洲分靈而來。此議題讓我對「湄洲媽」產生興趣，並加以關注。

　　在尚未進入研究所前，我都認為清代臺灣宮廟赴湄洲進香稀少的主因，是在兩岸交通的阻礙上。進入研究所後，志宇老師建

議我，如果要研究媽祖湄洲進香這議題，一定要將原鄉的湄洲進香搞清楚。我因好奇心的驅動，開始在臺北的國圖、中研院各圖書館、臺灣圖書館及臺中國資圖不斷的尋找資料，同期間也赴中國大陸原鄉及湄洲共四次。在史料的支持下，證明輪船尚未開通前，當時的環境不利於臺灣宮廟赴湄洲進香。另一方面，我也在臺灣本島踏查清代可能赴湄洲進香的宮廟，約數十間。後來因李建緯老師的天后宮文物調查書出刊，我親自向老師詢問文物的鑑定內容，由文物的判讀可間接證實我以下的論點：「鹿港舊祖宮歲往湄洲進香，應該和官廟新祖宮有關」。於是此書完成最後一塊拼圖，但比較可惜的是因經費有限，未能在原鄉澈底踏查，只能在資料、文獻及史料上加以研究分析，期待日後有機會繼續深入研究。

目次

第一章　緒論

第一節　問題意識

　　筆者出生在鹿港，從小對宮廟遶境活動，特別感到興趣，鹿港的宮廟活動，又以鹿港舊祖宮的媽祖遶境最為盛大，本書的鹿港舊祖宮就是現在的鹿港天后宮，此宮乾隆末因新祖宮的敕建，改稱為舊祖宮，日治時期改名為鹿港天后宮，俗稱舊祖宮或舊宮。鹿港地區有個傳統，鹿港舊祖宮如要舉辦遶境活動，鹿港街區所有宮廟都會參與此盛會，各廟傳統藝陣精銳盡出，因為鹿港舊祖宮自清代以來就是鹿港宮廟之首。[1]筆者小時候常常期待鹿港舊祖宮的遶境，但這種大規模的遶境不是年年有；另外在民國71年至73年（1982–1984），鹿港舊祖宮連續三年舉行「遙祭湄洲祖廟」活動，[2]這幾次的遙祭路線跟以往媽祖遶境不一樣，不在鹿港街區進行，因此引起我的好奇。「遙祭湄洲祖廟」的宗教活動讓當時的我留有印象，但又不知其所以然，也沒能力去了解。

　　之後我因為讀書和工作原因離開了鹿港，也遠離了宮廟活動。直到民國92年（2003）在中國大陸工作，看到電視不斷播送臺灣宮廟到湄洲祖廟進香的畫面，讓我對這個議題又燃起興趣，

---

[1] 余光弘，〈鹿港天后宮的影響範圍〉，《民間信仰與中國文化國際研討會論文集》（臺北市：漢學研究中心，1994年），頁2。

[2] 陳仕賢編輯，《鹿港天后宮志》（彰化縣鹿港：鹿港天后宮管理委員會，2004年），頁329。

開始閱讀有關進香的文章。民國102年（2013）回到家鄉鹿港居住，在鹿秀社大研讀有關自己家鄉的歷史和宗教活動，也參與了其他宮廟的進香。因此對北港朝天宮、大甲鎮瀾宮、新港奉天宮和彰化南瑤宮的宮廟歷史產生興趣。其中大甲鎮瀾宮進香時，特別強調鎮瀾宮建廟時的香火來自湄洲祖廟，而非來自北港朝天宮，清代就已經前往湄洲祖廟進香；日治時期因兩岸交通不便而中止，會往北港進香是因為北港朝天宮供奉媽祖的父母神位，到北港是晉謁媽祖父母，並非一般的謁祖進香。[3]但實際上日治時期的鎮瀾宮是承認北港朝天宮為祖廟。[4]民國76年（1987）前往湄洲祖廟請回媽祖神像之後，民國77年（1988）就改往新港遶境會香，之後也多次前往湄洲進香。[5]此外，北港朝天宮也強調是湄洲祖廟分靈，[6]傳說清代也回湄洲進香。[7]這兩件事情引起我的興趣，因為家鄉的鹿港舊祖宮對外宣稱供奉的主神為「湄洲開基二媽」，清代時常回湄洲進香，[8]這個議題讓我從小到大都留有印象。當時的我和大家一樣，受到現代媒體影響，覺得清代不少宮廟有赴湄洲進香。[9]

展開研究之後，發現清代臺灣赴湄洲進香的文獻記載竟只有鹿港舊祖宮和新竹長和宮兩間宮廟而已，[10]史料真的很少。我也

3　黃文博，《臺灣信仰傳奇》（臺北市：台原出版社，1989），頁149。

4　王見川、李世偉，《台灣媽祖廟閱覽》（臺北縣蘆洲：博揚文化，2001年），頁101。

5　張珣，《媽祖‧信仰的追尋（續篇）》，臺北市：博揚文化，2009年），頁151–154。

6　李獻璋，〈笨港聚落的成立及其媽祖祠祀的發展與信仰實態〉《中國雜誌》35：8（1967年11月），頁252。

7　蔡相煇，《北港朝天宮志》（雲林：財團法人北港朝天宮董事會，1989年），頁124。

8　「天后聖母廟……在鹿港北頭，乾隆初，士民公建，歲往湄洲進香」，參見周璽，《彰化縣志》卷五〈祀典志‧祠廟〉（南投：台灣文獻委員會，1993年），頁154。

9　至2011年為止，累計至湄洲進香的臺灣宮廟達1200多家（對此數目筆者感到質疑，因為臺灣媽祖廟沒這麼多間，可能是進香團體），有的連續幾年，反復多次，臺胞進香人數達240多萬人次。參見蔣維錟、朱合浦主編《湄洲媽祖志》（北京：方志出版社，2011年），頁126。

10　一是《彰化縣志》載：鹿港舊祖宮「天后聖母廟……一在鹿港北頭，乾隆初士民公建，歲往湄洲進香」，參見周璽，《彰化縣志》卷五〈祀典志‧祠廟〉（南投：台灣

意識到清代渡過臺灣海峽的艱困，開始質疑清代往湄洲進香的廟宇會多嗎？為解開此疑問，大量閱讀相關文章，積極地從事資料收集。2016年進入逢甲歷史與文物研究所就讀，希望能對臺灣湄洲進香有更進一步的研究。指導教授志宇老師建議我將研究範圍擴及中國大陸，看是否會有新的發現，筆者本來認為清代臺灣媽祖廟赴湄洲進香稀少的主因是在交通問題上，但將研究範圍擴及中國大陸後，我的想法已經改變，此書也試圖找出清代臺灣媽祖廟赴湄洲進香頻率不多的主因。

當今人類學家、文史工作者、媒體記者和社會學者在田調收集資料，不斷地新增出清代有至湄洲進香的口述資料，這現象一點都不讓人意外。這和媽祖本來是個巫（通靈者），到了元、明漸漸變成官員女兒的理由有點類似，[11]宗教因其發展需要，會適時轉變或創造傳說內容。集體記憶（口述資料）本身需要更多的歷史考證，[12]希望筆者此書可供口述資料作為適當的歷史背景。

第二節　過往文獻紀錄的湄洲進香

媽祖信仰研究已成顯學，相關研究之期刊論文不在少數，研究議題相當多元，茲分以下三個子題作一回顧摘述：

文獻委員會，1993年），頁154。一是《新竹縣采訪冊》記著長和宮「郊戶所祀之天后香火，則自興化府屬之湄洲分來，每三年則專僱一船，奉安天后神像駛往湄洲進香一次」，參見陳朝龍，《合校足本新竹縣采訪冊》（南投：臺灣省文獻會，1999年），頁375。

[11] 明（弘治）‧陳效修；周瑛、黃仲昭纂，《興化府志》卷之二十五〈群祀志‧國朝〉，記載：「國朝洪武五年，封孝順純孚濟感應聖妃。……時讀宋郡志，得紹熙初本，亦稱妃為里中巫，及再見延佑本，稱神女，今續志皆稱都巡檢願女，漸失真矣」，參見周瑛、黃仲昭著，《興化府志》（福州：福建人民出版社，2007年），頁664、665。

[12] 王明珂，〈集體歷史記憶與族群認同〉，《當代》91（1993年11月），頁15。

一、媽祖祖廟之考證

　　對於媽祖信仰的研究，在臺灣日治時期的宗教調查，就已留下不少紀錄可供後來的研究者參考，如：各地的《寺廟臺帳》，內容雖不一定正確，但提供了筆數甚多祖廟（本山）的田野資料。當時伊能嘉矩的〈天妃及其他海神之信仰〉一文，將媽祖部分的歷史文獻加以整理分析，並論及臺灣當時盛行的北港進香。[13]同時期的增田福太郎對臺灣宗教研究實為專精，他認為媽祖信仰為何會在臺灣興盛，是因為渡過臺灣海峽的艱難，讓媽祖信仰在臺灣更加興盛。[14]而增田福太郎所說的渡過臺灣海峽的艱難，何嘗不是清代臺灣人往湄洲進香會遇到的阻礙。日治時期的國分直一，也說「信仰媽祖的習俗，臺灣比中國大陸更旺盛」。[15]而關於臺灣各寺廟創立的緣起，增田福太郎將移民來臺組織新社會分為三期：第一期為部落草創期，第二期為部落構成期，第三期為新社會成立期。第一期為部落草創期，此時移民各自帶香火，但因部落未成形，隨時有回鄉的打算，故此時期尚未有建立寺廟的餘力。[16]透過增田福太郎分析，也讓我們了解臺灣有些媽祖廟，宣稱漢人來臺居住時就已經創建，並從湄洲分靈而來，其實是不符合開發史的，因為部落草創期是沒有建廟的能力，亦沒有迫切從湄洲分靈的需求。之後卓克華在劉枝萬、增田福太郎和鈴木清一郎的基礎下，再更精確地將臺島寺廟之興建分

13　伊能嘉矩，〈天妃及其他海神之信仰〉，收錄於伊能嘉矩著、國史館台灣文獻館編譯，《台灣文化志・中卷》（台北市：台灣書房，2011年），頁239–246。

14　增田福太郎，〈在臺灣的天上聖母崇敬與立誓事件〉（1934年），收錄於增田福太郎著、黃有興譯，《臺灣宗教論集》（南投：臺灣省文獻委員會，2001年），頁252。

15　國分直一著、林懷卿譯，《臺灣民俗學》（臺南市：莊家出版社，1980年），頁121。

16　增田福太郎著、江燦騰主編、黃有興譯，《臺灣宗教信仰》（臺北：東大，2005年），頁101–108。

為四期，[17]讓讀者更清楚的知道清代臺灣寺廟大量興建的時期是在道光、咸豐年間，並非更早的康雍乾時期。

有關於媽祖信仰的傳播，現在學術界一般認為從1956年開始發表媽祖相關文章的李獻璋，其《媽祖信仰研究》是第一本現代研究媽祖的專著，開啟研究媽祖文化之先驅。他主要從歷史學角度，大量收集文獻資料，輯錄了較為詳細的歷代媽祖文獻資料，建構了一個完整的媽祖文化考證和傳播，並論及莆田、臺灣及中國各地的媽祖文獻考證。另外他認為臺灣早期港口寺廟的媽祖神像來源為「船仔媽」，並非從湄洲分靈，例如：笨港媽祖為樹壁在船上專祀的「船仔媽」媽祖神像，或者是起於舟人的「船仔媽」，後因祠祀發展，才被附會於初代住持。再來他認為安平天后宮的起源，是由遷祀鄭氏兵船之神像「船仔媽」而建立的，非鄭成功所立。[18]可見李獻璋對媽祖信仰研究貢獻相當大，同時也留下不少爭議的問題。就媽祖信仰傳播來看，李獻璋認為北宋聖墩祖廟是媽祖信仰最初的發源地，另一間白湖順濟廟是南宋聲勢最浩大、最顯赫的媽祖廟。宋元兩朝透過泉州市舶司的成立，媽祖信仰隨著貿易而傳到沿海各地，元代是因為海運的需要而多次褒封媽祖，明代是因為出使外洋，而多次晉拜和修建媽祖廟。[19]繼李獻璋之後，關於媽祖的歷史研究，臺灣的蔡相輝1984年發表〈明鄭時代臺灣之媽祖崇祀〉、1985年發表〈媽祖信仰起源新考〉，1989年出版《臺灣的王爺與媽祖》一書，[20]之後仍不斷有

---

[17] 轉引自卓克華整理劉枝萬，〈清代臺灣之寺廟（一）〉，《臺北文獻》，4（1963年6月），頁101-120，蛻化成清代建廟四期特色，參見卓克華，《清代臺灣行郊研究》，（臺北縣深坑：楊智文化，2007），頁134-136。

[18] 李獻璋著、鄭彭年譯，《媽祖信仰研究》（澳門：澳門海事博物館，1995年），頁2-6、214、279。

[19] 李獻璋，〈媽祖的信仰發生、傳播及其影響〉，收錄於蕭一平、林雲森、楊德金編，《媽祖研究資料彙編》（福州：福建人民出版社，1987年），頁30-46。

[20] 蔡相輝，〈明鄭時代臺灣之媽祖崇祀〉，《臺北文獻》，69（1984年9月），頁263-272。〈媽祖信仰起源新考〉，《高雄文獻》，22/23（1985年6月），頁51-75。《臺灣

媽祖相關文章、書籍出版。石萬壽將1989年至1993年發表的媽祖文章，在2000年集結成《台灣的媽祖信仰》一書，[21]蔡相煇、石萬壽為臺灣研究媽祖信仰的重要歷史學者。2007年中國的徐曉望著《媽祖信仰史研究》一書，[22]也有扎實的史料研究。

關於媽祖誕生地的討論，因1987年蕭一平從《白塘李氏族譜》發現南宋紹興20年（1150）的廖鵬飛〈聖墩祖廟重建順濟廟記〉後，[23]文中一段「……世傳通天神女也。姓林氏，湄洲嶼人……」，此篇文章是迄今有關媽祖身世及信仰起源最早的文章。[24]因此歷史學者石萬壽在《台灣的媽祖信仰》一書中，反駁夏琦[25]和李獻璋的媽祖信仰起源於聖墩祖廟的論述，確認媽祖信仰起源於湄洲島，並分析宋代以後媽祖的歷史、封謚與明鄭年間臺灣所建立的媽祖廟。[26]此後李露露、徐曉望也認為媽祖出生在湄洲嶼；[27]1987年發現最早的媽祖文獻〈聖墩祖廟重建順濟廟記〉，已經證明媽祖出生地在湄洲島，但李獻璋之前指出聖墩祖廟是媽祖信仰的發源地，也並非沒有意義，至少證明如果沒有莆田寧海聖墩祖廟的存在，媽祖信仰可能不會在宋朝發展起來。2001年蔣維錟、朱合浦主編的《湄洲媽祖志》，更進一步考證媽祖出生在湄洲嶼上林村。[28]

的王爺與媽祖》（臺北市：臺原，1989年）。

21　石萬壽，《台灣的媽祖信仰》（臺北市：臺原，2000年）。

22　徐曉望著，《媽祖信仰史研究》（福州：海風出版，2007年）。

23　1987年蕭一平發現廖鵬飛〈聖墩祖廟重建順濟廟記〉此事參見蔣維錟，〈關於聖墩遺址問題的再商榷〉，收錄於林文豪主編，《海外學人論媽祖》（北京：中國社會科學出版社，1992年），頁411。

24　此篇文章是迄今有關媽祖身世及信仰起源最早的文章，參見蔣維錟、鄭麗航，《媽祖文獻史料彙編》第一輯碑記卷，頁2。

25　1962年夏琦〈媽祖傳說的歷史發展〉一文也提出媽祖信仰起源於聖墩祖廟的論述，參見夏琦，〈媽祖傳說的歷史發展〉，《幼獅學誌》，1：3（1962年7月），頁14。

26　石萬壽，《台灣的媽祖信仰》（臺北市：臺原，2000年）。

27　李露露，《媽祖信仰》（臺北市：漢揚出版，1995年），頁22。徐曉望著，《媽祖信仰史研究》（福州：海風出版，2007年），頁21-25。

28　蔣維錟、朱合浦主編《湄洲媽祖志》，頁12-15。

香火競爭：清代媽祖廟的湄洲進香

0
2
0

但也有文獻認為媽祖誕生地在湄洲嶼對岸的賢良港，如清代林清標編修的《敕封天后志》[29]及1987年俞玉麟的〈談談媽祖的出生〉一文。[30] 1990年陳容明《媽祖信仰史研究》提出證據指出，湄洲的地名有狹義的單指湄洲島一意，另有廣義包含湄洲灣一帶的涵義，自古以來湄洲一詞就包含賢良港。[31] 2006年的徐曉望《媽祖信仰史研究》一書透過史料的分析，陳述賢良港祖祠本來在湄洲島上，明初因遷界而移至現址。[32]為何媽祖出生地如此重要？因為出生地是媽祖祖廟創建源起之重要因素，也是民間信徒認同祖廟的要件之一。

　　1992年林文豪及1998年朱天順的文章都認為湄洲天后宮是祖廟，各地的媽祖廟是行宮，世界所有的媽祖廟都由湄洲祖廟直接或間接分靈出去。[33] 2001年蔣維錟、朱合浦合編的《湄洲媽祖志》也認同此看法，[34]有獨尊湄洲祖廟的意思。但之前李獻璋就不認同此說法，因為湄洲祖廟在宋代歷史中並非為最重要的媽祖廟。1987年沈桂生在〈從海神廟看泉臺關係〉一文中認為媽祖的正宮在天上，人間稱為行祠，[35]此說法就和祖廟的說法不同。2001年王見川、李世偉的《臺灣媽祖廟閱覽》也提及至明朝時媽祖信仰中心才轉至湄洲嶼，此時的湄洲嶼媽祖廟才成為新的祖

29　清・林清標編，《敕封天后志》，收錄於蔣維錟、周金琰，《媽祖文獻史料彙編》（第二輯著錄卷・上編），頁300。

30　俞玉麟，〈談談媽祖的出生〉，收錄於蕭一平、林雲森、楊德金編《媽祖研究資料彙編》，頁221–223。

31　海翔，〈莆田賢良港媽祖信俗研究綜述〉，《海峽教育研究》，4（2018年），頁51–54。

32　徐曉望，《媽祖信仰史研究》，頁21–25。

33　參見林文豪，〈關於媽祖、媽祖廟與媽祖文化〉，收錄於林文豪主編，《海外學人論媽祖》（北京：中國社會科學出版社，1992年7月），頁4。參見朱天順，〈媽祖信仰與兩岸關係〉，《臺灣研究集刊》，1（1998年），頁52。

34　蔣維錟、朱合浦主編，《湄洲媽祖志》，頁152–205。

35　參見沈桂生，〈從海神廟看泉臺關係〉，收錄於蕭一平、林雲森、楊德金編，《媽祖研究資料彙編》，頁133。

廟。[36]所以世界各地的媽祖廟都是從湄洲祖廟直接或間接分靈出去的說法是有疑問的,因為宋元以前並無獨尊湄洲祖廟的概念。

李獻璋和石萬壽認為明末清初重要的媽祖專書——《天妃顯聖錄》此書記載或製造了很多傳說,並非很好的歷史文獻記載。[37]但2016年歷史學者蔡相煇解析《天妃顯聖錄》,他認為《天妃顯聖錄》是從宋代莆田白塘李氏、白湖陳氏及信徒們一代代流傳下來的,是一部有系統整理媽祖史料的書籍。[38]

另外2006年鄭振滿的〈湄洲祖廟與度尾龍井宮:興化民間媽祖崇拜的建構〉一文提到當代湄洲祖廟廟方有意沖淡清代官廟的色彩,文中也不認同度尾龍井宮建廟歷史(此廟有傳聞道光年間有至湄洲進香),[39]鄭振滿的這篇文章對度尾龍井宮《神昭海表》一書[40]所記載的口述歷史多所質疑。後來在2010年鄭衡泌〈媽祖信仰傳播和分布的歷史地理過程分析〉論文中看到明代湄洲灣商業發達,因此興建的媽祖廟較多,然而隨著時間的變化,清代莆田商業發達地區,轉移到興化灣,湄洲祖廟當時是位於經濟不發達地區。[41]以上兩篇文章讓筆者對於經濟不發達地區的湄洲祖廟香火興盛與否,產生了興趣,想透過本書來做個釐清。

二、媽祖進香活動

在1920年代就有學者研究進香活動,以顧頡剛等學者的妙

---

36 王見川、李世偉,《台灣媽祖廟閱覽》,頁16。
37 石萬壽,《台灣的媽祖信仰》,頁30-32。
38 蔡相煇,《天妃顯聖錄與媽祖信仰》(臺北市:獨立作家,2016年)。
39 鄭振滿,〈湄洲祖廟與度尾龍井宮:興化民間媽祖崇拜的建構〉,《民俗曲藝》167(2010年3月),頁125、126。
40 《神昭海表》的主要內容,是介紹龍井宮的文物古蹟、歷史沿革、進香活動及「媽祖顯靈神話傳說」,此書為度尾龍井宮宮志,參見鄭振滿,〈湄洲祖廟與度尾龍井宮:興化民間媽祖崇拜的建構〉,頁142。
41 鄭衡泌,〈媽祖信仰傳播和分佈的歷史地理過程分析〉(福州:福建師範大學碩士論文,2006年),頁55-59。

峰山進香、香會研究為代表，但可以發現妙峰山的「朝山」進香和臺灣以分香子廟到祖廟「割火」進香是不同儀式和意義的進香。[42]當代媽祖進香有相當多的學術著作，以下列舉與本書相關之研究：人類學家黃美英集結之前著作，在1994年出版《臺灣媽祖的香火與儀式》紀錄大甲鎮瀾宮「割火」進香儀式，提出割火進香就像子廟定期回母廟充電的概念，以補充靈力，同時也記載了臺灣大型媽祖廟的競爭關係。[43] 2008年人類學家林美容集結之前的研究出版《媽祖信仰與臺灣社會》，書中可看到媽祖會為進香的主辦者和經費提供者，並定義了祭祀圈和信仰圈的不同之處，以彰化南瑤宮為例，使用媽祖會資料和廟方資料，提供10個媽祖會成立時間和發展地區。[44]進香在林美容的定義中是屬於走出祭祀圈外的活動，非廟境內的賽會。2008至2009年人類學家張珣，集結她之前的著作出版《媽祖‧信仰的追尋》及續篇是臺灣進香研究收集最廣泛的專書，有關本書出刊以前的媽祖進香研究幾乎都可在這此書找到線索。本書提出臺灣媽祖文化不同於以往的現象，例如：當代臺灣熱衷於前往湄洲進香或熱衷於比較宮廟間系譜排行大小。此書亦提及同是清代中國沿海移民的新加坡和馬來西亞，並沒有子廟向母廟進香的活動，亦不流行湄洲進香。[45]從張珣的著作中也可以看出信仰圈定義上是有問題的。2007年宗教社會學家張家麟的〈宗教儀式與宗教領袖詮釋——以大甲鎮瀾宮的進香儀式變遷為焦〉一文提到1988年的大甲鎮瀾宮透過從謁祖進香到遶境進香的改變以爭取臺灣首席媽祖廟的代言權，大甲鎮瀾宮的廟方領袖利用湄洲進香，擺脫到北港朝天

---

[42] 婁子匡編纂，《妙峰山》（臺北市：東方文化供應社，1970年）。

[43] 黃美英，《臺灣媽祖的香火與儀式》（臺北市：自立晚報出版社，1994年）。

[44] 林美容，《媽祖信仰與台灣社會》（臺北縣蘆洲：博揚文化，2008年）。

[45] 張珣，《媽祖‧信仰的追尋媽祖：張珣自選集》（臺北縣蘆洲：博揚文化，2008年）；
《媽祖‧信仰的追尋（續篇）：張珣自選集》（臺北市：博揚文化，2009年）。

宮的枷鎖，[46]可見時代的變遷會使得進香的目的及目的地改變。2009年黃建興〈陳靖姑信仰與古田臨水祖殿「請香接火」儀式〉一文，看到古田陳靖姑信仰「請香接火」儀式，有取得靈力帶回自己宮廟的含義，[47]和臺灣的「割火」儀式相似，從中可知「請香」或「接火」都是「割火」進香。林國平的《閩臺民間信仰源流》和《漳州民間信仰與閩南社會》提供不少原鄉的進香資訊和文獻來源。[48]

　　另外有關清代湄洲進香研究，茲分述如下：

（一）清代臺灣湄洲進香

　　媽祖信仰和進香在當代研究上是熱門的議題，但在清代湄洲進香的文獻竟如此稀少。本來以為臺灣清代湄洲進香資料少，是因為相隔臺灣海峽渡海不易，所以在原鄉中國地區，應該會有更多資料，想透過中國學者所寫的文章和刊物取得。但經過多年收集，發現中國清代湄洲進香文獻也很少。中國學者所出的文章，有關清代湄洲進香的資料大部分都是來自於臺灣宮廟之傳說和記載。如1995年李露露的《媽祖信仰》就提到大甲鎮瀾宮和北港朝天宮清代皆有至湄洲進香。[49] 2014年林國良主編的《莆田媽祖信俗大觀》[50]和林江珠等著的《閩臺民間信仰傳統文化遺產資源調查》都有大甲鎮瀾宮清代到湄洲進香的說法。[51] 2015年周金

---

[46] 張家麟〈宗教儀式與宗教領袖詮釋——以大甲鎮瀾宮的進香儀式變遷為焦〉，《2007臺中縣媽祖國際學術研討會論文集》（臺中市：中市文化局，2007年），頁106–108、117。

[47] 黃建興，〈陳靖姑信仰與古田臨水祖殿「請香接火」儀式〉（福建師範大學宗教學碩士學位論文，2009）。頁51。

[48] 林國平，《閩台民間信仰源流》（北京：人民出版社，2013年）。林國平，《漳州民間信仰與閩南社會》（上）（下）（北京：中國社會科學出版社，2013年）。

[49] 李露露，《媽祖信仰》，頁248–250。

[50] 林國良主編，《莆田媽祖信俗大觀》（福州：海風出版社，2014年），頁151。

[51] 林江珠等著，《閩台民間信仰傳統文化遺產資源調查》（廈門：廈門大學出版社，2014年），頁277。

琰的〈臺灣媽祖信眾湄洲朝聖現象之探析〉記載北斗奠安宮清代至湄洲進香的說法。[52]一般的平面媒體如：《消費導刊》刊登王寧萱〈「回娘家」：臺灣—湄洲媽祖文化交流淺析〉亦提到大甲鎮瀾宮清代每隔20年至湄洲進香，[53]但實際上這些著作並不是根據清代至湄洲進香的一手資料所寫。在收集資料期間，筆者發現臺灣民間出現不少「記載」清代有至湄洲進香的現象。如：大甲鎮瀾宮、北港朝天宮、[54]新港奉天宮、[55]臺中萬春宮、[56]伸港福安宮、[57]員林廣寧宮、[58]鹽水護庇宮、[59]竹南中港龍鳳宮[60]等宮廟。兩岸的文字工作者在報導，或撰寫臺灣湄洲進香文章時，會引用未經證實的湄洲進香資料，導致讀者認為有不少宮廟清代曾經至湄洲進香之錯覺。

關於臺灣清代和日治時期湄洲進香的資料，在1997年以前都

---

[52] 周金琰，〈臺灣媽祖信眾湄洲朝聖現象之探析〉，《江蘇社會科學》，3（2015年），頁227。

[53] 王寧萱，〈「回娘家」：臺灣—湄洲媽祖文化交流淺析〉，《消費導刊》（2009年），頁223。事實上大甲鎮瀾宮清代每隔20年至湄洲進香的說法是出於黃美英根據《Echo》（漢聲雜誌英文版）的採訪報導所寫，但黃美英同文也說明清代大甲媽進香文獻缺乏，無法證實以上說法。參見黃美英，《臺灣媽祖的香火與儀式》，頁84、85。黃美英2021.4.29來電告知清代大甲媽進香文獻缺乏，清代每隔20年至湄洲進香的說法是誤植，大甲鎮瀾宮近年來的一貫說法：大甲鎮瀾宮清代每隔12年至湄洲進香。http://www.dajiamazu.org.tw/content/about/about05_01.aspx點閱日期：2021.4.30。民國76年（1987）年以後出現鎮瀾宮「乾隆間建廟後，定期返回湄洲謁祖」的紀錄，參見黃文博，《臺灣信仰傳奇》，頁149。

[54] 蔡相煇，《北港朝天宮志》，頁124。

[55] 林德政，《新港奉天宮志》（嘉義：財團法人新港奉天宮董事會，1993年），頁448。

[56] 張桓忠，《萬春宮志》（台中市：台中市萬春宮管理委員會，2014年），頁155。

[57] 未列撰人，《農民曆2015伸港福安宮》（彰化伸港：伸港福安宮管理委員會，2015年），頁35。2012年網路文章亦有相同記載，資料來源：文化資源地理資訊系統，彰化，伸港，大同村福安宮。網站：http://crgis.rchss.sinica.edu.tw/temples/ChanghuaCounty/shengang/0705007-FAG。點閱2018.09.02。

[58] 未列撰人，《2019彰化員林福寧宮文化民曆》（彰化員林：員林福寧宮管理委員會，2019年），頁1。2012年網路文章亦有相同記載，資料來源：痞客邦部落格，湊陣拜媽祖部落客〈員林廣寧宮〉，文章為作者阿中寫於2012.09.27。網站：http://yawjong.pixnet.net/blog/post/38803641-%E5%93%A1%E6%9E%97%E7%A6%8F%E5%AF%A7%E5%AE%AE，點閱2018.10.20。

[59] 全國寺廟整編委員會編輯部主編，《月港護庇宮誌》（臺南鹽水：月港護庇宮管理委員會，1989年），頁36。

[60] 連力東，〈從泉港龍鳳宮與臺灣中港龍鳳宮看兩地民間神緣關係〉，收錄於陳支平、蕭忠中主編，《海上絲綢之路與泉港海國文明》（廈門：廈門大學出版社，2015年），頁352-353。

是單獨存在宮廟的紀錄裡，沒有完整的資料。直到王見川、李世偉〈關於日據時期臺灣的媽祖信仰〉發表，此文寫到臺灣媽祖廟赴湄洲祖廟進香之情形，透過文獻和《臺灣日日新報》的查找，得出一個結論為：

> 解嚴（一九八七年）前後，隨著臺灣幾個大媽祖廟至中國湄洲進香的熱烈情形，「湄洲進香」的情況，陸續被報導、記錄。而這些進香的媽祖廟人員宣稱，在清代，這一進香即進行過，至日據時期方受干擾中斷，現在只不過是恢復舊慣而已。

> 其實，從實證的角度來看，目前所得資料僅見二則清代臺灣媽祖廟到湄洲進香的可靠史料。一是《彰化縣志》載：「天后聖母廟……一在鹿港北頭，乾隆初士民公建，歲往湄洲進香」。一是《新竹縣采訪冊》記著「郊戶所祀之天后香火，則自興化府屬之湄洲分來，每三年則專僱一船，奉安天后神像駛往湄洲進香一次，祭以少牢。回時各郊戶具鼓樂旗幟往海口迎接回宮，輪日演劇」。[61]

從實證的角度來看，目前所得資料僅見二則清代臺灣媽祖廟赴湄洲進香的可靠史料；一是道光年間《彰化縣志》所記載鹿港舊祖宮歲往湄洲進香，二為光緒20年（1894）以後成書的《新竹縣采訪冊》記載新竹長和宮每三年則專僱一船，奉安天后神像駛往湄洲進香一次。王見川、李世偉這篇文章只有六頁而已，其中臺灣清代的湄洲進香資料更是幾行字而已，無法深度討論這個議

61　王見川、李世偉，〈關於日據時期台灣的媽祖信仰〉，《民間宗教》3（1997年），頁351–356。王見川、李世偉，〈關於日據時期台灣的媽祖信仰〉，《台灣的民間宗教與信仰》（臺北蘆洲：博揚文化，2000年），頁273–278。

題，但此二則資料已經是有關清代湄洲進香被引用最多次的文章了。[62]而此書亦提及北港朝天宮日治時期未到湄洲進香，清代亦有可能沒到過中國進香。[63]

2003年林國平〈媽祖信仰和兩岸關係的互動〉一文有提到清代不利臺灣湄洲進香的幾個因素。[64]同一年林政瑋的〈臺灣與福建湄洲媽祖進香交流研究〉碩士論文認為清代鹿港舊祖宮和新竹長和宮的湄洲進香行為，進香固然重要，但商業行為也是進香的目的。[65]此碩士論文，雖然提出不少觀點，但關於清代臺灣湄洲進香部分，也只是作者引用舊有資料對此議題作新的解讀，並無更多新的文獻資料發現。從上可看出專文探討清代臺灣宮廟赴湄洲進香的研究不多及文獻資料的匱乏。

（二）清代臺灣宮廟赴湄洲進香之環境

清代臺灣開發重要著作相當的多，因此回顧只提出影響本書論述的主要著作。在清代會影響臺灣宮廟赴湄洲進香的因素相當多。其中以交通條件尤為重要，1964年莊金德的〈清初嚴禁沿海人民偷渡來臺始末〉一文寫到清代官方對臺的治理是消極的，而其消極的防守就表現在渡臺限令上，並無積極鼓勵人民來臺開發之意。但儘管政府是消極的，人民仍舊受環境所迫，積極的偷渡來臺謀求生計，經濟的因素往往能突破政治的干擾，所以臺灣的開發是隨著臺灣人民開發到何種程度而官方才被迫開放港

[62] 如張珣，《媽祖‧信仰的追尋（續篇）》、林政瑋，〈台灣與福建湄洲媽祖進香交流研究〉、范宏緯，〈兩岸民間信仰之研究——以閩台媽祖交流活動為例〉、林國平，《閩台民間信仰源流》等，都有引用此資料。

[63] 王見川、李世偉，〈歷史權力與香火——北港朝天宮宗教地位形成之分析〉，《台灣的民間宗教與信仰》，頁249。

[64] 林國平，〈媽祖信仰和兩岸關係的互動〉，《江西師範大學學報（哲學社會科學版）》，36：4（2003年），頁5–13。

[65] 林政瑋，〈台灣與福建湄洲媽祖進香交流研究〉（淡江大學中國研究所文化教育組碩士論文，2003年），頁47、49。

口，這消極的封禁政策，直到同治13年（1874）日軍犯臺才做改變。[66] 1988年戴寶村的〈近代臺灣港口市鎮之發展：清末至日據時期〉博士論文，主旨在探討清末至日據時期臺灣港口市鎮體系由分散而集中的發展過程，臺灣港口市鎮的發展歷經傳統時期、開港通商時期、殖民地時期等不同的時間脈絡，在空間體系上則由分散而至集中於南北，開港通商是重要的轉變期。[67]而開港通商輪船的進駐，也使得臺灣人赴湄洲進香更安全便利。1996年林玉茹《清代臺灣港口的空間結構》一書提到在道光10年（1830）以前由於配運需要，清廷控制力尚強，也較嚴格執行正口對渡內地政策，內地大商船仍主要停泊於西部正口。道光10年（1830）以後清廷對海口之稽查趨廢弛，促使各地較具規模的港口大多直接與內地往來。[68]所以筆者意識到道光10年（1830）以後全臺才發展到需要各地的港口往對岸貿易。1998年蔡秀娟的〈清代閩粵臺偷渡人口問題之研究〉一文，特別強調乾隆54年（1789）年末以後，內地客民只需船戶作保，提供官府查驗給照，這一行政程序的簡化，是政府在臺政策的重大改革，[69]也代表當時臺灣已經發展到需要北中南各一個港口跟中國往來的貿易需求。另外以前研究者認為臺灣人口增加最快的時期就在康熙至嘉慶年間，但2004年許毓良提出乾隆55年至道光4年（1790–1824）年間短短34年（1790–1824）人口就激增了144萬人，康熙23年至乾隆55年（1684–1790）106年才增加101萬人。[70]可以推論出乾隆55年至

66　莊金德，〈清初嚴禁沿海人民偷渡來臺始末〉（上）、（下），《臺灣文獻》，15：3、4（1964年9月），頁1–20、40–62。

67　戴寶村，〈近代臺灣港口市鎮之發展：清末至日據時期〉（國立臺灣師範大學博士論文，1988年）。

68　林玉茹，《清代臺灣港口的空間結構》（臺北縣中和：知書房出版，1996年），頁240–241、257。

69　蔡秀娟，〈清代閩粵台偷渡人口問題之研究〉，（國立臺灣師範大學歷史研究所碩士論文，1998年），頁169。

70　許毓良，〈清代臺灣的軍事與社會──以武力控制為核心的討論〉（國立臺灣師範大

道光4年（1790–1824）年間正是鹿港的鼎盛期，此時渡海來臺的移民應該不少。因此以交通條件來說，筆者意識到的是位在正口的鹿港舊祖宮如果要到湄洲進香比同時期的臺灣其他宮廟條件更佳。

清代有赴湄洲進香的鹿港舊祖宮和新竹長和宮，依靠的就是郊商的商貿網絡。而研究郊行議題以方豪為最早又最有系統，後有1978–1990年卓克華在方豪的基礎下，陸續發表七篇有關臺灣行郊的研究，1990年並出版《清代臺灣的商戰集團》，2000年出版《清代臺灣行郊研究》，[71]為當代研究行郊的代表。後有1991年施懿芳〈從郊行的興衰看鹿港的社經變遷（1661~1943）〉碩士論文。[72] 2000年林玉茹，《清代竹塹地區的在地商人及其活動網絡》，[73]是為近年研究郊商後起佳作。

1980年Donald DeGlopper提出臺灣因河流東西向的隔絕，且陸路交通不便，所以清代臺灣各地區的關係就像群島一樣，各區域往來不易，和廈門泉州的往來反而還高於臺灣各地區的往來，直到1908年鐵路貫通全臺才改變此型態。[74] 1983年溫振華〈清代臺灣中部的開發與社會變遷〉一文，在富田芳郎的研究基礎下，提出虎尾溪與濁水溪以北的散居聚落形式與中北部的聯庄迎神拜拜有關，如中部的迎媽祖、臺北的迎尪公。[75]此文讓筆者意識到

學歷史研究所博士論文，2004年），頁38。

[71] 卓克華有關郊的研究如下：〈行郊考〉，《臺北文獻》，45、46（1978年2月），頁427–444；〈艋舺行郊初探〉，《臺灣文獻》，29：1（1978年3月），頁188–192；〈新竹行郊初探〉，《臺北文獻》，63、64（1983年），頁213–242；〈試釋全臺首次發現艋舺「北郊新訂抽份條約」〉，《臺北文獻》，73（1985年），頁151–166；〈新竹塹郊長和箚記三則〉，《臺北文獻》，74（1985年），頁29–40；〈清代澎湖臺廈郊考〉，《臺灣文獻》，37：2（1986年），頁1–34；《清代臺灣的商戰集團》，（臺北市：臺源出版社，1990年）。

[72] 施懿芳，〈從郊行的興衰看鹿港的社經變遷（1661~1943）〉（國立中山大學學術研究所碩士論文，1991年）。

[73] 林玉茹，《清代竹塹地區的在地商人及其活動網絡》（臺北市：聯經，2000年）。

[74] Donald DeGlopper, "Lu-kang: A City and Its Trading System", in R.G. Knapp, ed. *CHINA'S ISLAND FRONTIER*（Honolulu: University of Hawaii, 1980）, pp. 143–144

[75] 溫振華，〈清代台灣中部的開發與社會變遷〉，《臺灣師大歷史學報》，11（1983年6

全臺不同區域可能會有不同的賽會活動。2002年中國學者趙世瑜在《狂歡與日常——明清以來的廟會與民間社會》一書中分析明清時期的中國，北方的廟會如：武安縣約有102處的廟會市集分散在各城鄉；吳橋縣每年約有17次的廟會市集，歷時130天；張北縣46個地點有廟會，集中在每年四月到七月；通州計約20次歷時總計80天以上。而這些廟會市集就會帶來禮佛拜拜的進香人潮，可見華北的進香是帶有經濟商貿的性質，所涉及的區域較為廣泛。華南地區因市鎮發展程度高，較不需要經濟商貿性質的賽會。[76]華南地區其賽會活動文化水平高，浮華的藝閣、爭奇鬥豔的陣頭耗費多金，[77]但涉及區域較小。趙世瑜書中重點指出中國華北比較需要寺廟賽會市集，涉及的區域較為廣泛，進香活動帶有經濟性質，而華南市鎮發展程度高，比較不需要寺廟賽會市集來形成交易網絡，[78]所以筆者意識到華南比華北較不容易形成進香潮。

2013年李建緯研究全臺26面「與天同功」匾，此匾為清代光緒7年（1881）皇帝賜予臺灣宮廟，本不應有如此多的宮廟擁有。透過科學分析，李建緯得出這些區域對御匾追求的執著，是和區域內宮廟競爭有關，如：新竹地區的新竹長和宮和新竹內天后宮、苗栗北部的龍鳳宮、慈裕宮和慈雲宮、彰化的內天后宮和南瑤宮。[79]所以在清光緒年間就有區域內的宮廟競爭，發生的地

月），頁71。
[76] 趙世瑜，《狂歡與日常——明清以來的廟會與民間社會》（北京：生活・讀書・新知三聯書店，2002年），頁198。
[77] 顧頡剛認為南方賽會活動文化水平高，參見顧頡剛，〈妙峰山的香會〉，收錄於妻子匡編纂，《妙峰山》（臺北市：東方文化供應社，1970年），頁12。
[78] 趙世瑜，《狂歡與日常——明清以來的廟會與民間社會》，頁163-171、213-219。
[79] 因「與天同功」複製匾的研究，而產生光緒7年（1881）以後這些宮廟競爭的推論，如：新竹地區新竹長和宮和新竹內天后宮、苗栗北部龍鳳宮、慈裕宮和慈雲宮、彰化的內天后宮和南瑤宮，參見李建緯，《歷史、記憶與展示：臺灣傳世宗教文物研究》（臺中市：豐饒文化，2018），頁265。

點是在新竹、苗栗、彰化三地。此三地的宮廟競爭區域位於鹿港舊祖宮以及新竹長和宮附近，和本書提出的官廟造成民廟壓力，有地區及時間的脈絡相承。

三、鹿港天后宮、新竹長和宮研究

　　清代臺灣媽祖廟到湄洲進香從實證的角度來看，目前僅見二則可靠的史料；一是鹿港舊祖宮，二為新竹長和宮。有關鹿港舊祖宮康熙22年（1688）從湄洲分靈的傳說，1997年葉大沛的《鹿港發展史》否定了鹿港舊祖宮康熙22年（1688）施琅帶來湄洲二媽的傳說。[80] 2011年蔡志展在〈施世榜在鹿港「懇留」湄洲媽祖的時間辨誤〉的文章中亦反駁康熙22年（1688）藍理為鹿港舊祖宮帶來湄洲二媽的事蹟。[81] 以上兩位研究者都否定鹿港舊祖宮康熙22年（1688）從湄洲分靈的傳說，也就是說湄洲二媽不是在康熙年間來到鹿港舊祖宮。另外有關鹿港舊祖宮的研究，民國48年（1959）吳繁編的〈鹿港天后宮湄洲天上聖母年表〉，內容雖不重考證，但包含嘉慶22年（1817）和光緒7年（1881）兩次湄洲進香的記載。[82] 2000年許雪姬主持的《鹿港鎮志‧宗教篇》一書對舊祖宮的創建年代和鹿港的開發史有合理的比對。[83] 2004年陳仕賢編輯的《鹿港天后宮志》提供不少鹿港舊祖宮的文獻來

---

[80] 從史實來看，施琅恭請湄洲媽祖神像護軍之事，本就子虛烏有。……以施世榜獻地一事來判斷，當以「乾隆初年」建廟較為合理，參見葉大沛，《鹿港發展史》（彰化：左羊出版社，1997年），頁161-163。

[81] 蔡志展認為湄洲二媽非康熙年間施琅請來，是配合施世榜七十大壽，乾隆5年（1740）恭迎來鹿港，參見蔡志展，〈施世榜在鹿港「懇留」湄洲媽祖的時間辨誤〉，收錄於吳澤榮、王康壽主編《蚶江鹿港對渡文化論集》（武漢：武漢大學出版社，2011年），頁127-143。

[82] 吳繁編、歐陽錦華書，〈鹿港天后宮湄洲天上聖母年表〉（彰化鹿港：鹿港天后宮文物，1959年）。

[83] 許雪姬主持；鹿港鎮志纂修委員會編纂，《鹿港鎮志‧宗教篇》（彰化鹿港：彰縣鹿港鎮公所，2000年），頁1-16。

源，[84]還有眾多研究者2017年所寫的《鹿港天后宮論文集》，亦提供不少研究資料。[85]另外在清代舊祖宮的重要分靈區域——彰南地區，許嘉明的〈彰化平原福佬客的地域組織〉，是最早將彰南地區的族群信仰組織做明確研究的文章。[86]王志宇的〈清代臺灣彰南地區的媽祖信仰——以東螺街及悅興街的發展為中心〉一文釐清了彰南地區東螺街和悅興街媽祖廟的分香關係，以及發展脈絡。[87]林美容的《媽祖信仰與臺灣社會》提及南瑤宮的信仰圈在清代持續擴大，光緒九年（1883）以後，南瑤宮老四媽和聖四媽媽會成立，南瑤宮信仰圈至此包含了彰南地區。[88]透過以上學者對彰南地區的研究，加上筆者第四章的分析，認為光緒年間，此區從此成為鹿港舊祖宮和彰化南瑤宮信仰範圍的重疊地區。文物研究方面，如：李建緯主持的《106–107年彰化縣鹿港天后宮24組具古物調查研究計畫案成果報告書》為本書的「神昭海表」、「撫我則后」區提供科學的檢驗報告。[89]

關於清代新竹長和宮可考證的湄洲進香紀錄，是出現在1926年[90]成書的恠我氏，《百年見聞肚皮》中，書中述說和尚金的事件時，提及參與湄洲進香的過程。[91]再來依據文獻和田野調查，並參考2000年林玉茹，《清代竹塹地區的在地商人及其活動網

84　陳仕賢編輯，《鹿港天后宮志》（彰化鹿港：鹿港天后宮管理委員會，2004年）。
85　陳仕賢等撰稿，《鹿港天后宮論文集》（彰化鹿港：鹿港天后宮，2017年）。
86　許嘉明，〈彰化平原福佬客的地域組織〉，《中央研究院民族學研究所集刊》，36（1973年9月），頁165–190。
87　王志宇，〈清代臺灣彰南地區的媽祖信仰——以東螺街及悅興街的發展為中心〉，《逢甲人文社會學報》，15（逢甲大學人文社會學院，2007年），頁143–163。
88　林美容，《媽祖信仰與台灣社會》，頁87–96。
89　李建緯計畫主持人，《106–107年彰化縣鹿港天后宮24組具古物調查研究計畫案成果報告書》（彰化市：彰化縣文化局，2018年）。
90　恠我氏，《百年見聞肚皮集》成書於1926年，參見江燦騰，〈近代以前臺灣佛教的源流與特徵：以台灣北部新竹地區為例〉，《成大宗教與文化學報》，6（2006年6月），頁27。
91　恠我氏著、林美容點校，《百年見聞肚皮集點校本》（新竹市：新竹文化局，1996年），頁100–101。

絡》，了解在地商鋪及媽祖會成員和長和宮運作的關係。[92]透過卓克華2010年的《竹塹媽祖與寺廟》，和2012年《民間文書與媽祖廟之研究》取得新竹長和宮和內天后宮清代媽祖會的成立時間和順序。2012年卓克華《竹塹媽祖與寺廟》依長和宮重修時間及和尚金身處的時代背景，推斷《百年見聞肚皮》此次湄洲進香時間，應為道光15年（1835）。[93]

第三節　題目釋義及概念說明

在進入主題之前，先說明本書的研究區域涉及清代的臺灣、福建及粵東（潮州府、惠州府和嘉應州）。年代區間為康熙22年（1683）施琅收復臺灣至光緒21年（1895）清廷割讓臺灣給日本為止共兩百多年；本書稱「清代臺灣」時期。以下將本書的若干名詞加以定義及解釋：

一、進香

本節先解析「朝聖」、「朝山」與「進香」三名詞的意涵，之後再將進香眾多名詞加以解釋及定義。

「朝聖」與「朝山」，「朝」字作動詞解釋時，有「臣見君」的意思；是一種下對上、卑對尊的禮敬與參拜行為。以下為這些名詞的解釋：

---

[92] 林玉茹，《清代竹塹地區的在地商人及其活動網絡》（臺北市：聯經，2000年）。

[93] 卓克華，《竹塹媽祖與寺廟》（臺北縣深坑：楊智文化，2010年），頁49。卓克華，《民間文書與媽祖廟之研究》（新北市：楊智文化，2012年），頁215。

（一）朝山

> 佛教印度有八大聖地，信徒巡禮這些地點主要是追隨佛陀的生平足跡，體驗佛陀當時悟道渡眾的精神與力量。佛教進入中國後，朝山成為朝拜菩薩駐錫的名山聖地，有山西五臺山的文殊菩薩道場、四川峨眉山的普賢菩薩道場、浙江普陀山的觀音菩薩道場，與安徽九華山的地藏王菩薩道場。臺灣也有五大佛教本山，佛光山、法鼓山、靈鷲山、中臺禪寺及慈濟。星雲法師、聖嚴法師與心道法師都鼓勵佛教徒藉朝山以修行，並與佛菩薩親近交流，獲得無上功德與福報。[94]

從以上描述可看出「朝山」進香應是受佛教影響而形成。在1920年代顧頡剛等學者的妙峰山進香研究中，可以發現妙峰山的「朝山」進香和臺灣盛行的「割火」進香，是不同儀式和意義的進香。根據顧頡剛的研究，香會是進香的重要組織，而香會是從明清之前的「社會」祭祀組織演變而來，因帶有禮佛拜拜的遊覽進香興起，於是固定的「社會」祭祀組織，演化為流動的「社會」。流動的「社會」有兩種，一種是流行於南方的迎神賽會；另一種是流行於北方的進香，此種香客入廟禮佛拜拜，帶福回家是「朝山」進香的重要內涵。比如山東的泰山、浙江的普陀山、安徽的九華山、山西的五臺山、四川的峨嵋山、廣東的羅浮、江蘇的棲霞和茅山，這些地方可以吸引千里以外的香客，另外中國還有一些地方也是「朝山」聖地，但只能吸引百里之內的香客。[95]

94　參見盛翠穎，〈外澳接天宮之武當朝聖〉，《新世紀宗教研究》，18：2（2019年12月），頁34–35。

95　顧頡剛，〈妙峯山的香會〉，收錄於婁子匡編纂，《妙峰山》，頁11–14。

關於「朝山」進香的定義，有狹義的「朝山」進香和廣義的「朝山」進香兩種。狹義的「朝山」進香，是指有香會組織的「朝山」進香。但本書所謂的「朝山」進香，是廣義的「朝山」進香，定義取至於清光緒5年（1979）《長汀縣志》提及「俗於遠處進香謂之朝山」。[96] 換成現在的話來說，祭祀圈以外的香客來廟禮佛、拜拜和燒香，都是「朝山」進香，不一定需要有香會組織的存在。廣義的「朝山」進香，也就是一般人所認定「朝山」進香。

（二）朝聖

　　對基督徒而言，凡是「耶穌基督曾經走過、談論過的地方，祂降生、生活、死亡和復活升天之處，都被當作是可以彰顯耶穌恩典的地方。」都被視為「聖地」。……前往這些與耶穌及聖母瑪利亞相關的聖地之朝拜活動，就稱為「朝聖」。朝聖的意義不在於到聖地旅遊，而是要在聖地感覺與神同在並「回顧過去，想起之前那些偉大的行動，並邁向最後救贖的時候。」耶路撒冷同時是基督教、猶太教與伊斯蘭教的聖地，是天主教的發源地；耶穌曾行走於其大街小巷，在它的廣場聖殿裡講過道理，建立了聖體聖事，也在這裡受苦受難、死於十字架上、復活、升天。天主教信友們進入聖地，具體地將所見與《聖經》內容相呼應，讚美耶穌拯救世人的愛，並在祈禱中體驗耶穌基督的奧蹟。

　　伊斯蘭教最主要的聖地——麥加，是先知穆罕默德

---

[96] 清・劉國光謝昌霖纂修，《長汀縣志》，卷之三〈山川〉（臺北：成文出版社，1967年），頁55。

的誕生地，也是伊斯蘭教的發祥地。《古蘭經》規定，「凡能旅行到天房的，人人都有為真主而朝覲天房的義務。」天房是位於麥加大清真寺的立方體聖殿，存放了真主安拉所賜的黑石，凡是身體健康並具有經濟能力的成年穆斯林，一生中必須到麥加朝拜一次，稱作「朝覲」；是穆斯林必須嚴守的「念、拜、齋、課、朝」等「五功」之一。 一般非穆斯林民眾仍習慣性稱前往麥加朝覲為朝聖。每年朝覲的日期是伊斯蘭曆十二月的第八日到第十二日，稱為「正朝」。朝覲活動包含了一系列與先知易卜拉欣相連結的儀式，這套朝覲儀式必須依序在這五日內完成。麥加朝覲之路相當辛苦，穆斯林突破時間、經濟與體力上的負擔，完成一生至少一次的麥加朝覲義務，展現對真主阿拉全心臣服與敬拜之赤誠。[97]

　　以上是盛翠穎對「朝聖」的看法。另外她也論述「朝聖」、「朝山」或「進香」如下：善男信女前往名山寺廟朝拜神佛、獻上崇敬與香油的活動，通稱「進香」。進香活動常見於道教及佛道並祀的民間信仰，具體而論，無論是朝聖、朝山或進香，都是信徒前往與神、佛、菩薩等有神聖性連結的聖地朝拜或巡禮的宗教活動。過程中，佛教、道教與民間信仰的信徒都藉「香」來表達誠意，「上香」與神佛溝通以祈福、許願或還願，因而普遍使用「進香」一詞。有名的寺廟宮觀大多位於名山聖地，因而，前往名山聖地的大廟古剎進香，也被稱為「朝山」。一神信仰的基督宗教、猶太教與伊斯蘭教，其信眾前往聖地朝聖或朝覲，雖然也與佛教、道教一樣，是藉由進入聖神所經歷或顯聖的聖域，感

---

[97] 參見盛翠穎，〈外澳接天宮之武當朝聖〉，頁35-36。

受與神同在、人神交融的喜樂與神聖性，但卻與「香」無直接
關係，因而僅以「朝聖」或「朝覲」稱之，沒有「進香」的說
法。從盛翠穎〈外澳接天宮之武當朝聖〉一文的名詞解釋中，可
看出東西方「朝聖」、「朝山」或「進香」，都是信徒前往與
神、佛、菩薩等有神聖性連結的聖地朝拜或巡禮的宗教活動，內
容儀式不同，但精神意義有部分相近。差異是中國的「朝山」或
「進香」有拿香禮佛，用「香」來表達誠意，「上香」與神佛溝
通以祈福、許願或還願，因而普遍使用「進香」一詞。[98]因此廣
義的「進香」包含「朝山」進香。

二、分靈

　　清代閩粵移民從故鄉登船下海之前，往往先到本地所屬的媽
祖廟進香膜拜，並進一步請一尊媽祖神像的分身上船，若無分身
則奉請香火袋或神符，此即分香的分靈方式，因此分靈包含了分
身和分香兩種方式。[99]

　　請香火：有些人會認為「請香火」就是「割火」進香。但
「請香火」一詞到底是不是「割火」進香，還是只是分靈香火？
參考明・正德年間《福州府志》記載「靈著王廟舊名威惠，在福
清縣治西隅後王山。神姓陳名元光，……宋時，縣人於漳浦請
神香火祠於縣前王巷」[100]，和清乾隆年間《莆田縣志》有「朱醫
廟……今病眼者請香火供奉，無不立愈。」[101]及「真武殿在穀城

98　參見盛翠穎，〈外澳接天宮之武當朝聖〉，頁36-37。
99　林明裕，《媽祖傳說》（臺北：聯亞，1980年），頁207，轉引張珣，〈分靈與進香
　　——媽祖信仰與人群的整合〉，《思與言》，33：4（1995年12月），頁84。
100　明・（正德）葉溥修、張孟敬等纂，《福州府志》四十卷〈祠廟〉，收錄於方寶川、
　　陳旭東主編，《福建師範大學圖書館藏稀見方志叢刊》，3（北京市：北京圖書館出版
　　社，2008年），頁371。
101　廖必琦、宮兆麟、宋若霖等纂，《莆田縣志》，頁170。

037

文峰嶺，因前明兵燹，鬼魅晝現，居民不安，塔山里人三詣武當山虔請香火崇奉。」[102]以上三則方志記載「請香火」指的都是分靈的意思。另外清乾嘉時期小說《閩都別記》中揭示各地到臨水宮請香火的情況，如該書第一二八回寫道：

> 前文所說妖貓冒作麻姑，被吳雲程遣四徒打出原形逃走，適遇請夫人香火，孩童在內觀看，香火顯應，現出金身捉住，人家皆親眼看見。自此一傳，臨水夫人香火如此顯應，各處之人家或患邪或得病，皆去臨水宮請香火，即無事之家，亦去請香灰裝入小袋內供奉，以保平安。路上來往不絕，龍源廟內日夜喧騰，擁擠不開。恃強先請，至於口角打架，無日不爭，致打一二案人命，累及地方。通鄉會議禁止，外作柵門攔截，不許人進請香火，廟遂寂靜矣。廟祝無了出息，暗恨鄉人。遂生一計，把陳大奶之木像，小身的供龕中，送上門來，與人請香火，並求籤問聖，請香灰五分銀子，求一條籤三分銀子。[103]

從上文可知「請香火」就是請香灰裝入小袋內供奉，也就是將香灰裝入香火袋的意思，從上述四個例子來看「請香火」為「分靈」或「請香火袋」的意思。所以「請香火」一詞在清代是「分靈」和「請香火袋」，並不一定能解釋為「割火」進香。

---

[102] 清・林揚祖修，《莆田縣志稿》不分卷〈祠廟〉，收錄於方寶川、陳旭東主編，《福建師範大學圖書館藏稀見方志叢刊》，29（北京市：北京圖書館出版社，2008年），頁282。

[103] 清・里人何求纂，《閩都別記》（上），第一二八回〈六娘法網收鎮野鬼玉真夢魂奪教疹童〉（福州：福建人民出版社，2008年版），頁437。

割火儀式

攝影：蕭信宏2017.4.18

三、割火

　　以下要解釋本篇文章所謂的「進香」。「進香」一詞其實包含「割火」進香、「謁祖」進香、「朝山」進香、「參香」、「會香」、「割香」、「刈香」、「刈火」、「掬火」、「請火」、「乞火」、「掛香」、「遶境進香」及「隨香」等不同的進香名詞。對一般臺灣信眾來說，這些活動都是進香，不一定需要搞清楚。但學術研究就須清楚這些文字所代表的差異，或為同義。除「朝山」進香上文已加以解釋，其他名詞應加以定義。

　　「割火」、「請火」進香：是比較狹義的進香，也就是臺灣人所謂的「割火」，信徒認為割火可分得較強神明的一部分靈力

帶回自己宮廟中。將祖廟、靈驗或歷史大廟的香火透過儀式（每間廟的儀式還是有些不同）引入宮廟自行帶來的香爐裡。裝著香火的香龕（香擔）是進香中最重要的物件，負擔著將強大的靈力帶回去所屬宮廟的任務。「火」是母廟、靈驗大廟或歷史老廟爐中的靈力代表，因此「火」才是重點。有「割火」儀式的進香，才能稱為「割火」進香。在中國北方「朝山」進香聖地，不盛行我們所謂的「割火」儀式，這些地方進香客多由香會帶領，只是往寺廟禮拜神佛；中國傳統「進香」一詞，與臺灣閩南人習俗並不相同。[104]

在查找清代文獻時發現「請香」、「請火」、「割香」、「乞火」、「取火」、「上香山」這些詞彙都有取得或分享靈力的儀式和意涵，也就是以上這些名詞都是「割火」進香。[105]「揤火」、「刈火」、「刈香」、「掛香」四個進香詞彙在清代文獻並無記載。

臺灣傳統的「進香」一詞，是指卑廟至尊廟、由分靈子廟到母廟、或是由新廟至老廟的進香，在過去是指「進香團」成員扛抬香擔，千里迢迢至祖廟參拜後，慎重「請」回其「香」火，與「割」取「香」火，或「割」取香「火」到香擔中。[106]

綜合以上的整理，本書使用「割火」進香一詞代表臺灣宮廟間有請火儀式的進香。是因李獻璋指出個人赴宮廟進香稱為「割香」，目的是取得是香氣或香灰，而宮廟赴另一宮廟「割火」取得的是代表靈力的火，所以「割香」一詞只能代表個人赴宮廟

---

104 張珣，《媽祖‧信仰的追尋（續篇）》，頁218、219、228。
105 參見本書第二章第三節。
106 張家麟老師的對「進香」一詞的解釋，詳見其臉書（Face book）https://www.facebook.com/permalink.php?story_fbid=965050567351363&id=100015392866285，點閱日期：2020.10.28。對此意見本人亦表認同。

鹿港天后宮日治時期湄洲進香香龕

（蕭信宏攝，2016）

進香並不能代表宮廟間的進香。[107]張珣指出「火」是母廟、靈驗
大廟或歷史老廟爐中的靈力代表，因此「火」才是重點，[108]「割
火」一詞能充分代表此行為。

四、謁祖進香、會香、參香、遶境進香與隨香

　　當代臺灣人所謂的宮廟間的進香包含了「謁祖」進香、「會
香」、「參香」、「遶境進香」等幾種廟宇關係：

　　「謁祖」進香：臺灣地區會因創建的歷史較早或靈蹟卓

---

[107] 李獻璋著、鄭彭年譯，《媽祖信仰研究》，頁287。
[108] 張珣，《媽祖・信仰的追尋（續篇）》，頁219。

著，所奉祀神明被公認為神威顯赫，信徒前往祈求香火。帶回香火或神像到自家或地區恭奉膜拜，這種現象被稱為分靈、分爐或分香。和中國其他地區不同的是之後要定期或不定期回祖廟（母廟）「割火」，這種進香方式俗稱「回娘家」也稱「謁祖」進香。因「謁祖」進香而產生了廟宇地位高低的區分，例如：基隆聖安宮是從大甲鎮瀾宮分靈而來；大甲鎮瀾宮在民國77年（1988）以前是前往北港朝天宮祖廟「割火」；而北港朝天宮是從湄洲祖廟分靈出來的。姑且不論以上分靈來源的正確性如何。但就日治時期到民國77年（1988）以前，這幾間媽祖廟的分靈關係如下：北港朝天宮為湄洲祖廟的子廟；大甲鎮瀾宮為北港朝天宮的子廟、湄洲祖廟的孫廟。基隆聖安宮為大甲鎮瀾宮的子廟、北港朝天宮的孫廟、湄洲祖廟的曾孫廟。其他分靈廟際關係也可依此類推。[109]2015年簡瑛欣的〈祖廟──臺灣民間信仰的體系〉一文提出臺灣祖廟的初始形成是來自於「移民」與「私誼」的兩組關係，「移民」攜帶原鄉廟宇香火，原鄉廟宇成為祖廟。「私誼」因靈驗事蹟分香，或私壇乃至庄頭公廟為了增加廟宇祀神而前往香火較為旺盛的祖廟分靈。[110]子廟會至母廟「割火」，俗稱「回娘家」也稱「謁祖」進香。「謁祖」進香有廟與廟之間上下階層之分，所以本書的湄洲進香是「謁祖」進香。臺灣的祖廟概念常與「謁祖」進香相伴而成，但「割火」進香的目的地，不只是分靈的母廟，也可是靈驗大廟或歷史老廟，所以「割火」進香不一定是「謁祖」進香。

會香：「會香」在卓克華的考證為：「眾多子孫廟會集至母

---

[109] 張珣，〈分靈與進香──媽祖信仰與人群的整合〉，《思與言》，33：4（1995年12月），頁83–105。

[110] 簡瑛欣，〈祖廟──臺灣民間信仰的體系〉（國立政治大學民族學系博士論文，2015年），頁76。

廟進香稱『會香』」，[111]本為下對上的關係。但現在「會香」一詞普遍的說法是廟與廟之間平級的交流，就像是朋友間的互相拜訪，兩廟通常都有較深、較密切的情誼，有可能會有「割火」儀式。例如：兩廟間有相同的祖廟，相互進香就稱為「會香」；有時若是主神之間有地位高低爭議的話，也會使用「會香」一詞。所以「會香」一詞隨著各廟的定義有所不同，混淆了一般民眾「會香」的概念。

　　參香：「參香」、「會香」現在的說法都是廟與廟平級交流的進香，但「參香」的兩廟通常以往沒有較深的情誼，只是最近建立新的廟際進香關係，普遍說法是無交香「割火」儀式。

　　贊香：「贊香」根據卓克華的研究也是廟與廟平級交流的進香。[112]但就以近幾年最為大眾所知的大甲媽祖遶境，分別有「頭香」、「貳香」、「參香」、「贊香」四個團體可參與進香。頭香、貳香、參香、「贊香」最重要的是大甲媽祖回鑾途中的接駕重頭戲，在預定的地點接駕參拜，且擁有在媽祖轎內插香的權利。接駕、參拜的順序就依頭香、貳香、參香、贊香而排。所以「贊香」一詞也是隨著各廟的定義有所不同，混淆了「贊香」的概念。

　　遶境進香：此名詞因大甲鎮瀾宮的「遶境進香」而被大眾知曉。傳統的「進香」，是指卑廟至尊廟、由分靈子廟到母廟、或是由新廟至老廟的進香。但現代，早已被賦予「新意」。每年大甲媽的9天8夜之進香，中間駐駕點為新港奉天宮。兩廟頭人約定以「平等」往來，完全無「下對上」的「謁祖」之意。

---

[111] 此定義為卓克華教授口述告知，日期：2020年10月17日早上10點–11點，地點：逢甲大學人言大樓910教室

[112] 此定義為卓克華教授口述告知，日期：2020年10月17日早上10點–11點，地點：逢甲大學人言大樓910教室。

同理，大甲媽從臺中出發，跨越彰化、雲林、嘉義三縣市，在上百個媽祖廟、友宮停駕或駐駕；也稱為「進香」。其意也是大甲鎮瀾宮和各地宮廟的平等交陪，而非到祖廟朝拜。因此，「進香」已發展成為至友宮「參香」。

傳統的「香境」概念，為本地神明管轄的五營範圍內稱為「境」，神明往祂廟「割火」進香，回到自己的「香境」內，會進行遶境。[113]每個神明都有自己大小不同的「境」，以往大型的公廟「香境」大都不會重疊，但自從大甲鎮瀾宮「遶境進香」後，混淆了一般民眾「香境」的概念。

隨香： 光緒年間的《合校足本新竹縣采訪冊》載：「本縣各處天后香火，各自嘉義縣北港分來，是月各莊士民百十為群，各制小旗（旗上有小鈴），燈籠一，上寫『北港進香』字樣，競往北港焚香敬禮，謂之『隨香』」，[114]所以跟著宮廟赴另一宮廟「割火」進香的信眾行為稱為「隨香」。

五、「信仰圈」與「祭祀圈」

林美容對宮廟信仰範圍，都以祭祀圈和信仰圈來做討論，祭祀圈的概念是戰後七〇年代臺灣學界普遍應用來研究寺廟與地方的一個方式。此部分主要討論聚落公廟所供奉神明和聚落居間的關係，日治時期岡田謙最早用此一概念來研究臺灣的社會。此後，一直要到民國67年（1978），才由許嘉明重新為祭祀圈下了定義。後來林美容對臺灣祭祀圈的研究進行歸納整理的工作，並進一步提出信仰圈的概念。林美容認為祭祀圈是指漢人「為了共

---

[113] 謝國興，《進香・醮・祭與社會文化變遷》（臺北：國立臺灣大學出版中心，2019年），頁5-6。
[114] 陳朝龍，《合校足本新竹縣采訪冊》，頁375。

神信仰而共同舉行祭祀的居民所屬的地域單位」。一個祭祀圈所涵蓋的範圍，或是一個村莊或是數個村莊，或是一鄉一鎮，基本上以部落為最小的運作單位。可分為部落性祭祀圈、村落性祭祀圈、超村落祭祀圈及全鎮性的祭祀圈。不同層級的祭祀圈通常有包含關係，即大祭祀圈包含小祭祀圈的情形。不論祭祀圈結合哪一類人群，其範圍都有一定的、清楚的界限，界限內的居民就有義務參與共同祭祀。[115]按目前研究看來祭祀圈最大範圍為臺灣鎮級單位。鄭振滿的〈莆田江口平原的神廟祭典與社區歷史〉一文指出，祭祀圈可能是由明初官方建立的里社祭祀制度轉變而來，非民間自然而然的形成。[116]透過祭祀圈的反省，林美容進一步提出信仰圈的概念。指出「所謂信仰圈，是以某一神明或（和）其分身之信仰為中心。信徒所形成的志願性宗教組織，信徒有一定的範圍，通常必須超越地方社區範圍，才有信仰圈可言」。信仰圈和祭祀圈不同如下：（一）信仰圈以一神信仰為中心，祭祀圈則祭拜多神。（二）信仰圈的成員資格是志願性的，祭祀圈的成員資格則為義務性，如需繳丁口錢。（三）信仰圈是區域性，如：彰化南瑤宮信仰圈，十個媽祖會，範圍遍佈臺中、南投、彰化三個地區，範圍通常較大；祭祀圈是地方性，範圍通常在寺廟附近，一般較小。（四）信仰圈的活動是非節日性的，如：不定期的進香；而祭祀圈的活動是節日性的，[117]如：宮廟中個別重要神明的聖誕活動。但張珣的〈儀式與社會：大甲媽祖轄區之變遷〉論文首先處理鎮瀾宮「祭祀網絡」或「轄區」的問題，發現大甲附近的53庄並不等同祭祀圈的概念。或許可說是信仰圈，不

---

[115] 林美容，《媽祖信仰與台灣社會》，頁31。

[116] 鄭振滿，〈莆田江口平原的神廟祭典與社區歷史〉，收錄於《寺廟與民間文化研討會論文集》（臺北市：文建會，1995年），頁579-598。

[117] 林美容，《媽祖信仰與台灣社會》，頁35-38。

過又沒有林美容所稱的「共神信仰形成的神明會組織」，進香信徒採開放式，因此無論祭祀圈或信仰圈的界定都不盡符合。臺灣各地民間信仰的社會組織與運作模式相當多元複雜，有相似處也有差異極大者，每一位研究者往往只能根據自己的有限田野經驗歸納總結。謝國興也透過臺灣不同的宮廟案例的解析，發現信仰圈和祭祀圈以及交陪境之間的交錯重疊與互動模式，非常多元複雜，尚有待更多的區域性研究相互補充，林美容所界定之信仰圈、祭祀圈基本上只適用於南瑤宮神明會的組織運作。[118]

　　本書需使用到信仰圈、祭祀圈的概念，而鹿港天后宮、新竹長和宮、彰化南瑤宮及新竹內天后宮的信仰圈組成內涵也不盡相同。故本書會使用宮廟信仰範圍一詞來做代表，而這一詞有「點」、「線」、「面」的概念，例如：本書第四章會提及鹿港舊祖宮的信仰範圍包含嘉義朴子配天宮，就是「點」的概念，因位清代朴子附近，鹿港舊祖宮也只分靈一尊神明至配天宮而已。而雲林麥寮拱範宮日治時期有至鹿港進香，這時鹿港舊祖宮信仰範圍在鹿港和麥寮間就有「線」的概念。而鹿港舊祖宮信仰範圍對彰南地區來說就是「面」的概念，因為彰南地區重要的媽祖廟大多數是從鹿港舊祖宮分靈，且其中的枋橋頭七十二庄在日治以前每隔12年會至舊祖宮進香至今依舊。彰化南瑤宮信仰圈在臺中、彰化、南投也是屬於信仰範圍「面」的概念，新竹內天后宮清代的媽祖會組織也屬於「面」的概念。[119]而宮廟的遶境範圍和請神的範圍都是單一宮廟的信仰範圍，如：鹽水護庇宮南巡北巡四十幾個村落[120]都是護庇宮信仰範圍，而北臺灣到關渡宮請神廟

---

[118] 謝國興，《進香・醮・祭與社會文化變遷》，頁6–14。

[119] 以上宮廟的分靈資料或信仰範圍，第四章皆有說明或註記。

[120] 全國寺廟整編委員會編輯部主編，《月港護庇宮誌》（臺南鹽水：月港護庇宮管理委員會，1989年），頁33。

宇都屬於關渡宮的信仰範圍。[121]宮廟信仰範圍一詞所代表是不同時期會有不同時期的「點」、「線」、「面」變動範圍，每間宮廟情況不同，無法像信仰圈一詞統一定義，本書先用宮廟信仰範圍代表，等待以後學界提出更好的概念。

第四節　研究方法與本書架構

一、研究方法

　　筆者一開始蒐集清代和日治時期湄洲進香（附錄二）共17座的宮廟資料，歸納出本研究的問題意識，也就是清代臺灣赴湄洲進香的宮廟是不多的，而且日治時期也不是有能力往湄洲進香的香火大廟都會往湄洲進香，為什麼會有此種現象？因此先從大環境來綜合分析臺灣的進香背景，以及尋找清代限制臺灣湄洲進香的因素；利用一手史料、前人的研究和少數的田野調查資料，分析福建地區媽祖信仰情況；另外蒐集清代臺灣、福建和粵東所有神明的進香史料，分析臺灣、福建和粵東等地的進香和臺灣進香有何相關；再透過田調和文獻分析，來推論清代臺南地區並不盛行湄洲進香；另外分析鹿港舊祖宮和長和宮的文獻，在清代無明顯的湄洲進香風潮下，之所以會舉行湄洲進香，原因為何？將清代臺灣湄洲進香真實情況加以還原，並找出為何當代有些媽祖廟會「宣稱」清代有進行湄洲進香。總體而言就是收集資料（包含文物資料），比較、歸納、綜合分析，加上田野調查。

　　清代進香研究相當倚賴相關史料與前人研究的應用，本研究

---

[121] 簡有慶，《關渡媽祖信仰及其年例變遷研究》（臺北市：博揚文化，2011年），頁173–279。

亦不例外。在史料部分，則參考有關兩岸地方志，碑文、詩詞、對聯、史摘、著錄，著重於一手史料還原清代湄洲進香的真相。以下為本書的重點參考資料來源：

（一）媽祖文獻：近年來，出現一批媽祖文獻的整理與編輯的成果，[122]讓研究者更容易取得一手史料。如：2007年蔣維錟、周金琰、劉福鑄、鄭麗航的《媽祖文獻史料彙編》檔案卷、詩詞卷、散文卷、碑記卷。[123]2009年蔣維錟、周金琰、鄭麗航的《媽祖文獻史料彙編》著錄卷、匾聯卷、史摘卷。[124]2011年鄭麗航、劉福鑄、周金琰、周麗妃、蔣曉前輯纂的《媽祖文獻史料彙編》方志卷、經籤卷、繪畫卷。[125]以上學者將

[122] 蔣維錟1990年編校了《媽祖文獻資料》；文中收集了從宋至清代文人學者撰寫有關媽祖文化的文獻資料等；1998年張珣編撰《東南亞媽祖銘刻萃編》等；2000年徐玉福編注了《媽祖廟宇對聯》；2003年由中國第一歷史檔案館、湄洲媽祖祖廟董事會、湄洲媽祖文化研究中心、莆田市歸國華僑聯合會合編，蔣維錟、楊永占主編的《清代媽祖檔案史料彙編》；蔣維錟、鄭麗航合著的《媽祖研究資料目錄索引》；2005年出版了莆田學院媽祖文化研究所和莆田學院漢語言文學系合編，劉福鑄、王連弟主編的《歷代媽祖詩咏輯注》（中國文史出版社，2005年12月第1版）；2010年華東文獻叢書編輯委員會編輯的《中國文獻叢書》第八輯為《媽祖文獻》專輯；2014年由中國社會科學院歷史研究所媽祖文化研究基地、福建省社會科學院媽祖文化研究中心、莆田學院媽祖文化研究院合編，劉福鑄主編的二十冊《媽祖文獻整理研究叢刊》；1999年王見川主編《明清民間宗教經卷文獻》、2006年又出版了《明清民間宗教經卷文獻續編》；2013年，王見川主編《近代媽祖經卷文獻與鄭成功信仰資料》共6冊出版；2016年莆田學院媽祖文化研究院與湄洲媽祖祖廟董事會聯合出版了《媽祖文化年鑑——2013》，參見黃瑞國、黃婕，〈媽祖文化研究的歷史、傳承與發展〉，《媽祖文化研究》1（2017年），頁35。

[123] 蔣維錟、周金琰，《媽祖文獻史料彙編》第一輯檔案卷（北京：中國檔案出版社，2007年）。蔣維錟、劉福鑄，《媽祖文獻史料彙編》第一輯詩詞卷（北京：中國檔案出版社，2007年）。蔣維錟、鄭麗航，《媽祖文獻史料彙編》第一輯散文卷（北京：中國檔案出版社，2007年）。蔣維錟、鄭麗航，《媽祖文獻史料彙編》第一輯碑記卷（北京：中國檔案出版社，2007年）。

[124] 蔣維錟、周金琰，《媽祖文獻史料彙編》第二輯著錄卷·上編、下編（北京：中國檔案出版社，2009年）。蔣維錟、劉福鑄，《媽祖文獻史料彙編》第二輯匾聯卷·對聯編、匾額編（北京：中國檔案出版社，2009年）。蔣維錟、鄭麗航，《媽祖文獻史料彙編》第二輯史摘卷（北京：中國檔案出版社，2009年）。

[125] 鄭麗航輯纂，《媽祖文獻史料彙編》第三輯方志卷上編、下編（福州：海風出版社，2011年）。劉福鑄輯纂，《媽祖文獻史料彙編》第三輯經籤卷·籤詩編（福州：海風出版社，2011年）。劉福鑄、周金琰輯纂，《媽祖文獻史料彙編》第三輯經籤卷·經懺編（福州：海風出版社，2011年）。周金琰、劉福鑄、周麗妃、蔣曉前纂，《媽祖文獻史料彙編》第三輯繪畫卷·上編、中編、下編（福州：海風出版社，2011年）。

民國34年（1945）年以前的對聯、方志、碑記、經籤、史摘、著錄和其他零星無法成卷的文獻通通編冊成書，此套《媽祖文獻史料彙編》對筆者的論文提供相當大的幫助。另外前人的研究，前文已有敘述，不再重複。

（二）文物普查的紀錄是臺灣近幾年興起的活動，政府開始重視可移動的文物，並投入經費；民間一些宮廟也受到影響，開始有文物普查的觀念，因此有一些被遺忘的歷史文物，可以用來比對宮廟歷史，各地方政府有出版相關書籍。

（三）《臺灣日日新報》：於1898年由日人守屋善兵衛併購《臺灣新報》與《臺灣日報》而成，創刊初期有6個版面，1910年11月以後增為8版，其中漢文版通常佔有兩個版面。自1905年7月1日以後，報社將漢文版擴充，獨立發行《漢文臺灣日日新報》，每日6個版面，一時幾可與日文版等量齊觀。於1911年11月30日，恢復以往於日文版中添加兩頁漢文版面的作法，直到1937年4月1日因應時局全面廢除。[126]

（四）《寺廟臺帳》：臺灣宗教研究相當重要的資料，內容為日治時代的寺廟普查，其內容雖不一定正確，但其分靈來源資料可提供本研究參考，只可惜為複印版本，有些內容不容易辨識，本書相關寺廟臺帳皆以中研院臺史所所藏的《寺廟臺帳》複印本為主。

（五）各大圖書館裡所珍藏的清代福建和粵東方志。

---

[126] 網站：臺灣日日新報資料庫……簡介http://tbmc.nlpi.edu.tw.eproxy.nlpi.edu.tw:2048/twhannews/user/intro.htm，點閱日期：2019.06.01。

（六）國內重要的文獻學術網站：1.中研院漢籍電子文獻、2.臺灣文獻叢刊、3.臺灣文獻叢刊續編，[127]以上網站包含清代臺灣方志及文獻檔案。

（七）戰後所編撰的廟志，雖有部分資料未經考證，但也可提供不少文獻來源。另外筆者陳述現代說法時會使用網路資料和宮廟的農民曆。

（八）口述資料：此資料本身需要更多的歷史考證，因為人們對過去會有「結構性健忘」，經由不刻意保存文獻及有關文物，或由口頭傳承的扭曲與間斷，刻意建立起自己想要形塑的歷史記憶。[128]

二、本書架構

第一章緒論，陳述對湄洲進香的興趣及問題意識，再來寫到相關議題的研究回顧，並論述研究方法、名詞的定義、研究範圍、資料來源及章節安排。

第二章陳述福建地區民國以前的媽祖信仰與進香概況，第一節為宋代以來福建歷代媽祖信仰發展概況，分析湄洲祖廟在媽祖信仰傳播的角色及其他主要媽祖廟對媽祖信仰發展的重要性。第二節的重點在分析清代湄洲「祖廟」和賢良港「祖祠」，因為清代湄洲島對岸的賢良港「祖祠」以媽祖出生地為號召，成功建立媽祖「祖祠」的香火權威。此時臺灣的宮廟到底是赴賢良港祖

---

[127] 中研院漢籍電子文獻，http://hanji.sinica.edu.tw/?tdb=%BBO%C6W%A4%E5%C4m%C2O%A5Z。

臺灣文獻叢刊http://easysearch.lib.fcu.edu.tw:2114/taiwan/Home/index01.asp

臺灣文獻叢刊續編http://easysearch.lib.fcu.edu.tw:2114/TwSyuBianWeb/catalog.asp。

[128] 王明珂，〈集體歷史記憶與族群認同〉，《當代》，91（1993年11月），頁15–16。

祠進香或是到湄洲祖廟進香？本書也會加以分析。第三節論及進香的習俗探源，並還原福建和粵東湄洲進香真實情況。第四節收集、分析清代莆田地區的湄洲進香情形。

　　第三章先從清代臺灣媽祖廟創建與進香的興起做初步的了解，再來陳述清代臺灣宮廟赴湄洲進香的社會經濟基礎，從大環境來找出臺灣清代進香為何會興起。以及從三方面陳列出限制清代臺灣宮廟赴湄洲進香的因素：1.為清代湄洲進香的時程（候風）過長，2.交通條件不佳，3.官方限制。最後一節分析清代臺灣的賽會概況，得出因各地重視的賽會不同，並非每個地區都盛行湄洲進香。

　　第四章為清代臺灣湄洲進香案例之探討。鹿港舊祖宮、新竹長和宮是清代方志唯二有記載赴湄洲進香的宮廟。故選定這兩間宮廟，分析廟的歷史背景，論及此兩間宮廟在清代原鄉並無明顯的湄洲進香風潮下，之所以會舉行湄洲進香的原因。另將清代臺灣湄洲進香真實情況加以還原，並分析為何當代有些媽祖廟會「宣稱」清代有赴湄洲進香。

　　第五章結論，統合以上各章，提出筆者對此議題的新發現。

第二章　福建及粵東地區民國以前的媽祖信仰與進香

湄洲島位置圖

　　當代臺灣宮廟赴湄洲進香，主要的目的地就是湄洲祖廟（湄洲天后宮），祖廟位於福建省興化府莆田縣（清代）的湄洲島上，而清代臺灣人的原鄉在閩南和粵東，唯有了解福建和粵東的進香情形，才能進一步探討湄洲進香的真實狀況，所以本章節將針對清代此地區的湄洲進香加以分析。

　　首先探討福建地區媽祖信仰的歷代發展概況和湄洲祖廟在媽祖信仰傳播上的重要性，再來探究賢良港祖祠與湄洲島之廟宇何者才是祖廟？賢良港祖祠此廟在清代就標榜是媽祖的出生地，究竟媽祖的出生地是在湄洲島上還是在對岸的賢良港？要釐清以上這些事，需要從歷史文獻去找尋真相。先從莆田地區的資料分

析之後，再擴及福建和粵東地區，去考證這些地區的清代進香資料，進一步釐清臺灣的進香傳統和中國原鄉的關係。

第一節　福建媽祖信仰之發展

一、宋代福建媽祖廟之建立

　　首先，先從史料來看湄洲島是否為媽祖的出生地？目前有關媽祖出生地最早的文獻，為南宋紹興20年（1150）廖鵬飛作〈聖墩祖廟重建順濟廟記〉，裡面提及「世傳通天神女也，姓林氏，湄洲嶼人。」[1]，所以我們可以確認媽祖是湄洲人。再來如以下史料，也可支持此論點：南宋嘉定7年（1214）李俊甫〈神女護使〉記載「湄洲神女林氏，生而神靈，能言人休咎，死，廟食焉。」[2]、南宋紹定元年（1228）丁伯桂〈順濟聖妃廟記〉裡面有提到「神莆陽湄洲林氏女」[3]、南宋寶祐4年（1256）劉克莊〈風亭新建妃廟記〉「曰湄洲之神也」[4]、劉克莊於南宋（1253–1258）〈白湖廟二十韻〉詩中寫到「靈妃一女子，瓣香起湄洲。」[5]、南宋開慶元年（1259）李丑父〈靈惠妃廟記〉裡面有「妃林氏，生於莆之海上湄洲」[6]等。從以上文獻來看，媽祖出生在湄洲島上應該是正確的。但南宋紹興20年（1150）廖鵬

---

[1] 廖鵬飛，〈聖墩祖廟重建順濟廟記〉，參見清鈔本《白塘李氏族譜》忠部版本，收錄於蔣維錟、鄭麗航，《媽祖文獻史料彙編》第一輯碑記卷，頁1。

[2] 李俊甫，《莆陽比事》卷七〈神女護使〉，收錄於蔣維錟、鄭麗航，《媽祖文獻史料彙編》第一輯散文卷，頁3。

[3] 丁伯桂，〈順濟聖妃廟記〉，參見潛說友《咸淳臨安志》卷七十三版本，收錄於蔣維錟、鄭麗航，《媽祖文獻史料彙編》第一輯碑記卷，頁2。

[4] 劉克莊，《後村先生大全集》卷九十一版本〈風亭新建妃廟記〉，收錄於蔣維錟、鄭麗航，《媽祖文獻史料彙編》第一輯碑記卷，頁5。

[5] 劉克莊，《後村先生大全集》卷四十八版本〈白湖廟二十韻〉，收錄於蔣維錟、劉福鑄，《媽祖文獻史料彙編》第一輯詩詞卷，頁6。

[6] 李丑父，〈靈惠妃廟記〉，元至順《鎮江志》卷八版本，收錄於蔣維錟、鄭麗航，《媽祖文獻史料彙編》第一輯碑記卷，頁4。

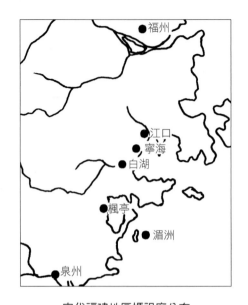

宋代福建地區媽祖廟分布

（參考改繪自：石萬壽，《台灣的媽祖信仰》，頁110。）

飛的〈聖墩祖廟重建順濟廟記〉也提及「神女生於湄洲，至顯靈迹，實自此墩」，[7]此句描述同時也證實媽祖神蹟顯靈是從聖墩祖廟而起。

　　從現有的文獻來看，媽祖一開始是「世傳通天神女」、「生而神靈」的宗教人物，死後大家將她葬在湄洲島，建廟於湄洲島，但文獻未能證明廟建於島上的出生地或飛昇地。[8]所以筆者將此廟稱為湄洲媽祖廟，非稱湄洲祖廟。再來經過同鄉人，同樣也是從事宗教工作的朱侯兄弟，大力宣傳媽祖事蹟。[9]所藉著

7　廖鵬飛，〈聖墩祖廟重建順濟廟記〉，收錄於蔣維錟、鄭麗航，《媽祖文獻史料彙編》第一輯碑記卷，頁1。

8　廖鵬飛，〈聖墩祖廟重建順濟廟記〉，裡面有提到「世傳通天神女也姓林氏，湄洲嶼人。初，以巫祝為事，能預知人禍福；既殁，眾為立廟於本嶼」，參見蔣維錟、鄭麗航，《媽祖文獻史料彙編》第一輯碑記卷，頁1。

9　李丑父，〈靈惠妃廟記〉，記有「而咸靈嘉祐朱侯兄弟緻位焉。二朱亦鄉人，生而能神，揚靈宣威，血食於妃宮最舊。」，參見蔣維錟、鄭麗航，《媽祖文獻史料彙編》

宗教宣傳的鄉人和漁民的力量，從傳說中媽祖昇天的北宋雍熙4
年（987）[10]直到元祐元年（1086）年的100年間，將媽祖信仰傳
播到湄洲島以外的莆田各地。而元祐元年（1086）是重要的一
年，少數的信眾將媽祖信仰傳到寧海聖墩，媽祖在此顯靈，因而
建了一座史料最早記載的媽祖廟——白塘聖墩祖廟（現已不存
在）。[11]此廟位於古代著名的寧海鎮海港，[12]當地船運、商貿發
達，透過官員、海商、鄉人和漁民四股力量向沿海傳播出去，才
讓媽祖信仰開始在文獻上有所記載。

　　但是文獻中最早出現的媽祖廟是從湄洲祖廟分靈的嗎？我
們可以從南宋紹興20年（1150）廖鵬飛作〈聖墩祖廟重建順濟
廟記〉文獻看到：「……當夕遍夢墩旁之民曰：我湄洲神女，
其枯槎實所憑，宜館我於墩上。父老異之，因為立廟，號曰聖
墩。……」，[13]由上文可知，當時候聖墩建廟是靠媽祖託夢到而
建廟的，並未提到用割火分靈的方式建廟，換句話說並不能用此
資料來證明當時已有湄洲祖廟。另外聖墩祖廟對媽祖信仰最大的
貢獻，就是讓媽祖信仰從不被政府認可的地下信仰，走向被政府
認可的宗教信仰，這個事件記載如下：

　　……宣和壬寅歲也。越明年癸卯，給事中路公允迪出使高
　　麗，道東海，值風浪震盪，舳艫相沖者八，而覆溺者七，

第一輯碑記卷，頁5。

[10]　媽祖出生卒年尚無法確認，大約是在北宋初年，參見徐曉望著，《媽祖信仰史研
　　究》，頁29-32。

[11]　南宋紹興20年（1150）廖鵬飛，〈聖墩祖廟重建順濟廟記〉清鈔本《白塘李氏族譜》忠
　　部是目前最早的媽祖史料，參見蔣維錟、鄭麗航，《媽祖文獻史料彙編》第一輯碑記
　　卷，頁2。另外南宋紹興21年（1151）狀元黃公度，〈題順濟廟詩〉《莆陽知稼翁集》卷
　　上，第一句「枯木肇靈滄海東」，就指出祭拜飄來枯木雕成媽祖神像的聖墩祖廟，是媽
　　祖信仰的傳播源頭，參見蔣維錟、劉福鑄，《媽祖文獻史料彙編》第一輯詩詞卷，頁1。

[12]　徐曉望著，《媽祖信仰史研究》，頁67。

[13]　南宋紹興20年（1150），廖鵬飛，〈聖墩祖廟重建順濟廟記〉清鈔本《白塘李氏族譜》
　　忠部，收錄於蔣維錟、鄭麗航，《媽祖文獻史料彙編》第一輯碑記卷，頁1-2。

獨公所乘舟，有女神登檣竿為旋舞狀，俄獲安濟。因詰于
眾，時同事者保義郎李振，素奉聖墩之神，具道其祥，還
奏諸朝，詔以「順濟」為廟額。……[14]

　　因為保義郎李振所拜的聖墩之神（媽祖）保佑了出使高麗的
官員，因此北宋徽宗賜以「順濟」為廟名，從此媽祖廟就有正式
的名稱——「順濟廟」，一般史料稱「聖墩祖廟」。[15]此廟建於
北宋元祐丙寅年（1086），[16]北宋徽宗宣和年間（1119–1125）賜
廟名動作，使得媽祖信仰正式獲得國家認可，從此以後不會受到
政府的打壓，並以「祖廟」為稱號。元大德7年（1303）黃仲元
的文章提到白塘聖墩祖廟事實上是媽祖廟的「源廟之祖」。[17]另
外一提，寧波的靈濟廟就是南宋紹興3年（1133）從白塘聖墩祖
廟分靈（爐）而來，[18]這也是媽祖最早的分靈史料。媽祖信仰傳
播，從廖鵬飛作〈聖墩祖廟重建順濟廟記〉文中可看出，宋代的
香火大廟透過漁民、地方居民、商人和官員而將媽祖信仰傳播出
去。而且北宋元祐2年（1086）是泉州市舶司設立的那一年，李
獻璋認為媽祖信仰一開始就是由船員信仰所成立，雖然那時媽祖
是個鄉土神，宋元兩朝透過泉州市舶司的成立，媽祖信仰隨著貿

14　廖鵬飛，〈聖墩祖廟重建順濟廟記〉，收錄於蔣維錟、鄭麗航，《媽祖文獻史料彙
編》第一輯碑記卷，頁1。

15　白塘聖墩祖廟，明初毀於邊寇，位於今莆田市涵江區白塘鎮地界，參見蔣維錟、鄭麗
航，《媽祖文獻史料彙編》第一輯碑記卷，頁2。

16　「元祐丙寅歲，墩上常有光氣夜現，鄉人莫知為何祥。有漁者就視，乃枯槎，置其
家，翌日自還故處。當夕遍夢墩旁之民曰：「我湄洲神女，其枯槎實所憑，宜館我
於墩上。」父老異之，因為立廟，號曰聖墩。」參見廖鵬飛，〈聖墩祖廟重建順濟廟
記〉，收錄於蔣維錟、鄭麗航，《媽祖文獻史料彙編》第一輯碑記卷，頁2。

17　「而莆聖墩實源廟之祖」，出自元大德7年（1303）黃仲元〈聖墩順濟祖廟新建蕃釐殿
記〉，收錄於蔣維錟、鄭麗航，《媽祖文獻史料彙編》第一輯碑記卷，頁10。

18　蔡相輝認為南宋寧波的靈濟廟是從興化白塘聖墩祖廟分爐的，參見蔡相輝，《天妃顯
聖錄與媽祖信仰》，頁311。另外元程端學〈靈濟廟事跡記〉中有紀錄宋代媽祖從興
化分爐的事跡，就用「分爐」二字，參見蔣維錟、鄭麗航，《媽祖文獻史料彙編》第
一輯碑記卷，頁19。

莆田市文峰宮南宋媽祖神像

（蕭信宏攝，2016）

易而傳到沿海各地。[19]因此南宋慶元年間（1195-1200）創建的泉
州媽祖廟，在媽祖信仰的推廣上，扮演相當重要的角色。

　　再來接續而上，將媽祖信仰推上南宋時期高峰的是白湖順濟
廟，此廟靠近府城約20華里，位於莆田最大港口城鎮，[20]船運、
商貿發達。其香火來源在南宋紹定元年（1228）丁伯桂〈順濟聖
妃廟記〉裡面有提到「其年白湖童邵一夕夢神指為祠處，丞相正
獻陳公俊卿聞之，乃以地奏奉神立祠，於是白湖又有祠。」[21]，
所以白湖順濟廟香火也非來自湄洲祖廟分靈，而是來自感夢建
廟。當時南宋已經發展出若干的媽祖廟，而香火就是從這些大廟
傳播出去，其中以在南宋紹興年間（1131-1162）就已興建的白
湖順濟廟為代表。白湖順濟廟由一代名相陳俊卿捐地建造，這座

[19] 李獻璋，〈媽祖的信仰發生、傳播及其影響〉，收錄於蕭一平、林雲森、楊德金編，
　　《媽祖研究資料彙編》（福州：福建人民出版社，1987年），頁30-46。
[20] 李獻璋著、鄭彭年譯，《媽祖信仰研究》，頁147。
[21] 丁伯桂，〈順濟聖妃廟記〉，收錄於蔣維錟、鄭麗航，《媽祖文獻史料彙編》第一輯
　　碑記卷，頁3。

廟的香火史料較多且脈絡清楚。如果沒有釐清白湖廟和湄洲祖廟的歷史,從文獻來看會認為白湖順濟廟(元朝遷至莆田城中且改名為文峰宮)才是莆田媽祖廟的正統。因為白湖順濟廟(文峰宮)在宋朝至清朝都是莆田最具代表性的媽祖廟之一,其香火名氣在某些時期都高於湄洲媽祖廟。而現在的文峰宮廟裡還保有宋代的媽祖神像。南宋嘉泰元年(1201)陳宓所撰〈白湖順濟廟重建寢殿上樑文〉中提到「今仰白湖香火,幾半天下」,[22]可見白湖順濟廟香火之旺盛,幾半南宋天下。另外在南宋寶祐年間(1253–1258)劉克莊寫的〈協應錢夫人廟記〉中,提到錢夫人廟中恭奉兩尊神明,一尊為錢夫人,另一尊為白湖妃(媽祖)。[23]此廟中的神像既稱「白湖妃」,理應是廟內的媽祖神尊由白湖順濟廟分靈出去,或者白湖妃就是當時對媽祖的尊稱,兩種解釋都證明白湖順濟廟在當時的影響力。可見分媽祖香火最重要是要靈驗和香火旺盛,當時從香火旺盛的大廟分出靈驗香火才是信徒認為最重要的,即使地點相距湄洲不遠,並不一定要從湄洲分靈。「從香火旺盛的大廟分出靈驗香火」應該是歷史的主流,因為這種思想直到現在還是存在。在南宋初期,從文獻來看白湖順濟廟和聖墩祖廟其傳播媽祖信仰能力一定大於湄洲媽祖廟。也就是說媽祖信仰經過巨富李氏家族經營(白塘聖墩祖廟)和一代名相陳俊卿創建及陳姓家族經營(白湖順濟廟)並加以宣傳,使得湄洲媽祖廟在紹熙年間(1190–1194)封妃後知名度才漸漸讓外界知曉。[24]在南宋紹定元年(1228)丁伯桂〈順濟聖妃

---

22 南宋嘉泰元年(1201)陳宓,〈白湖順濟廟重建寢殿上樑文〉,收錄於蔣維錟、鄭麗航,《媽祖文獻史料彙編》第一輯散文卷,頁2-3。

23 南宋寶祐年間(1253–1258)劉克莊,〈協應錢夫人廟記〉「……今廟前祀夫人、白湖妃,於殿後列三十者於堂……」,收錄於蔣維錟、鄭麗航,《媽祖文獻史料彙編》第一輯碑記卷,頁7。

24 李獻璋著、鄭彭年譯,《媽祖信仰研究》,頁8。

廟記〉裡面有提到莆田地區，湄洲、聖堆（白塘聖墩祖廟）、白湖、江口四間媽祖廟為最大間，此時媽祖信仰已經傳到了福建、廣東、江蘇、浙江和淮河流域了。[25]但事實上「順濟」廟名是官方賜給當時江海神的廟名，故宋代順濟廟裡拜的不一定是媽祖，因為祂只是江海神中的一位而已。[26]所以也不必因為有官方的敕封和賜廟名動作，認為媽祖信仰在南宋已經大為流行了。

　　簡析宋代莆田的媽祖文獻可知：因北宋宣和年間（1119-1125）媽祖顯靈保護了出使高麗的官員平安回來，皇帝賜給白塘聖墩祖廟「順濟」廟名，自此之後媽祖信仰從一個被官方認定為非法的「淫祀」，轉變成為官方認可的合法信仰，此次敕封媽祖，讓媽祖成為江海神之一。湄洲媽祖廟也因間接出現在白塘聖墩祖廟和白湖順濟廟的文獻中，讓後人知道媽祖是湄洲島人，姓林，生前是「通天神女」的宗教人物。此時期的「聖墩媽」、「白湖媽」名氣都高於「湄洲媽」，「祖廟」一詞都是伴隨著聖墩祖廟。

二、元代福建地區媽祖信仰

　　媽祖的信仰，到了元朝，並不因蒙古起於沙漠，不善航海，而對南宋以來，被視為航海守護神的媽祖，有所貶抑。反而因航海的發達，以及對海運（運糧）依賴程度的提高，崇奉媽祖日益虔敬，而封諡也隨著靈應的屢顯，逐次增加，在元代文獻所載媽

---

[25]　丁伯桂，〈順濟聖妃廟記〉「……莆人戶祠之，若鄉若裡，悉有祠，所謂湄洲、聖堆、白湖、江口特其大者爾。神之祠不獨盛於莆，閩、廣、江、浙、淮甸皆祠也。……」，收錄於蔣維錟、鄭麗航，《媽祖文獻史料彙編》第一輯碑記卷，頁3。

[26]　參見蔡相輝，〈以媽祖為例──論政府與民間信仰的關係〉，收錄於漢學研究中心編，《民間信仰與中國文化國際研討會論文集（上）》（臺北市：編者，1994年），頁444。

祖神蹟，都和保佑海運運糧有關。[27]

　　從元代受封文中看到媽祖在官方神格的變化，至元十五年（1278）至大德三年（1299）這期間名稱為「泉州神女」、「泉州海神」，是地方海神的稱呼，這時候在朝廷眼中還是眾多江海神之一。至治元年（1321）之後，稱媽祖為海神天妃，[28]媽祖已經取代眾多江海神成為海神的代表，這是媽祖信仰在元代最大的轉變。但李獻璋認為此時期的媽祖只是成為重要海神代表，但並不是唯一的一位。[29]從早期元代官方稱媽祖為「泉州神女」，就知道這個年代因泉州為東方最大港口，市舶司所在地，媽祖信仰透過泉州海運的興盛而散播出去。當時湄洲島雖是媽祖信仰的源頭，但是其地位仍是精神上的重要性大過實質影響力。

　　在元朝，皇帝都會派官員至莆田的白湖廟、湄洲媽祖廟和泉州天妃宮祭拜。[30]後來為了祭拜方便，將白湖廟移到莆田城裡，改名為「文峰宮」，[31]可見當時文峰宮的地位並不會低於湄洲媽祖廟。即便湄洲媽祖廟的重要性已比宋代大為提升，文獻紀錄也較前朝多，但其在媽祖信仰傳播的重要性仍低於泉州天妃宮（涺浦天妃宮、今泉州天后宮）。元代泉州天妃宮因為處於商業發達的港口，角色猶如宋代的白塘聖墩祖廟和白湖順濟廟一樣，擔任傳播媽祖信仰的重要責任。從媽祖稱為「泉州神女」、「泉州海

27　參見石萬壽，《台灣的媽祖信仰》，頁47-49。
28　《元史》卷十〈本記・世祖七〉，至元十五年對媽祖稱號為「泉州神女」及《元史》卷二十〈本記二十・成宗三〉大德三年對媽祖稱號為「泉州海神」、《元史》卷二十七〈本記二十七・英宗一〉至治元年對媽祖稱號為「海神天妃」，收錄於蔣維錟、鄭麗航，《媽祖文獻史料彙編》第二輯史摘卷，頁7-8。
29　李獻璋著、鄭彭年譯，《媽祖信仰研究》，頁109。
30　參見徐曉望著，《媽祖信仰史研究》，頁115-126。
31　「天妃廟舊在湄洲隔海漲，往返維艱。今城中有行祠焉。官府春秋二季皆在行祠。彭志謂行祠紹興建，初在白湖渡，後改城中。元邑人趙選珠等重建……俗呼文峰宮。」參見明・周瑛、黃仲昭著，《興化府志》，卷之二十五〈禮紀十一・群祀志・國朝〉，頁664。

神」可以推知泉州天妃宮應是中國當時知名度最高，香火最盛的媽祖廟。元代的史料記載閩南的媽祖信仰是從泉州天妃宮所傳播出去的，[32]可稱為閩南地區的「祖廟」。至於中國其他各地點的媽祖廟，依然靠著官員、商人、移民和漁民四股力量繼續的散播出去，擴大媽祖信仰版圖，在宋元兩代，文獻未見獨尊湄洲媽祖廟的現象。但徐曉望認為在元朝，因官方的重視，湄洲媽祖廟已經取代式微的聖墩祖廟，成為莆田地區最重要的媽祖廟。[33]不過，泉州天妃宮應是元朝知名度最高，香火最盛的媽祖廟。

三、明代福建地區媽祖信仰

明朝官方對媽祖的敕封就沒像宋元兩朝那樣頻繁，但因官方出使外洋都要祭拜媽祖，並有多次修建媽祖廟的紀錄。[34]從文獻來看明代反而是湄洲祖廟香火最鼎盛時期，[35]例如：林登名〈湄洲嶼〉一文記載萬曆年間（1573－1620）至湄洲「迎請香火，日接踵於茲山」的紀錄。[36]湄洲島在永樂年間（1403－1424），因鄭和下西洋受到媽祖的保佑，而在湄洲島上興建了一座宏偉的湄洲祖廟。[37]明代雖有海禁，但因福建地區人多地少，沿海人民向有

---

32 元·文宗敕撰〈癸丑祭泉州廟文〉：「聖德秉坤極，閩南始發祥，……」，收錄於蔣維鋠、周金琰，《媽祖文獻史料彙編》第一輯檔案卷，頁6。

33 徐曉望著，《媽祖信仰史研究》，頁138–141。

34 蕭一平，〈媽祖的歷代褒封〉，收錄於蕭一平、林雲森、楊德金編，《媽祖研究資料彙編》，頁80–86。

35 明·馬夢吉，徐穆修；林堯俞纂，萬曆四十一年《興化府志》卷之二·與地志二·山川：「湄洲嶼：一名鰤江，有黑白搏石，可為碁子。在大海中與琉球相望，天妃廟在焉。洪武、永樂士兩加封號，香火甚盛。廟其故居地也。林艾軒《與林晉仲書》：……，洪武初，虛其島，今居墾如故」，收錄於鄭麗航輯纂，《媽祖文獻史料彙編》第三輯方志卷·上編，頁33。

36 林登名，《莆興紀勝》卷六〈湄洲嶼〉，收錄於蔣維鋠、鄭麗航，《媽祖文獻史料彙編》第一輯散文卷，頁66。

37 「湄洲嶼：……洪武初引以勾引倭寇，遺禍地方，守備都指揮李彝奏遷內地，島嶼遂虛。湄洲在大海中，與極有相望，林氏靈女，今號天妃者生於其上。永樂間，中貴人曰三保者下西洋，為建廟宇，制度宏壯，謂海上大獲徵應云」，參見明·陳效修；周瑛、黃仲昭纂，弘治年間《興化府志》卷之七〈戶紀一·山川考上·莆田縣山水部

莆田平原
涵江區

醴泉半島

忠門半島

湄洲島

莆田地理位置圖

反叛精神，遂形成漳、泉及福州三個海商集團。[38]再來因湄洲灣的醴泉半島在明代時期商業繁榮，其中半島南方的秀嶼島成為莆田、仙遊和惠安的貨物轉運站。加上湄洲島此時造船業興盛，湄洲灣地區迎來之前沒有的榮景，[39]當時湄洲祖廟香火之鼎盛達到巔峰。而且湄洲祖廟在明末清初，住持照乘又計畫出版《天妃顯聖錄》，[40]使得媽祖史料得以保存。

　　《天妃顯聖錄》是目前現存第一本有系統、全方位記載天妃（媽祖）林默家世、事蹟、靈蹟、歷史及宋朝以後歷朝誥封的志書。在明清政權更迭之際由湄洲天妃宮（湄洲祖廟）住持照乘刊行。提出編輯此書構想的是出生於莆田顯宦家族的林堯俞，其敘述與《天妃顯聖錄》的因緣是根據之前取得的《顯聖錄》一書，因覺得有所遺缺，乃提出《天妃顯聖錄》初稿，交由湄洲祖廟住持照乘刊行。九牧林氏的林堯俞透過此書將媽祖的身世和莆田顯宦家族九牧林氏結合一起。[41]今日媽祖的生日、名字、飛昇地……等神蹟都來自於此書的綜合整理，媽祖文獻自此資料大增。明弘治年間《興化府志》的作者已經在大嘆「時讀宋郡

　　位‧新安里（山七、嶼一、港一）〉，收錄於鄭麗航輯纂，《媽祖文獻史料彙編》第三輯方志卷‧上編（福州：風出版社，2011年），頁30-31。

[38] 徐曉望，〈論明代福建商人的海洋開拓〉，《福建師範大學學報（哲學社會科學版）》，154：1（2009年），頁112-117。

[39] 鄭衡泌，〈媽祖信仰傳播和分佈的歷史地理過程分析〉，頁55-56。

[40] 明‧林堯俞供稿、清‧釋照乘等修訂刊行、清‧釋普日、釋通峻重修《天妃顯聖錄》，收錄於蔣維鋑、周金琰，《媽祖文獻史料彙編》第二輯著錄卷‧上編（北京：中國檔案出版社，2009年），頁108。

[41] 蔡相輝，《天妃顯聖錄與媽祖信仰》，頁7、66-68、96。

志，得紹熙初本，亦稱妃為里中巫，及再見延佑本，稱神女，今續志皆稱都巡檢願女，漸失真矣」。明末的《天妃顯聖錄》一書出現，更提昇了媽祖的地位由「巫」至「神女」再轉為「九牧女」。

筆者詳讀《天妃顯聖錄》後，認為此書實際上是明末湄洲天妃宮（湄洲祖廟）的宮志。此書分為天妃誕降本傳（神話和文獻）、歷朝顯聖褒封共二十四次、歷朝褒封致祭詔誥三部分。而編者透過天妃誕降本傳大量收集或創造了媽祖生前在湄洲島的17則民間神話，[42]和其他歷史知名的媽祖廟（如白湖順濟廟、聖墩祖廟、泉州天后宮）文獻並陳，用意是在淡化其他媽祖廟在歷史上的地位，並且不提媽祖出生地是在湄洲島的上林村（現址為東蔡村）一事。[43]在歷朝顯聖褒封的部分，實際上南宋封賜媽祖僅包括了莆田白湖順濟廟、莆田聖墩祖廟、莆田江口廟、杭州艮山廟並不包含湄洲媽祖廟。[44]但《天妃顯聖錄》刻意不談褒封是由哪些地方廟宇顯靈或請封而受褒封，只留褒封頭銜，此書寫法亦是要淡化其他媽祖廟的地位。《天妃顯聖錄》看似為媽祖信仰保留不少資料，實際上編者的目的是要將湄洲天妃宮定於祖尊，建立「祖廟」的地位，而明末的湄洲祖廟也因香火鼎盛有利於定一尊。

另外明代神怪小說發達，如吳還初的《天妃娘媽傳》是以

---

42 參見《天妃顯聖錄》，〈天妃誕降〉、〈窺井得符〉、〈機上救親〉、〈化草救商〉、〈菜甲天成〉、〈掛蓆泛槎〉、〈鐵馬渡江〉、〈禱雨濟民〉、〈降伏二神〉、〈龍王來朝〉、〈收伏晏公〉、〈靈符回生〉、〈伏高裡鬼〉、〈奉旨鎖龍〉、〈斷橋觀風〉、〈收伏嘉應嘉祐〉、〈湄山飛昇〉共17則神話，收錄於蔣維錟、周金琰，《媽祖文獻史料彙編》第二輯著錄卷・上編，頁87-103。

43 媽祖出生地是在湄洲島的上林村（現址為東蔡村），參見蔣維錟、朱合浦主編，《湄洲媽祖志》，頁12-15。

44 李獻璋，〈從宋廷的封賜看媽祖信仰的發達〉，收錄於李獻璋著、鄭彭年譯，《媽祖信仰研究》，頁89-103。

媽祖為主體的神話故事，[45]對媽祖信仰傳播大有助益。但也因為夾雜宗教神話的資訊，以至於讓人對原本真實的媽祖形象漸漸遺忘，例如：媽祖生前是「通天神女」的宗教人物，在此期間已經轉化成富貴人家的女兒了。[46]

第二節　清代湄洲「祖廟」和賢良港「祖祠」之爭執

一、莆田地區媽祖信仰

　　莆田地區位在中國東南沿海，清初為了要消除反清復明的明鄭勢力，因此在各地實施不同程度的遷界政策，湄洲島在順治9年、10年（1652–1653），為南明魯王聚集反清復明力量所在。[47]清朝勢力到達此地後，順治18年（1661）10月開始遷界，到康熙20年（1681）2月才復界。在包含湄洲島的沿海地區，實施堅壁清野，慘無人道的大量遷民，無情的屠殺留在原地的居民，毀壞可能資敵的建物。[48]但另一方面在康熙11年（1671）《莆變小乘》記載界內的莆田平原地區「世甚清平，人無疾病」，城中「神駕出遊，後隨執事擺道，妝隊故事添景，華麗相賽」、「黃石大俗燈醮」、「涵江地方扮額外奇異故事，侈於城市一倍」。[49]由上可知在這20年內遷界政策，對位於界外的湄

45　明・吳還初著，《天妃娘媽傳》，收錄於蔣維錟、周金琰，《媽祖文獻史料彙編》第二輯著錄卷・上編，頁1–67。
46　「時讀宋郡志，得紹熙初本，亦稱妃為里中巫，及再見延佑本，稱神女，今續志皆稱都巡檢願女，漸失真矣」，參見明・周瑛、黃仲昭著，《興化府志》，卷之二十五〈禮記十一・群祀志・國朝〉，頁664、665。
47　蔡相輝，《天妃顯聖錄與媽祖信仰》，頁114。
48　郭民富，〈清順治「辛丑播遷」史考〉，收錄於陳支平、蕭惠中主編，《海上絲綢之路與泉港海國文明》，頁225–232。
49　《莆變小乘》內容轉引於蔣維錟、周金琰，《媽祖文獻史料彙編》第二輯著錄卷・上編，頁107。

洲祖廟影響很大，但對於在界內的莆田平原媽祖信仰並無影響。
另外在明朝香火興盛的湄洲祖廟，因明嘉靖38年（1559），醴泉
半島的南方商業中心——秀嶼島慘遭倭寇洗劫，商業因此開始沒
落，又因清初遷界讓湄洲祖廟的信徒消失。遷界對湄洲灣的商業
發展產生了不良影響，湄洲灣一帶從本來繁榮的工商業重鎮，又
變回農漁業區。

　　莆田的經濟發展重心又移回興化灣的莆田平原，清代莆田
地區的商業重鎮在涵江，媽祖信仰在此快速發展。[50]此時莆田人
口密集區也集中在莆田平原，因此這個時代要從興化地區移民至
臺灣，應該會以涵江出港為大宗，因為興安（化）會館也稱涵江
會館。[51]移民出海前會去媽祖廟求個香火袋保平安，因為涵江位
於興化灣，因此傳播出去的媽祖香火都稱為「興化媽」，而不稱
「湄洲媽」，因為當時絕大多數的移民是來自於人口較多的莆田
平原。

　　當時湄洲灣有兩座重要的媽祖「祖廟」：

（一）湄洲祖廟

　　清初的遷界造成湄洲島對岸的平海媽祖廟「緣遷界圮毀，僅
遺數椽可蔽神像」，[52]那在島上的湄洲祖廟應也會有類似情況，
當時的島上居民被強制移居他鄉，空無一人。所以才會在康熙19
年（1680）媽祖顯靈幫助萬正色收回金、廈兩島之後，[53]總督姚

50　鄭衡泌，〈媽祖信仰傳播和分佈的歷史地理過程分析〉，頁57-58。
51　「莆人之賈於吳越者，其出納登降皆集於涵，故其主客皆會於涵，此涵江會館之所以
　　由設也。」參見郭篯齡，〈重修興安會館碑記〉，收錄於蔣維錟、鄭麗航，《媽祖文
　　獻史料彙編》第一輯碑記卷，頁387-388。
52　施琅，〈為神靈顯助破逆請乞皇恩崇加襃封事奏摺〉，收錄於蔣維錟、周金琰，《媽
　　祖文獻史料彙編》第一輯檔案卷，頁19-20。
53　明‧林堯俞供稿、清‧釋照乘等修訂刊佈、清‧釋普日、釋通峻重修《天妃顯聖
　　錄》，收錄於蔣維錟、周金琰，《媽祖文獻史料彙編》第二輯著錄卷‧上編，頁78。

啟聖在康熙20年（1681）
捐俸蓋起三門和鐘鼓二
樓。[54]

三處與媽祖出生地有關之位置圖

康熙22年（1683）施
琅收回臺灣之後敕建神祠
於湄洲。[55]經過這兩次的
大興土木，湄洲祖廟重新
恢復壯麗的外表。清代官
方對媽祖信仰是歷代以來
最為推崇的，在敕封媽祖
上也是歷朝最多，並將媽
祖官方頭銜由「天妃」改為「天后」。地方官員將蓋媽祖廟視為
收攬民心，所以官方對媽祖信仰是相當重視。

　　湄洲祖廟在康熙年間成為敕建的官廟之後，就由官方主導
廟務，且在清代文獻中提及湄洲祖廟的資料，反而都以官方人
員為主，雖有廟僧進駐，只是在協助廟務而已。官方的勢力
直到光緒6年（1880）修繕湄洲祖廟事務，都還是主要的主導
者。[56]光緒6年這次重修湄洲祖廟的碑文也透露出此廟當時民間
香火並不興旺；因為對商業發達城市來說，信仰中心的廟宇重
建，捐款並不會很難募集。但是位處偏僻的湄洲祖廟，尚需閩
浙總督下令泉州、廈門、興化各地的官員捐錢，[57]可見當時湄洲

---

[54] 清・金鼻謝修、林麟焻纂，康熙《興化府莆田縣志》卷三〈建置志・壇廟〉，收錄於
鄭麗航輯纂，《媽祖文獻史料彙編》第三輯方志卷・上編，頁35。

[55] 廖必琦、宮兆麟、宋若霖等纂，《莆田縣志》卷三十二〈人物志〉（臺北：成文出版
社，1968年），頁661。

[56] 清・何璟，〈重修莆田縣湄洲天后宮碑記〉，收錄於蔣維錟、鄭麗航，《媽祖文獻史
料彙編》第一輯碑記卷，頁399-400。

[57] 「光緒三年八月，為颶所圯清。署莆田知縣潘君文鳳，以重修來請。四年三月，環閩
兵至莆，則潘君之籌費由未及經始，念不容緩，爰倡捐白金一千兩，並檄泉州、廈
門、興化各府州縣躍躍輸將，以期集事。五年九月興功，今歲三月落成」，參見清・

祖廟的民間香火不旺，民間參與度不高。
另外在清朝滅亡之際，江春霖的〈募修湄
洲天后宮序〉也記載湄洲祖廟「夫昔之興
修，皆出於官」，可知此廟有清一朝皆為
官廟性質。但這次的修募，清政權已經在
風雨飄搖中，地方官員自然無心修廟了，
所以只能用飛昇之地的媽祖廟頭銜，請求
莆田地區的信眾加以捐助，[58]可見清代民
眾對湄洲祖廟的興建參與度不深。

湄洲祖廟
「昇天古跡」碑
（蕭信宏攝，2016）

　　清代官方興建媽祖廟目的是收攏民
心，但另一方面當時的《大清律例》規定
「凡師巫假降邪神，書符咒水……、或隱
藏圖像燒香集眾夜聚曉散，佯修善事煽惑
人民……若軍民裝扮神像鳴鑼擊鼓迎神賽會者」都加以禁止，[59]
因此湄洲祖廟在官方的主導下，只辦理官方的祭典，不熱衷民間
賽會舉辦，導致香火不盛。

　　另外清代道光年間的《金門志》記載「湄洲地僻民稀」，[60]
當時湄洲祖廟在偏僻的湄洲島上，香火條件先天就不良，欠
缺在地富商的支持，官方又以無助民間香火的方法經營廟
務，在只靠湄洲島為數不多的信徒情況下，舉辦賽會活動，
難以引起共鳴，故湄洲祖廟的民間香火比起明末遜色許多。
在明萬曆41年（1613）《興化府志》對湄洲島有以下描述：

何璟，〈重修莆田縣湄洲天后宮碑記〉，收錄於蔣維錟、鄭麗航，《媽祖文獻史料彙
編》第一輯碑記卷，頁400。
58 江春霖，〈募修湄洲天后宮序〉，收錄於蔣維錟、鄭麗航，《媽祖文獻史料彙編》第
一輯散文卷，頁205。
59 清代《大清律例》卷十六〈禮律祭祀〉，參見台灣銀行經濟研究室編，《私法臺灣人
事編》（上）（南投：臺灣省文獻委員會，1994年），頁224-231。
60 林焜熿，《金門志》（南投：臺灣省文獻委員會，1994年），頁94。

「湄洲嶼：……洪武、永樂中兩加封號，香火甚盛。廟其故居地也。……洪武初督指揮李彝奏遷內地，虛其島，今居墾如故。」但之後康熙年間的《興化府莆田縣志》[61]和乾隆年間的《興化府莆田縣志》[62]對湄洲島的描述都照抄萬曆41年（1613）《興化府志》的文字記載，只是少了「洪武初督指揮李彝奏遷內地，虛其島，今居墾如故」最後幾句話，為什麼要少掉這幾句話呢？因為康熙、乾隆年間的《興化府莆田縣志》作者要表達的是：湄洲島在康熙到乾隆年間（1662-1795）沒有「今居墾如故」，也就是順治年間（1644-1661）的遷界對湄洲島造成的傷害很大，但作者不敢明講遷界的影響，而透過減少文字來表現真實的情況。所以從方志來看，康熙到道光年間的湄洲島「地僻民稀」經濟蕭條。在明朝末年，看到湄洲島上有盛大的「紛紛鉦鼓賽湄洲」[63]「香火甚盛」的廟會活動，今已不再。

另陳雲章在清代同治年間（1862-1874）的3月23日媽祖誕辰來到了湄洲祖廟，亦看不見民間香火旺盛的情況，紀錄如下：

> ……今來恰值降生辰，褐來特詣神姑神。峨峨宮闕勢何壯，石上累石形輪囷。山僧導我閱石殿，中間次第探奇遍。更向觀瀾石上游，眼看一碧波如練。遙指方壺海外山，三山境在虛無間。童男童女采藥去，徐福只今猶未還。罡風下吹不敢視，黃昏且向僧寮止。四山鱗比來燒

61 參見清·金鼇謝修、林麟焻纂，康熙《興化府莆田縣志》卷一〈輿地志·山川·興福里〉，收錄於鄭麗航輯纂，《媽祖文獻史料彙編》第三輯方志卷·上編，頁34。
62 參見廖必琦、宮兆麟、宋若霖等纂，《莆田縣志》卷一〈輿地志·山川·新安里〉，頁66。
63 參見徐孚遠，〈賽天妃〉，「季春下浣水南頭，紛紛鉦鼓賽湄洲。天妃降真在此地，相傳靈跡無時休」，收錄於蔣維錟、劉福鑄，《媽祖文獻史料彙編》第一輯詩詞卷，頁86。

香，我變披衣中夜起。想見天門軼蕩開，祥雲繚遶駕空來。鳳冠霞帔擁翠蓋，神光現出金銀臺。但令鼉為梁，雀過浦；嬴女吹簫，馮夷擊鼓；或賦水晶宮，或種芝術圃。飄飄世外三千界，納盡須彌山一芥。江豚吹浪浪花粗，百萬魚龍齊下拜。[64]

　　作者白天沒有描述到壯盛的廟會活動，只有廟僧陪自己逛祖廟看風景的過程，晚上卻描述了自己的想像壯麗的廟會活動。[65]也就是說在媽祖聖誕這天湄洲祖廟除了官方祭典外，沒有比較大的活動。以上這首詩，是難得在清代十數筆文人遊湄洲所留下詩中，找到有關湄洲香火的資料。

　　清代如果是香火鼎盛的媽祖廟，留下史料紀錄應該甚多。例如：天津天后宮留下史料最多，清代天津天后宮是進香中心，且香火鼎盛。[66]如後面章節會提及的廈門東澳媽祖宮也是廈門島的進香中心，[67]清末臺灣的北港朝天宮，也是臺灣的進香中心。而且清代其他媽祖廟留下香火鼎盛，或有舉辦盛大型宮廟活動的史料也不少。偏偏湄洲祖廟就是這方面的史料較少，反而是官員留下遊覽湄洲的詩詞比較多。另外明朝留下湄洲祖廟香火鼎盛的史料較多，清朝留下民間香火的史料卻很稀少！

　　經過整體的歸納分析，清代湄洲島受到清初遷界影響，島上變成地偏人稀的地區，且湄洲祖廟為重要官廟，會接待官員或文

---

[64] 清・陳雲章，〈湄洲謁天后宮〉，收錄於蔣維錟、劉福鑄，《媽祖文獻史料彙編》第一輯詩詞卷，頁172。

[65] 或是陳雲章〈湄洲謁天后宮〉一文內容，也有可能是作者在描述「祈夢」的詩，「祈夢」是莆田某些地區盛行的宗教行為。「祈夢」參見金鋐、鄭開極纂修，康熙《福建通志》（下）卷六十二〈古蹟・莆田・仙遊・九鯉湖〉，收錄於《北京圖書館古籍珍本叢刊》35（北京：書目文獻，1995年），頁2650。

[66] 參見徐肇瓊，〈天津皇會考〉，收錄於周金琰、周麗妃輯纂，《媽祖文獻史料彙編》第三輯繪畫卷・中編，頁223–229。

[67] 參見鄭麗航輯纂，《媽祖文獻史料彙編》第三輯方志卷・上編，頁96–106。

人雅士旅遊島上風光，但不擅長舉辦宮廟活動，只靠島上為數不多的信徒舉辦賽會活動，難以引起共鳴，可能導致當地民間香火不盛。

（二）賢良港祖祠

　　根據蔣維錟、朱合浦考證，現在的賢良港又稱為黃螺港。明洪武初，怕湄洲島民勾引番寇遺禍，實施遷移人民入內地政策。在此之前，有一群和媽祖同宗族的林姓人民，居住在湄洲島的上林村（現址為東蔡村）也稱黃螺港，因為遷民政策而來到對岸的賢良港定居，便將原黃螺港的名稱帶到這裡，所以現在賢良港又稱黃螺港。[68]賢良港的林姓後人，在清初的遷界政策又再次被遷移，這次被移到莆田平原的出海口涵江地區，並將賢良港祖祠的神像和神主牌位寄放在涵江天后宮（霞徐天后宮）。康熙20年（1681）展界復回，賢良港的林姓後人從涵江天后宮請回媽祖神像時，涵江天后宮廟方不願意媽祖神像回到賢良港祖祠，因此雙方協議用博筊（环）方式處理，之後博筊（环）得到媽祖99聖（环），涵江天后宮廟方因此同意讓媽祖神像回賢良港祖祠。在媽祖回到賢良港祖祠之後，賢良港的林姓後代就開始宣傳賢良港才是媽祖出生地，建立香火權威。[69]康熙末年同是陳文達著作的《鳳山縣志》和《臺灣縣志》，都記載媽祖的出生地是賢良港，可見康熙年代就有此說法。[70]

　　清初順治的遷界，造成湄洲灣的經濟蕭條，之後湄洲島更

68　參見蔣維錟、朱合浦主編《湄洲媽祖志》，頁12–15。

69　參見清·林清標編，《敕封天后志》，收錄於蔣維錟、周金琰，《媽祖文獻史料彙編》第二輯著錄卷·上編，頁78、300。

70　參見康熙年間《鳳山縣志》卷十〈外志·寺廟〉，收錄於鄭麗航輯纂，《媽祖文獻史料彙編》第三輯方志卷·上編，頁228。參見康熙年間《臺灣縣志》卷九〈雜記志·寺廟〉，收錄於鄭麗航輯纂，《媽祖文獻史料彙編》第三輯方志卷·上編，頁215。

是無經濟誘因讓居民回流。定居在賢良港的林氏同宗後代，透過乾隆43年（1778）林清標編的《敕封天后志》宣傳賢良港才是真正的媽祖出生地，並且在乾隆53年（1788）間將賢良港林氏祖祠和天后宮廟分建出來，讓外姓人士也能祭拜天后，以建立媽祖正統形象及招納信徒。[71]而且賢良港祖祠在清朝是有祂廟來「請香火」的紀錄，[72]此紀錄是乾隆43年（1778）的資料，由此可窺見此時賢良港祖祠民間香火恢復得比湄洲祖廟好。

莆田地區清代進香資料稀少，此地區盛行的賽會活動是「媽祖出遊」，[73]所以到賢良港祖祠「請香火」到底是不是「割火」進香，還是只是分靈？從〈賢良港祖祠考〉前文寫到：

> 世傳祠內寶像係異人妝塑，各處供奉之像皆不能及。以遷界寄奉涵江。至復界時，子姓到涵請回。涵之里人不肯。乃同詣神前卜筊，得九十九聖筊。涵江里人遂備船，用綵亭鼓吹，送寶像登舟。船甫開，雷雨驟至，隨船之後，而船不沾濡。既入祠，雷雨大作，水溢堂廡。鄉族之人不能行禮，口祝於后。雷雨即時屏息，風掃地乾。瞻拜者莫不詫異。嗣後凡有到祠「請香火」者，多有雷雨隨之，至今猶然。

從第一章「請香火」的名詞解釋的內容，來推估此處的「請香火」一詞應該是子廟赴賢良港祖祠「分靈」的成份比較高。

---

71 清・林清標，〈重建天后祠記〉，收錄於蔣維錟、鄭麗航，《媽祖文獻史料彙編》第一輯碑記卷，頁209。

72 在清・林清標編，《敕封天后志》，〈賢良港祖祠考〉這一部分有寫到「嗣後凡有到祠請香火者，多有雷雨隨之，至今猶然。」收錄於蔣維錟、周金琰，《媽祖文獻史料彙編》第二輯著錄卷・上編，頁300。

73 林國良主編，《莆田媽祖信俗大觀》，頁229。

另外以光緒14年（1888）《湄洲嶼志略》的作者楊浚（1830-1890）來說，他是泉州府晉江縣人，一生住過福州、漳州、金門，晚年11年住在廈門，到過賢良港和湄洲島。[74]在《湄洲嶼志略》的序有將賢良港祖祠和湄洲祖廟做了兩句話的敘述，就是「鰦江過客拜，螺港使臣還」，[75]鰦江就是湄洲，螺港就是賢良港，從中我們就可以看到此序的作者認為賢良港祖祠經營較為成功，讓不是官廟的賢良港祖祠一直保有官員來祭拜，反而官方主持的湄洲祖廟，卻只有旅遊湄洲島的過客來祭拜。

媽祖出生地記載，早期文獻都記錄在湄洲島上。經蔣維錟、朱合浦考證之後，確認媽祖出生地在湄洲島上林村（現址為東蔡村），媽祖傳說的飛昇地是在湄洲祖廟現址。對當時信眾來說湄洲島是聖地，但賢良港是繼承了媽祖出生地的香火。如果清代信徒要進行湄洲進香，會遇到兩間祖廟的爭議？信眾到底會去哪裡進香呢？下文將進行分析。

二、媽祖專書之影響

清代臺灣湄洲進香，為什麼臺灣宮廟要往湄洲進香？以現在的概念來說就是因為湄洲是「祖廟」的所在地，所以才要往祖廟進香。所以本節就要探討清代湄洲祖廟是否有「祖廟」的概念。湄洲祖廟在明代文獻的記載名稱為湄洲天妃廟（宮），在清代稱為湄洲天后廟（宮）。「祖廟」二字何時跟湄洲媽祖廟有相關，其實就是出現在明末清初的三本清代媽祖專書中。清代

---

[74] 楊浚身平，參見於蔣維錟、鄭麗航，《媽祖文獻史料彙編》第二輯著錄卷‧上編，頁514。

[75] 清‧楊浚，《湄洲嶼志略》，收錄於蔣維錟、鄭麗航，《媽祖文獻史料彙編》第二輯著錄卷‧上編，頁486。

共有六本不同時期的媽祖專書，以下就由這六本書來探討「祖廟」的變化。

（一）明末至乾隆15年（1750）：
《天妃顯聖錄》、《天后顯聖錄》、《天后昭應錄》

《天妃顯聖錄》為最早的版本，後出版的《天后顯聖錄》、《天后昭應錄》明顯翻抄《天妃顯聖錄》的內容。其中又以《天后昭應錄》刊行時間為乾隆15年（1750）年代最晚。[76]「祖廟」二字出現在這三本書的章節，內文如下：

表格1　明清湄洲「祖廟」敘述表

時間	媽祖專書	故事	內容	資料來源
明末至乾隆15年（1750）	《天妃顯聖錄》、《天后顯聖錄》、《天后昭應錄》	擁浪濟舟	洪武七年甲寅，泉州衛指揮周坐領戰船哨捕，忽遇颶風大作，衝泊閣礁。……自是重建寢殿及香亭、鼓樓、山門，復塑聖像，製旗鼓，沿途鼓欲（吹），送至**祖廟**。	明·林堯俞供稿、清·釋照乘等修訂刊佈、清·釋普日、釋通峻重修，《天妃顯聖錄》，〈擁浪濟舟〉，收錄於蔣維錟、周金琰，《媽祖文獻史料彙編》第二輯著錄卷·上編，頁96–97。清·佚名，《天后顯聖錄》，〈擁浪濟舟〉，收錄於蔣維錟、周金琰，《媽祖文獻史料彙編》第二輯著錄卷·上編，頁127。清·李仕學等編，《天后昭應錄》，〈擁浪濟舟〉，收錄於蔣維錟、周金琰，《媽祖文獻史料彙編》第二輯著錄卷·上編，頁166。

---

[76] 蔣維錟、周金琰，《媽祖文獻史料彙編》第二輯著錄卷·上編，頁142、170。

時間	媽祖專書	故事	內容	資料來源
明末至乾隆15年（1750）	《天妃顯聖錄》、《天后顯聖錄》、《天后昭應錄》	廣州救太監鄭和	永樂元年，欽差太監鄭和等往暹邏國。至廣州大星洋遭風，舟將覆。舟工請禱於天妃。……宛見神妃立於桅端。自此風恬浪靜，往返無虞。歸朝復命，奏上，奉旨遣官整理**祖廟**。和自備寶鈔五百貫，親到湄嶼致祭。	明·林堯俞供稿、清·釋照乘等修訂刊佈、清·釋普日、釋通峻重修，《天妃顯聖錄》，〈廣州救太監鄭和〉，收錄於蔣維錟、周金琰，《媽祖文獻史料彙編》第二輯著錄卷·上編，頁97。清·佚名，《天后顯聖錄》，〈廣州救太監鄭和〉，收錄於蔣維錟、周金琰，《媽祖文獻史料彙編》第二輯著錄卷·上編，頁127。清·李仕學等編，《天后昭應錄》，〈廣州救太監鄭和〉，收錄於蔣維錟、周金琰，《媽祖文獻史料彙編》第二輯著錄卷·上編，頁166。
明末至乾隆15年（1750）	《天妃顯聖錄》、《天后顯聖錄》、《天后昭應錄》	東海護內使張源	永樂十九年，欽差內使張源往榜葛剌國。於鎮東海洋中，官舟遭大風，掀翻欲溺。……本年，太監王貴通等又奉命往西洋，禱祝顯應。奏上，遣內官修整**祖廟**，備禮致祭。	明·林堯俞供稿、清·釋照乘等修訂刊佈、清·釋普日、釋通峻重修，《天妃顯聖錄》，〈東海護內使張源〉，收錄於蔣維錟、周金琰，《媽祖文獻史料彙編》第二輯著錄卷·上編，頁98。清·佚名，《天后顯聖錄》，〈東海護內使張源〉，收錄於蔣維錟、周金琰，《媽祖文獻史料彙編》第二輯著錄卷·上編，頁128。清·李仕學等編，《天后昭應錄》，〈東海護內使張源〉，收錄於蔣維錟、周金琰，《媽祖文獻史料彙編》第二輯著錄卷·上編，頁167。

時間	媽祖專書	故事	內容	資料來源
明末至乾隆15年（1750）	《天妃顯聖錄》、《天后顯聖錄》、《天后昭應錄》	起蓋鐘鼓樓及山門	大總督姚奉命征勦，……於康熙二十一年差官到湄洲**祖廟**，就神前致祝許願，俾不負征勦上命，即重修宮殿，答謝鴻庥。迺於二十二年三月二十三日天妃悅旦，特委興化府正堂蘇到湄廟設醮致祭，隨帶各匠估置木料，擇吉起蓋鐘鼓二樓及山門一座；宮宇由是壯觀。	明·林堯俞供稿、清·釋照乘等修訂刊佈、清·釋普日、釋通峻重修，《天妃顯聖錄》，〈起蓋鐘鼓樓及山門〉，收錄於蔣維錟、周金琰，《媽祖文獻史料彙編》第二輯著錄卷·上編，頁100。清·佚名，《天后顯聖錄》，〈起蓋鐘鼓樓及山門〉，收錄於蔣維錟、周金琰，《媽祖文獻史料彙編》第二輯著錄卷·上編，頁129。清·李仕學等編，《天后昭應錄》，〈起蓋鐘鼓樓及山門〉，收錄於蔣維錟、周金琰，《媽祖文獻史料彙編》第二輯著錄卷·上編，頁167。

以上為明末至乾隆15年（1750）的媽祖專書，四次出現「祖廟」文字的事件，其中〈擁浪濟舟〉、〈廣州救太監鄭和〉、〈東海護內使張源〉是發生在明朝。〈起蓋鐘鼓樓及山門〉事件是發生在清初康熙21年（1682）。四則故事以《天后昭應錄》乾隆15年（1750）出版為最晚。可看到明末和清初湄洲媽祖廟有「祖廟」的紀錄。而且明末成書的《天妃顯聖錄》是當時的九牧林氏（和賢良港同宗派）林堯俞初編而成，當時的他認為湄洲島才是媽祖出生地，賢良港不是媽祖出生地。

（二）乾隆43年（1778）：林清標《敕封天后志》

在乾隆43年（1778）林清標改編《天妃顯聖錄》內容，寫

成《敕封天后志》，[77]將其中的〈擁浪濟舟〉改名為〈擁浪浮舟〉，內容相近但「祖廟」二字已不見。[78]〈廣州救太監鄭和〉改名為〈救鄭和〉，故事內容相近但「祖廟」二字已不見。[79]〈東海護內使張源〉改名為〈救張元〉，故事內容相近但「祖廟」二字前加了「赴賢良港修整祖廟」等字。[80]〈起蓋鐘鼓樓及山門〉故事編入〈湄洲廟考〉，但「祖廟」二字亦不見。[81]可見林清標將《敕封天后志》中的媽祖出生地改為賢良港，他認為賢良港祖祠才是「祖廟」。

（三）道光年間：《天后聖母聖跡圖志》

《天后聖母聖跡圖志》自道光12年（1832）之後，就在東南沿海不斷翻刻或重印，以目前年代最晚、內容最齊全的同治4年（1865）《天后聖母聖跡圖志》來看，是改《天后顯聖錄》和《敕封天后志》而來。[82]《天后聖母聖跡圖志》中的〈擁浪濟舟〉改名為〈擁巨浪軍椇無虞〉，內容相近但「祖廟」二字已不見。[83]〈廣州救太監鄭和〉改名為〈聞鼓吹鄭和免險〉，故事內容相近但「祖廟」二字已不見。[84]〈起蓋鐘鼓樓及山門〉故事編

77　參見清・林清標編，《敕封天后志》・校記，收錄於蔣維錟、周金琰，《媽祖文獻史料彙編》第二輯著錄卷・上編，頁311。
78　清・林清標編，《敕封天后志》，〈擁浪浮舟〉，收錄於蔣維錟、周金琰，《媽祖文獻史料彙編》第二輯著錄卷・上編，頁265。
79　清・林清標編，《敕封天后志》，〈救鄭和〉，收錄於蔣維錟、周金琰，《媽祖文獻史料彙編》第二輯著錄卷・上編，頁269。
80　清・林清標編，《敕封天后志》，〈救張元〉，收錄於蔣維錟、周金琰，《媽祖文獻史料彙編》第二輯著錄卷・上編，頁275。
81　清・林清標編，《敕封天后志》，〈湄洲廟考〉，收錄於蔣維錟、周金琰，《媽祖文獻史料彙編》第二輯著錄卷・上編，頁300–301。
82　參見清・佚名編，《天后聖母聖跡圖志》・校記，收錄於蔣維錟、周金琰，《媽祖文獻史料彙編》第二輯著錄卷・下編，頁457–460。
83　清・佚名編，《天后聖母聖跡圖志》，〈擁巨浪軍椇無虞〉，收錄於蔣維錟、周金琰，《媽祖文獻史料彙編》第二輯著錄卷・下編，頁423。
84　清・佚名編，《天后聖母聖跡圖志》，〈聞鼓吹鄭和免險〉，收錄於蔣維錟、周金琰，《媽祖文獻史料彙編》第二輯著錄卷・下編，頁427。

入〈湄洲廟考〉，但「祖廟」二字亦不見。[85]在《天后顯聖錄》
有「祖廟」二字的〈東海護內使張源〉故事在本書未被採用。但
重點在《天后聖母聖跡圖志》中的〈湄洲廟考〉一文認同賢良港
才是媽祖出生地，[86]湄洲島非出生地。而《天后聖母聖跡圖志》
有可能是清代印行最多版本和不斷重印的媽祖專書，[87]在當時影
響力應該相當大，可見賢良港祖祠出生地的香火權威已建立。

（四）光緒14年（1888）：《湄洲嶼志略》

　　《湄洲嶼志略》媽祖專書是參考認同湄洲媽祖廟為「祖廟」
的《天后顯聖錄》和認同賢良港為出生地的《天后聖母聖跡圖
志》改編而成。[88]但編輯體例大改，故事已無標題。〈擁浪濟
舟〉故事仍在，內容相近，但「祖廟」二字已不見。[89]〈廣州救
太監鄭和〉，故事仍在，「祖廟」二字也在。[90]〈東海護內使張
源〉，故事仍在，「祖廟」二字也在。[91]楊浚在《湄洲嶼志略》
〈山川〉中將出生地改回湄洲島，[92]有幫湄洲祖廟平反之意。但
如果只因這種結果我們就認為作者楊浚是認為光緒年間，湄洲祖
廟香火鼎盛，其實是有疑問的。因為楊浚《湄洲嶼志略》的序有
將賢良港祖祠和湄洲祖廟做了兩句話的比較，就是「鰣江過客

85　清・佚名編，《天后聖母聖跡圖志》，〈湄洲廟考〉，收錄於蔣維錟、周金琰，《媽
　　祖文獻史料彙編》第二輯著錄卷・下編，頁448。

86　清・佚名編，《天后聖母聖跡圖志》，〈湄洲廟考〉，收錄於蔣維錟、周金琰，《媽
　　祖文獻史料彙編》第二輯著錄卷・下編，頁323、448。

87　參見李獻璋著、鄭彭年譯，《媽祖信仰研究》，頁60–61。

88　清・楊浚，《湄洲嶼志略》〈校記〉，收錄於蔣維錟、鄭麗航，《媽祖文獻史料彙
　　編》第二輯著錄卷・上編，頁514。

89　清・楊浚，《湄洲嶼志略》〈感應〉，收錄於蔣維錟、鄭麗航，《媽祖文獻史料彙
　　編》第二輯著錄卷・上編，頁508。

90　清・楊浚，《湄洲嶼志略》〈感應〉，收錄於蔣維錟、鄭麗航，《媽祖文獻史料彙
　　編》第二輯著錄卷・上編，頁508。

91　清・楊浚，《湄洲嶼志略》〈感應〉，收錄於蔣維錟、鄭麗航，《媽祖文獻史料彙
　　編》第二輯著錄卷・上編，頁498、509。

92　清・楊浚，《湄洲嶼志略》卷一〈山川〉，收錄於蔣維錟、鄭麗航，《媽祖文獻史料
　　彙編》第二輯著錄卷・上編，頁498。

拜，螺港使臣還」。鯑江就是湄洲，螺港就是賢良港，基本上光緒年間的楊浚是認為湄洲媽祖廟只有過客在參拜，賢良港媽祖廟是使臣來回參拜的廟，由此也可知賢良港出生地的傳說建構是成功的。所以楊浚只是想寫出媽祖出生在湄洲島上和湄洲媽祖廟在明朝是「祖廟」的兩項歷史事實，但並非認同當時湄洲祖廟民間香火鼎盛。

從清代6部不同時代的媽祖專書來考證，我們可看出清代湄洲祖廟和賢良港祖祠的關係。在乾隆43年（1778）林清標寫成《敕封天后志》以前，媽祖專書中尚未出現賢良港為祖廟的紀錄，在乾隆43年（1778）以後賢良港就以媽祖出生地自居，以繼承媽祖出生地的香火，才能以「祖祠」身分發展民間香火。以媽祖專書的內容來看賢良港祖祠出生地的說法，直到光緒年間楊浚《湄洲嶼志略》才將出生地改回湄洲島，但《湄洲嶼志略》不否定賢良港祖祠的香火比湄洲祖廟好。

到了民國18年（1929）的《同安縣志》風俗紀錄才見到「祀聖母者往興化湄洲進香」的記載。[93]光緒年間的楊浚是否已見到閩南廟宇至湄洲祖廟進香，而開始為民間香火較弱的湄洲祖廟平反呢？這是有可能的！因為晚年住過漳州、金門和廈門的楊浚，不只是寫過媽祖的《湄洲嶼志略》，他在光緒初年也寫保生大帝的《白礁志略》，[94]而這兩個地點正是閩南人前往的進香中心。另外同治8年（1869）楊浚遊臺，受淡水同知陳培桂之聘，纂修《淡水廳志》；並應鄭用錫子嗣鄭如梁之請，編纂《北郭園全集》，同治9年（1870）修志完成後離臺。[95]新竹長和宮道光年

[93] 參見林學增等修、吳錫璜纂，《同安縣志》卷二十二〈禮俗〉（臺北：成文出版社，1967年），頁612。
[94] 參見林學增等修、吳錫璜纂，《同安縣志》卷四十〈人物十三‧方外錄〉，頁1302。
[95] 參見鄭用錫撰、楊浚編，《北郭園全集1》，收錄於《臺灣先賢詩文集彙刊（第二輯）》（臺北：龍文出版社，1992年），目錄前頁。及網站詩詞索引：清楊浚ps://sou-

間就開始往湄洲進香，楊浚在臺灣這段期間應該會得知新竹長和宮恭奉「湄洲媽」，也有可能聽聞長和宮進行湄洲進香一事，之後才會關心湄洲祖廟的事跡。總之從史料來看楊浚應該知道有湄洲進香一事，進而關心湄洲祖廟，並在光緒14年（1888）出版《湄洲嶼志略》將媽祖出生地改回湄洲島。

三、方志記載

康熙末期的《鳳山縣志》和《臺灣縣志》都記載媽祖的出生地是賢良港，[96] 當時因為湄洲祖廟香火不旺，所以編志書人將賢良港的說法編入史書，可見康熙年間已有部分人士接受賢良港祖祠為媽祖出生地的說法。但之後乾隆年間《重修臺灣縣志》[97]、《重修鳳山縣志》[98]、《澎湖紀略》[99] 和嘉慶《臺灣志略》[100]、《續修臺灣縣志》[101] 及道光《彰化縣志》[102]、咸豐《噶瑪蘭廳志》[103]、光緒《恒春縣志》[104] 都根據明代的文獻記載，將媽祖出生地寫回湄洲嶼。

---

yun.cn/poemindex.aspx?dynasty=Qing&author=%E6%9D%A8%E6%B5%9A 日期：2020.5.5。

96 參見康熙年間《鳳山縣志》卷十〈外志・寺廟〉，收錄於鄭麗航輯纂，《媽祖文獻史料彙編》第三輯方志卷・上編，頁228。參見康熙年間《臺灣縣志》卷九〈雜記志・寺廟〉，收錄於鄭麗航輯纂，《媽祖文獻史料彙編》第三輯方志卷・上編，頁215。

97 乾隆年間《重修臺灣縣志》卷六〈祠宇志・寺廟〉，收錄於鄭麗航輯纂，《媽祖文獻史料彙編》第三輯方志卷・上編，頁216。

98 乾隆年間《重修鳳山縣志》卷五〈典禮志・壇廟・附錄〉，收錄於鄭麗航輯纂，《媽祖文獻史料彙編》第三輯方志卷・上編，頁230。

99 乾隆年間《澎湖紀略》卷二〈地理紀・廟祀〉，收錄於鄭麗航輯纂，《媽祖文獻史料彙編》第三輯方志卷・上編，頁237。

100 嘉慶《臺灣志略》卷一〈勝蹟〉，收錄於鄭麗航輯纂，《媽祖文獻史料彙編》第三輯方志卷・上編，頁212。

101 嘉慶《續修臺灣縣志》卷二〈政志・壇廟〉，收錄於鄭麗航輯纂，《媽祖文獻史料彙編》第三輯方志卷・上編，頁220。

102 周璽，《彰化縣志》卷五〈祀典志・祠廟〉，頁155。

103 咸豐《噶瑪蘭廳志》卷三（中）〈祀典〉，收錄於鄭麗航輯纂，《媽祖文獻史料彙編》第三輯方志卷・上編，頁258。

104 光緒《恒春縣志》卷十一〈祠廟〉，收錄於鄭麗航輯纂，《媽祖文獻史料彙編》第三輯方志卷・上編，頁236。

大正11年（1922）鹿港天后宮往湄洲進香的湄洲祖廟全景照
（資料來源：《鹿港天后宮老照片專輯》）

　　另外從莆田地區的清代方志來看，康熙《莆田縣志》和乾隆的《莆田縣志》都記載「天后林姓，世居莆之湄洲嶼」；[105]之後同治《莆田縣志稿》已改為「湄洲嶼……林愿第六女昇化於此」；[106]民國《莆田縣志》記「賢良山……宋聖女林氏天后故宅焉」。[107]從方志的記載來看，同治年間的《莆田縣志稿》已改為「湄洲嶼……林愿第六女昇化於此」，及民國《莆田縣志》又受賢良港祖祠的影響，但清代的臺灣方志仍以湄洲島為多數。再從鹿港舊祖宮日治時期進香照片來看，地點是湄洲島上的湄洲祖

[105] 清‧金鼑謝修、林麟焻纂，康熙《興化府莆田縣志》卷三十二〈人物志‧仙釋〉，收錄於鄭麗航輯纂，《媽祖文獻史料彙編》第三輯方志卷‧上編，頁35。參見廖必琦、宮兆麟、宋若霖等纂，《莆田縣志》卷三十二〈人物志〉，頁660。

[106] 清‧林揚祖纂，同治《莆田縣志稿》〈古蹟‧湄洲嶼〉，收錄於鄭麗航輯纂，《媽祖文獻史料彙編》第三輯方志卷‧上編，頁40。

[107] 石有記修、張琴纂，民國《莆田縣志》卷五〈輿地志‧山川〉，收錄於鄭麗航輯纂，《媽祖文獻史料彙編》第三輯方志卷‧上編，頁41。

廟。另外本書第四章考證鹿港舊祖宮為何嘉慶年間要往湄洲進香？其中一個原因為乾隆皇帝在鹿港敕建新祖宮，因而讓舊祖宮產生壓力有關，舊祖宮為取得更高階（強大）的靈力，進香地點才會選擇位階最高的湄洲天后宮（康熙皇帝敕建、官方認定），也就是湄洲島上的湄洲媽祖廟。換句話說，清代臺灣的媽祖廟在心目中認定湄洲島上的媽祖廟才是祖廟，而非賢良港。

再由清光緒皇帝的「與天同功」御匾的研究，可知清代臺灣宮廟相當注重清代皇帝的御匾，有些宮廟才會後製「與天同功」御匾來提高宮廟的地位。[108]此現象也支持臺灣宮廟如果跨海進香，會往康熙時期敕建及官方認定位階最高的湄洲祖廟進香。但是當時湄洲灣並未盛行湄洲謁祖進香，可推測當時莆田地區的人民並不一定重視官廟地位高於民廟之分。所以附近如果有香客進香活動，應該會往民間香火較盛的賢良港祖祠進香，因為當時賢良港祖祠已建立媽祖出生地的香火傳說，出生地的傳說使賢良港祖祠成為靈驗大廟，且地理位置較海上的湄洲祖廟佳，更容易吸引陸上的香客來廟朝拜。

第三節　進香習俗探源

臺灣清代移民的祖籍地以閩南泉州、漳州和粵東籍為主，清代早期這些地區並無往湄洲進香的一手紀錄。而中國北方的「朝山」進香起源很早，但這種「朝山」活動和臺灣的謁祖進香不太一樣，「朝山」進香不一定由地方宮廟發起，沒有割火的儀式。臺灣的謁祖進香是從哪裡傳入臺灣的？以下先從福建、臺灣及粵東地區清代至民初「進香」的紀錄表來做討論，因筆者整理的清

---
[108] 李建緯，《歷史、記憶與展示：臺灣傳世宗教文物研究》，頁264。

代與民初「進香」紀錄表（臺灣、福建及粵東地區）項目過多，故置於附錄一。

首先透過《泉州府志》卷十六〈壇廟寺觀〉（附錄一項目5）記載清乾隆年間「章帥祠在縣北十九都洪瀨街，縣志，神失其名舊蛻化於永春石竹鄉。每歲春，鄉人往石竹『取火』，遠近從之者以萬計。」，和《海澄縣志》第十五卷〈風土・歲時〉（附錄一項目6）也記載清乾隆年間「三月十五日青礁慈濟宮吳英惠侯誕，澄人先數日各祀廟建醮。醮畢迎神，社人鼓樂，旌幟樓閣，彩亭前導致慈濟宮，傳香以歸，方言曰『割香』，歲一為常。」，以上兩項敘述可以知道「割香」、「取火」就是本書所說的割火進香。《長泰縣新志》卷三〈地理三・風俗〉（附錄一項目36）也記載「請火迎香之煩費。境內各廟每年必抬偶像往他一廟『請火』，回時本廟所屬之鄉村民眾以儀仗待於中途接入本廟，謂之『割香』，所費動以鉅萬。」內容說「請火」就是「割香」。（附錄一項目26）篇名「上香山」內容為「東佛去『取火』，西佛去接香，旗鼓相當最怕相逢狹路旁。」所以「上香山」也是「取火」、割火進香的意思。再來看民國時期的《同安縣志》禮俗篇（附錄一項目27、28、29、30、31）記載：

> 迎神各祠廟皆有，而以保生大帝為最，祀大帝者往白礁「進香」，歸則勝設儀仗，綵旗鸞輿妝閣及馬匹扮演故事，鼓樂喧天遶城廂，各保外皆須妝故事會迎名曰迎香，謂可以邀神佑也。祀聖母者往興化湄洲「進香」，祀廣澤尊王者，往南安鳳山寺「請火」，歸時亦如之。又有臨水真人由省抵廈「進香」，有甲第大帝由郡赴白礁「進香」均道經同城，亦照例迎賽，計每次費千金或數百金。

以上的文獻資料可以知道「請火」、「割香」、「取火」、「上香山」及閩南地區的「進香」二字，都是割火進香。再加上乾隆年間的《鷺江志》廟宇篇（附錄一項目7）有提及東澳媽祖宮「為廈島天后廟之先」，是廈門島歷史最悠久的媽祖廟，可說是「開廈」媽祖廟。當代的廈門忠侖神宵宮分靈於廈門何厝順濟宮，每逢農曆3月23日，媽祖誕辰日，神宵宮老人理事會，提前安排神宵宮到何厝順濟宮（東澳社媽祖宮）謁祖進香，[109]綜合現代的紀錄和文獻的記載讓我們得知「請香」就是臺灣所謂的割火進香。

另外鳳霞宮武當山進香（附錄一項目16）光緒年間記錄到「前定每逢午年，『請香』一次，後因道路阻梗，兼以甲子之變，迄今已閱三十餘年矣」，也可以知道「請香」就是臺灣的割火進香。所以「請香」、「請火」、「割香」、「取火」、「上香山」及閩南地區的「進香」二字，都是廣義的割火進香，這些詞彙都有取得或分享靈力的儀式和意涵。

由乾隆時期的《泉州府志》卷二十〈風俗〉（附錄一項目3）可看見臺灣賽會應該是受原鄉的宮廟影響。內容如下：

> 上元內外賽會迎神。鄉邨之間或於二月，謂之進香。隆慶《府志》：「多者費數百金，少者亦不下十金。」萬曆《府志》：「裝飾神像，窮極珍貝，閱游衢路，因起爭端。」《閩書》：「泉中上元後數日，大賽神像，妝扮故事，盛飾珠寶，鐘鼓震鈞，一國若狂」。《溫陵舊事》：「吾溫陵以正月謂之朝拜，亦曰會。蓋合閭里之精虔以祈

109 資料來源：百度百科網址https://baike.baidu.com/item/%E5%8E%A6%E9%97%A8%E5%BF%A0%E4%BB%91%E5%85%AC%E5%9B%AD/5774336。點閱日期：2019.5.29。

年降福，亦遵古儺遺意，相沿已久。……凡會皆正初，擇
其境之齒德而裕財者首其事，鳩金訂期設醮，然後迎神周
其境內。人家置幾檯焚香楮甚恭。……神皆四昇，惟通淮
關大帝、花橋吳真人、南門天妃、虎山王相公、古榕玄壇
元帥，則八抬。……神之前為道士，又前為鼓吹，又前為
巡逆……鑼聲震天地。」[110]

從上可知臺灣的迎神賽會，和泉州地區十分相似。其中「上元內
外賽會迎神。鄉邨之間或於二月，謂之進香。」這幾段話描述，
上元節（元宵節）泉州府內外舉辦賽會迎神，或在農曆二月時
期，泉州地區鄉村之間舉辦宮廟活動稱作「進香」。由（附錄
一）的內容可知割火進香以泉州府內記載最多，因此可推論清代
泉州地區的「進香」應該就是割火進香。而且同本志書也記載了
南安縣內章帥祠的割火進香紀錄（附錄一項目5），如下：「章
帥祠在縣北十九都洪瀨街，縣志，神失其名舊蛻化於永春石竹
鄉。每歲春，鄉人往石竹取火，遠近從之者以萬計。」[111]可見泉
州府的進香應該就是割火進香。

　　從（附錄一）也可看到福建地區在清代至民初，不同時期有
媽祖、保生大帝、玄天上帝、廣澤尊王、臨水夫人、甲第大帝、
章元帥、觀音及不知名稱的地方社神等，都有進行割火進香。福
建的方志不像臺灣方志記載，宮廟間的進香資料皆集中在媽祖信
仰上。另外福建地區《長汀縣志》卷之三〈山川〉（附錄一項目
17）也有「朝山」聖地的紀錄，只是信仰範圍不像中國其他「朝
山」聖地擴及好幾個省份。

[110] 清・懷蔭布等修，《泉州府志》卷二十〈風俗〉（臺南：登文印刷局，1964年），頁
18–20。
[111] 清・懷蔭布等修，《泉州府志》卷十六〈壇廟寺觀〉，頁38。

再來看有關媽祖廟之間的進香紀錄，康熙年間《同安縣志》
（附錄一項目1）、乾隆年間《鷺江志》（附錄一項目7）、乾
隆年間《同安縣志》（附錄一項目2）、嘉慶年間《同安縣志》
（附錄一項目8）、道光《廈門志》（附錄一項目9）、民國《廈
門市志》（附錄一項目37），[112]以上從清康熙年間到民國的六
本方志都記載類似以下文字，「媽祖宮：在東澳社，祀天后。
三月中鄉例慶天后誕。先數日，廈之諸廟必造其地，名曰『請
香』」。[113]由上可知清代早期的媽祖廟之間的進香大都集中在廈
門島上。

　　之後清代道光年間《金門志》（附錄一項目10）中記錄金
門地區也有媽祖「進香」活動。[114]但是筆者查找金門的資料，可
能因民國38年（1949）之後的戰亂改變風俗，現在的媽祖廟都無
清代「每年春季，迎天后，曰『進香』」的紀錄。不過金門位於
泉州府內，而其旁邊的廈門島也有多次的「請香」紀錄，所以此
進香也有可能屬於割火進香。道光年間在臺灣也有鹿港舊祖宮赴
湄洲進香（附錄一項目11）和彰化南瑤宮赴笨港進香（附錄一項
目12）的記載。光緒年間有新竹長和宮赴湄洲進香（附錄一項目
19）、北港朝天宮赴臺南大天后宮進香（附錄一項目22）、安平
天后宮往鹿耳門廟進香（附錄一項目23），由上可知臺灣方志上
宮廟間的進香，全部都集中在媽祖一神上，其中最盛行的就是大
家所熟知的北港進香（附錄一項目12、20、21、24、25）。最後
在民國18年（1929）的《同安縣志》風俗紀錄才見到「祀聖母者

---

[112] 參見鄭麗航輯纂，《媽祖文獻史料彙編》第三輯方志卷・上編，頁96-106。

[113] 清康熙・朱奇珍修、葉新朝、張金友纂，《同安縣志》卷之十〈壇廟〉，收錄於鄭麗
航輯纂，《媽祖文獻史料彙編》第三輯方志卷・上編，頁96。

[114] 「每年春季，迎天后，曰進香」，見林焜熿纂修、子豪續修，《金門志》卷十五〈風
俗記・雜俗〉，收錄於鄭麗航輯纂，《媽祖文獻史料彙編》第三輯方志卷・上編，頁
109。

往興化湄洲進香」（附錄一項目28）的記載。

　　清代閩南地區各種神明都有宮廟間的進香，但清康熙之後的方志記載還是以廈門東澳媽祖宮每年舉辦的「請香」活動為最多。廈門是通往臺灣最重要的港口，自然會影響臺灣的習俗。臺灣笨港地區在乾隆12年（1747）年已有請香割火之風俗，[115]此筆紀錄為台灣最早的進香史料，應該是受了原鄉的影響才會舉辦進香活動。而南瑤宮在嘉慶7年（1802）彰化紳董聯絡縣下信徒倡議重建，廟成之後，香火逐年興盛，遂將笨港請香割火之風氣承襲而來，每年亦往發源地進香，隨駕香丁往返均用步行，嘉慶19年（1814）已成立大媽會往笨港進香。[116]

　　根據廈門東澳社媽祖宮的清代「請香」文獻來看，請香的廟宇都是距離較近的島上宮廟。這和清末臺灣南部安平天后宮往鹿耳門廟進香（附錄一項目23）及北港朝天宮往臺南大天后宮「乞火」（附錄一項目22）是一樣的情況，都是往較近的目的地進香。[117]

　　而附錄一除鳳霞宮武當山進香（附錄一項目16）、安海龍山寺普陀山（附錄一項目13）、鹿港和新竹往湄洲進香（附錄一項目11、19）的4例外，其他進香案例都是進香期較短的宮廟進香。

---

[115] 乾隆12年6月2日閩浙總督臣喀爾吉善，〈為恭報地方雨水情形、二麥收成分數，仰祈睿鑒事〉一文：「諸邑之南、北兩港地方，均係漳、泉人居住，於三月十五、六等日，因抬神請香，各不讓路，以致爭毆。」來源網站：THDL臺灣歷史數位圖書館http://thdl.ntu.edu.tw/THDL/RetrieveDocs.php，點閱日期2021.2.24。

[116] 清・戴悅，〈彰化南瑤宮老大媽會合約〉收錄於蔣維錟、鄭麗航，《媽祖文獻史料彙編》第一輯散文卷（北京：中國檔案出版社，2007），頁152-153。

[117] 「迨三月十四日，北港媽來郡乞火，鄉莊民人隨行者數萬人，入城，市街民人款留三天，其北港媽駐大媽祖宮，為闔郡民人進香，至十五、十六日出廟遶境，沿途回港護送者蜂擁，隨行者亦同返，此係俗例，一年一次也。三月二十日，安平迎媽祖。是日，媽祖到鹿耳門廟進香，回時莊民多備八管鼓樂詩意故事迎入遶境，喧鬧一天」，參見清・作者不詳，《安平縣雜記》，〈風俗現況〉，收錄於鄭麗航輯纂，《媽祖文獻史料彙編》第三輯方志卷・上編，頁224。

清代的廈門、金門、泉州和臺南四個地區都是經濟較好，且海運交通發達的地區，當地的宮廟最有能力進行湄洲進香，但史料卻不見湄洲進香，只記載進香期較短的宮廟進香。閩南地區都比臺灣接近湄洲，也不見當地宮廟赴湄洲進香而被方志記載，可見當時的湄洲進香並不盛行。

前表中最特別的是光緒3年（1878）的漳州鳳霞宮玄天上帝往武當山進香（附錄一項目16），〈鳳霞宮武當山進香碑記〉記錄到「前定每逢午年，請香一次，後因道路阻梗，兼以甲子之變，迄今已閱三十餘年矣」，以往是12年進香一次，但因路途遙遠和不便加上社會動亂已經三十幾年沒辦了。漳州到武當山進香計「水陸程途共四仟五佰十七里」，兩千多公里路途相當遙遠。「筊擇鄉導謝明峰、香丁李山仝往」，廟方2人加上所雇挑夫，全程進香的人數少。全程費用由公廟募捐，過程中有租馬匹、雇車「回程由漢口坐輪船，從上海至廈門」，全程期間將近6個月的時間。[118] 由〈鳳霞宮武當山進香碑記〉可見長時間和長距離的進香不容易舉辦，容易因事停辦，進香過程人數稀少，活動艱辛因此才被記錄下來，另外也可以看見輪船出現可增加長途進香的方便性。

另外「龍山寺……道光二十五年（1845）秋七月佛祖往浙江南普陀山進香」（附錄一項目13），記錄在《重修安平志》，也是屬於單一次的跨海長距離進香紀錄。而筆者2019七月參訪安海龍山寺時，廟方告知解放（1949）前每逢龍年（12年一次）的農曆三月，龍山寺便會組織安海廿四境信眾前往浙江普陀山進香，但細查資料仍找不到更多資料。所以可知和武當山進香一樣，長

---

[118] 光緒3年（1878）〈鳳霞宮武當山進香碑記〉，收錄於江煥明，《丹霞萃金：漳州古城史跡考》（廈門：廈門大學出版社，2014年），頁257、258。

時間、長距離的進香不容易舉辦，容易停辦，進香過程人數稀少，因過程活動艱辛才被記錄下來。

由（附錄一）資料另外可看出，清代福建地區進香期短的進香比進香期長的進香紀錄為多。原因不難理解，明清時期中國華北因街鎮商業發展比華南差，所以較需要賽會市集。而華南市鎮發展程度高，比較不需要賽會市集來形成交易網絡，所以北方的長距離進香背後還有經濟貿易因素支撐容易成形。[119]

另外福建地理條件和臺灣相似，山脈南北橫貫且河流東西隔絕，交通不便，賽會容易形成各自的區域發展。各地宮廟影響範圍受限於地理環境，區域內的賽會活動才是宮廟首選，如遶境、作醮。但割火進香不屬於境內活動，一出境外就需要較多的人力物力，且較容易發生各種意外。受限於地理環境，如果需要舉辦還是以距離近的進香為主。此外進香期長的進香能參與的人員不多，所耗時間又長、花費金錢又多，是不符合宮廟成本效益的賽會活動，如無特殊理由應不容易舉辦。因為進香非地方宮廟必辦性的活動，所以史料中，記載的名稱就有「進香」、「請火」、「割香」、「取火」、「上香山」和「乞火」六種不同稱呼，可見當時閩南地區的割火進香並非每個區域都會舉辦，所以名稱尚未統一。

清代位於興化府偏鄉的湄洲島來臺移民少，因此清初湄洲媽祖廟的香火要隨著移民來到臺灣的機率較低。相對地閩粵移民的原鄉一帶就有不少歷史久遠的香火大廟，可讓移民者帶著媽祖香火到臺灣。如：泉州天后宮、[120]泉州同安南門天后宮（銀同祖

[119] 趙世瑜，《狂歡與日常——明清以來的廟會與民間社會》，頁198。
[120] 泉州天后宮「尤為庶姓所瞻依者」是為民間香火大廟，見清·徐汝瀾〈重修天后宮碑記〉，收錄於蔣維錟、鄭麗航，《媽祖文獻史料彙編》第一輯碑記卷，頁264。

福建地形圖

（資料來源：地之圖網站http://map.ps123.net/china/2003.html。

點閱日期：2019.12.5）

廟）、[121]漳州海澄（土城）天后宮、[122]東山宮前天后宮、[123]廈門
朝天宮（上宮、天妃祖廟）、[124]廈門東澳社媽祖宮、[125]廈門前園

---

[121] 林江珠等著，《閩台民間信仰傳統文化遺產資源調查》，頁102、103。

[122] 「天后宮在土城內，凡揚帆者多禱於此」，清‧陳鍈等修、鄧廷祚等纂，《海澄縣
志》（臺北：成文出版社，1968年），頁202。

[123] 林江珠等著，《閩台民間信仰傳統文化遺產資源調查》，頁104、105。

[124] 朝天宮是廈門最主要的媽祖廟，乾隆年間的《鷺江志》有提及廈門朝天宮是「天妃祖
廟舊址」，收錄於鄭麗航輯纂，《媽祖文獻史料彙編》第三輯方志卷‧上編，頁101。

[125] 徐曉望，〈廈門島的媽祖廟與媽祖稱呼的起源〉，《媽祖國際學術研討會——媽祖、

宮、[126]興化涵江天后宮（霞徐天后宮）、興化莆田文峰宮、晉江東石天后宮、[127]惠安壩頭龍鳳宮[128]……等為數眾多的原鄉媽祖香火。

另外臺灣宮廟為什麼喜歡將創建年代往前移？在文獻查找中發現可能受原鄉觀念影響，因為乾隆年間的《鷺江志》有提及東澳媽祖宮「為廈島天后廟之先」[129]，是廈門島歷史最悠久的媽祖廟，可說是「開廈」媽祖廟，又是廈門的進香中心。受此觀念影響，建廟歷史較早是可以成為吸引香客進香的條件，所以臺灣的進香中心多位於臺灣較早開發區域。[130]以至於當代媽祖廟才會不斷將建廟年代往前移，希望建立「開臺」媽祖廟的香火權威。

從上文可知「請火」就是割火進香。但當代永春地區的「請火」活動資料，就不是往寺廟「請火」。永春東關鎮外碧村陳坂宮當代的「請火」過程如下：

> 改革開放初期，負責請火之角頭的頭人和宮內負責人，要在陳坂宮內卜筊請示「天師伯」，確定請火時間和請火地點。請火的地點又俗稱香山，一般選擇在村外某人稀罕至之地，如鄰近的永春外山鄉、湖洋鎮、東關鎮以及南安九都鎮等村落的某個場所，都可能是候選地。請火地通常是有大石頭的地方，當地人以為比較不乾淨的場所（閩南話

民間信仰與文物論文集》（臺中清水：中縣文化局，2009年），頁40-43。

126 「前園宮在大擔山後。天后祖廟也。孟筊甚靈」，見《廈門志》卷二・分域略・祠廟，收錄於鄭麗航輯纂，《媽祖文獻史料彙編》第三輯方志卷・上編，頁104。

127 東石當時也是偷渡來臺主要港口之一，參見本書第四章鹿港天后宮的分靈論述。

128 竹南中港龍鳳宮由惠安壩頭龍鳳宮分靈，參見本書第四章竹南中港龍鳳宮的資料。

129 「東澳媽祖宮：在東澳社左。祀天后，為廈島天后廟之先。三月，鄉人例慶天后誕。先數日，廈之諸廟必造其地，名曰請香」，收錄於鄭麗航輯纂，《媽祖文獻史料彙編》第三輯方志卷・上編，頁101。

130 以南部為最多進香中心，參見黃美英，《臺灣媽祖的香火與儀式》，頁60。

所謂的「濕忌所在」），以便於敲石請火。進香請火的前
天子夜，分轄本境法事的李道士開始起鼓請神，主要是用
閭山法事（紅頭師公）。大約在早上寅時或卯時，進香請
火隊伍抬著各尊聖像，靜悄悄地出發到請火地點，由道士
舉行法事，敲石請火，再放入香火擔中。請火隊伍便開始
順路放炮（俗稱火槍），大張旗鼓地返回村落。

以上內容可看出永春東關鎮外碧村陳坂宮進香請火的地點並非宮
廟，取得靈力目的是為了保護本村的「合境」平安順利。[131]

　　另外永春岵山塘溪村吳坂西陵宮「吳宮祖師巡境」，其中的
請火地點也非宮廟，其地點選擇亦由卜筊請示。[132]從上可知原鄉
「請火」取得靈力或分得靈力的地點不一定是宮廟。而這種「請
火」模式，是不是割火進香的原型？雖然無早期文獻的支持，但
並非不可能，需再進一步研究。

　　方志為清代官方為治理地方而編纂的文書，如當地盛行進香
活動，應該都會加以記錄，因為進香屬於大型集會活動，為政者
需要加以關注。以下筆者從清代福建和粵東的方志來分析：

　　此區域各種神明境內迎神賽會應該是普遍性的宗教活動，
但跨境性質的進香就非普遍性記載。最早的割火進香為康熙年間
廈門島東澳社（何厝順濟宮）附近諸廟來請香的紀錄。由（附錄
一）可以看到早在乾隆年間泉漳地區各有「進香」、「取火」、
「請香」、「割香」的紀錄，進入清末民初，閩南地區一直有記
載割火進香的紀錄。但福建其他地區的進香紀錄就尚未查到明確

---

[131] 陳進國，〈傳統的喚醒與發明——以福建陳坂宮開永媽祖廟為例〉，《2013媽祖國際學
術研討會：全球化下媽祖信仰的在地書寫》（臺中市：臺中市文化局，2013年），頁
86、87。

[132] 郭肖華、林江珠、黃輝海，《閩台民間節慶傳統習俗文化遺產資源調查》，（廈門：
廈門大學出版社，2014年），頁145。

的宮廟間進香，可見清朝的割火進香習俗在閩南案例為多，而閩南以外的地區雖有進香，但並非一定是宮廟間的進香。再從最有資格成為閩南移民的媽祖「祖廟」──泉州天后宮[133]文獻來看，無法尋得其他宮廟盛行赴泉州天后宮進香的記載，可見清代閩南地區也不是到處皆有割火進香，代表「謁祖」進香的觀念在清代福建並不普及，可能只存在某些分靈系統上，如：北港朝天宮分靈系統或廈門東澳媽祖廟分靈系統（見下圖紅色●），爾後才慢慢影響其他宮廟。而方志上廈門東澳媽祖廟的割火進香早於北港朝天宮，所以不排除北港朝天的割火進香是受到廈門東澳媽祖廟的影響。

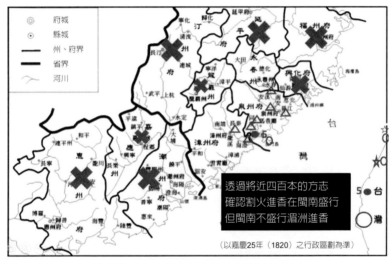

透過將近四百本的方志
確認割火進香在閩南盛行
但閩南不盛行湄洲進香

（以嘉慶25年（1820）之行政區劃為準）

清代福建和粵東方志上的割火進香記載圖

紅色○為方志記載有媽祖割火地區，實心紅色●代表有多則媽祖進香記載，紅色△代表其他神明割火進香的記載，紅色☆代表湄洲割火進香。

133 元‧文宗敕撰〈癸丑祭泉州廟文〉：「聖德秉坤極，閩南始發祥，……」，收錄於蔣維錟、周金琰，《媽祖文獻史料彙編》第一輯檔案卷，頁6。泉州天后宮「尤為庶姓所瞻依者」是為民間香火大廟，見清‧徐汝瀾〈重修天后宮碑記〉，收錄於蔣維錟、鄭麗航，《媽祖文獻史料彙編》第一輯碑記卷，頁264。

綜合以上的資料，清代有實證的割火進香文獻，大都在閩南人居住的地方。康熙末年到乾隆年間，在原鄉的廟宇間（泉州府、漳州府和廈門島）盛行的進香，都是困難度較低、短距離及進香期短的進香，主要目的是為了取得或分享靈力，這種風俗也透過移民帶入臺灣。另外一個重點是清中葉以前福建和粵東的宮廟並不盛行赴湄洲進香，這才是影響清代臺灣宮廟赴湄洲進香資料不多的主要原因。

第四節　清代莆田地區的湄洲進香

至於莆田地區赴湄洲進香的資料，經過筆者仔細的文獻收集後，發現案例不多，其中一例就是同治年間莆田文峰宮赴湄洲「迎會」的紀錄，這個紀錄也是讓蔣維錟、劉福鑄認為文峰宮在清代就有到湄洲謁祖進香的案例。[134]但可惜的是，此案例同治年間郭篯齡的〈潤月廿三日郡人往湄洲迎會，至城大雨，廿六又往湄洲迎會，至厝柄鄉，又遇大雨〉[135]是這首詩的標題，寫到興化府郡人到湄洲「迎會」，但內容卻沒有辦法判斷是否為莆田文峰宮到湄洲「謁祖」進香。在道光年間的《羅源縣志》對「迎會」的解釋是「城內社境舁土神出廟巡境，謂之迎會」，[136]所以從字面來看，興化府郡人在清代到湄洲是「巡境」而不是「謁祖進

[134] 蔣維錟、劉福鑄在此詩的注釋寫到「此詩証明清代已形成三月廿三，由郡城信眾抬文峰宮媽祖神像赴湄洲祖廟賀誕習俗」，參見蔣維錟、劉福鑄，《媽祖文獻史料彙編》第一輯詩詞卷，頁203。

[135] 郭篯齡，《吉雨山房詩集》卷四〈潤月廿三日郡人往湄洲迎會，至城大雨，廿六又往湄洲迎會，至厝柄鄉，又遇大雨〉內容為「漫沿周制太無稽，後飾何來晃與主？天欲沉巫應共悟，鬼占遇雨不終暌。風雷似雪明神謗，朝服何為中道泥？竟爾馳驅兼戲豫，忍慳一語喚群迷。」為批判迷信的詩，收錄於蔣維錟、劉福鑄，《媽祖文獻史料彙編》第一輯詩詞卷，頁203。

[136] 參見清朝道光年間盧鳳棽修；林春溥纂《羅源縣志》卷二十七〈風俗〉，轉引林國平，《閩台民間信仰源流》，頁163。

香」。而且莆田地區的賽會特色是「媽祖出遊」，[137]以文峰宮的歷史來看，其前身為白湖廟，元朝移到莆田城內，清代有民間迎神賽會習俗，[138]此前並無湄洲進香的傳統。文峰宮是官方重視的官廟香火又旺，[139]應該不需要到湄洲謁祖進香，因為文峰宮不需要藉助湄洲祖廟的靈力來提高自己的重要性。所以筆者認為這次的「迎會」，不會是謁祖進香，應該是宮廟間平等地位的聯誼活動，較有可能是媽祖出遊，此次活動也有可能是至賢良港祖祠的聯誼活動。此詩作者郭簽齡，道光7年（1827）生，莆陽城關左廂書倉巷人，曾陪海仙太守游湄洲朝拜媽祖，留有〈和海仙太守登湄洲最高峰韻〉、〈湄洲紀事〉等詩。同治6年（1867）赴湄洲查看祖廟因風災受損情況；[140]光緒2年（1876）寫涵江霞徐天后宮〈重修興安會館碑記〉；[141]又是光緒3年至6年（1877–1880）湄洲祖廟重建的實際負責人，[142]可見郭簽齡對媽祖信仰有所瞭解。因此同治年間如果當時盛行湄洲進香，郭簽齡為莆田人應該不會用「迎會」二字，而會用「請香」「進香」「割香」「乞火」「請火」「取火」這些名稱來形容這次的活動。以此推論當時莆田郡城內的信眾並不會認為文峰宮媽祖的神格低於湄洲地區的媽祖廟，甚至是高於，才會用「迎會」二字，而此次活動應該為媽祖出遊。

---

137 參見林國良主編，《莆田媽祖信俗大觀》，頁229。
138 清·王壽桁，〈文峰宮駕遊〉描寫文峰宮的藝閣出遊，收錄於蔣維錟、劉福鑄，《媽祖文獻史料彙編》第一輯詩詞卷，頁198。
139 「文峰宮行祠，有司春秋致祭」，見清·金鋐修、鄭開極纂（康熙）福建通志·卷之十一·祀典二，收錄於鄭麗航輯纂，《媽祖文獻史料彙編》第三輯方志卷·上編，頁6。
140 參見郭簽齡，〈和海仙太守登湄洲最高峰韻〉、〈湄洲紀事〉，收錄於蔣維錟、劉福鑄，《媽祖文獻史料彙編》第一輯詩詞卷，頁202-203。以及參見郭簽齡，〈重修興安會館碑記〉校記，收錄於蔣維錟、鄭麗航，《媽祖文獻史料彙編》第一輯碑記卷，頁388。
141 郭簽齡，〈重修興安會館碑記〉，收錄於蔣維錟、鄭麗航，《媽祖文獻史料彙編》第一輯碑記卷，頁387-388。
142 「修造董事：即補同知郭簽齡」，參見清·何璟，〈重修莆田縣湄洲天后宮碑記〉的副碑，收錄於蔣維錟、鄭麗航，《媽祖文獻史料彙編》第一輯碑記卷，頁401。

1930年莆田文峰宮湄洲祖廟「會香」

（資料來源：福建莆田文峰天后宮編《媽祖聖跡圖》）

　　但我們也不可忽視此次宗教活動的事實存在，因為現在文峰宮有每隔5年到湄洲祖廟進香，每年至賢良港祖祠進香，文峰宮自認為是平級的宮廟交流稱作「會香」，文峰宮還保留1930年到湄洲祖廟「會香」照片。[143]之所以會每隔5年到湄洲祖廟進香，每年至賢良港祖祠進香，是因為祖廟在島上有海洋阻隔交通不便。

　　另外在改革開放後，仙遊縣度尾龍井宮也出版《神昭海表》宮志一書，其中找到案例，根據《莆田媽祖信俗大觀》引述龍井宮《神昭海表》的記載：

---

[143] 福建莆田文峰天后宮編，《媽祖聖跡圖》（莆田：福建莆田文峰天后宮，2013年），頁12。

龍井宮於道光十年（1830）始去湄洲進香，至1950年共舉
辦17次大規模的進香，平均約七年舉辦一次。其中密度最
高的為1929至1950年間，平均約兩年舉辦一次，而在1940
年代最為頻繁，如1942 與1943 年、1946與1947年、1949
與1950年，都是連續兩年去湄洲進香。[144]

以上《神昭海表》一書資料來源都是透過口述調查，並無早期史
料可以支持。而且在《神昭海表》一書中，龍井宮道光以前的建
廟歷史是受質疑的。[145]1987年的田野資料顯示龍井宮進香過夜地
點是在賢良港祖祠，[146]可見湄洲祖廟並不適合接待進香團過夜。

　　另外還有少數清代湄洲進香的資料，但都無來源可查，如：
莆田仙遊北郊貝隆宮六十年一次謁祖進香。[147]

　　總體來說清代福建和粵東的方志並無記載湄洲進香的事蹟，
可見這個時期並無明顯的湄洲進香風潮，直到民國18年（1929）
《同安縣志》才見到「祀聖母者往興化湄洲進香」的記載。

　　另外查找清代從湄洲分靈的資料，中國地區可能因戰亂動
盪，所以資料紀錄比較少，如：潮州的《南澳志》，康熙27年
（1688），當時的總兵楊嘉瑞，派人前往湄洲請回神像到南澳的
天后宮祭拜。[148]也查到新加坡天福宮1840年有從湄洲灣分靈的紀
錄，[149]但湄洲灣分靈，也有可能是賢良港祖祠分靈的。在泉州府

[144] 轉引林國良主編，《莆田媽祖信俗大觀》，頁165–166。
[145] 參見鄭振滿，〈湄洲祖廟與度尾龍井宮：興化民間媽祖崇拜的建構〉，頁142–143、131–134。
[146] 俞玉麟，〈談談媽祖的出生〉，收錄於蕭一平、林雲森、楊德金編《媽祖研究資料彙編》，頁222。
[147] 林江珠等著，《閩台民間信仰傳統文化遺產資源調查》，頁316。
[148] 清·齊翀纂修，《南澳志》卷之十二〈雜記·叢談〉，收錄於鄭麗航輯纂，《媽祖文獻史料彙編》第三輯方志卷·下編，頁102。
[149] 黃文車，〈從波靖南溟到南海明珠──新加坡天福宮的媽祖信仰與文化網絡建構〉

晉江縣的東石天后宮有清代對聯寫到此廟「分爐來自湄洲」的紀錄。[150]另外在東石天后宮附近地區的晉江金井順濟宮康熙末年的對聯也寫到本廟「靈分湄島」的文字。[151]以上三則是清代中國地區比較明顯直接從湄洲分靈廟宇資料。但是也不能說對聯寫從湄洲分靈，就一定從湄洲分靈，例如：臺灣員林福寧宮的光緒11年（1885）的廊柱對聯裡也寫到「香分湄島」，[152]但實際上員林福寧宮是從鹿港舊祖宮分靈的可能性最大。[153]因為從鹿港舊祖宮分靈出去的媽祖都稱「湄洲媽」，所以在臺灣的「湄洲媽」不一定要從湄洲分靈而來。又如：臺灣彰化南瑤宮昭和13年（1928）的對聯寫著「慈濟本湄洲淵源」字句，[154]就認定南瑤宮分靈自湄洲，眾所周知南瑤宮分靈自臺灣笨港天后宮。

2011年，中華媽祖文化交流協會著手進行莆田市媽祖宮廟的普查工作。這項工作得到了莆田市人大常委會的大力支持和配合。2011年8月16日，莆田媽祖宮廟經過半年多的普查，莆田市境內發現至少有各類媽祖宮廟880處，這個數字大大超過以前所有的有關莆田媽祖宮廟數量，所得成果編成《莆田媽祖宮廟大

（臺中市：臺中市政府文化局主辦、靜宜大學台灣研究中心協辦之「2012臺中媽祖國際觀光文化節——媽祖國際學術研討會」，2012年），頁70。

[150] 東石天后宮「分爐來自湄洲，此間坐鎮；當境撫司獅尾，大眾蒙麻。」「襟海鎮龍江，望澎湖帆影，波浪弗驚身穩渡；依山連岱嶽，分湄島香煙，神靈永異國安漏。」該宮現存道光6年（1826）、光緒2年（1876）及民國13年（1924）三塊重修碑記，分析以上三次建廟期間所作，當是此次建廟期間所作，收錄於蔣維錟、劉福鑄，《媽祖文獻史料彙編》第二輯對聯卷‧對聯編，頁73。

[151] 晉江金井順濟宮「涉利大川，萬裡帆檣依覺路；靈分湄島，千秋赫濯莫圓江。」據《龜江範氏族譜》記載，此聯係范氏先人范光友於康熙末年自臺灣避亂歸復，特製匾、聯各一，以獻家鄉陳厝村媽祖廟，收錄於蔣維錟、劉福鑄，《媽祖文獻史料彙編》第二輯區聯卷‧對聯編，頁74。

[152] 「福地妥神靈，光昭瀛島，香分湄島；寧舟資利涉，民仰二天，德配大天」，收錄於蔣維錟、劉福鑄，《媽祖文獻史料彙編》第二輯區聯卷‧對聯編，頁190。

[153] 「福庇珂鄉，卌里鹿津分聖澤；寧安瑤闕，千秋燕霧沐慈暉。」，昭和3年（1928）廟門最重要的對聯寫從鹿港天后宮分香，此處「鹿津」就是鹿港的雅稱別名，收錄於蔣維錟、劉福鑄，《媽祖文獻史料彙編》第二輯區聯卷‧對聯編，頁191。日治《員林郡寺廟臺帳》（中研院複印版）也記錄福寧宮從鹿港天后宮分靈。戰後也有至鹿港天后宮進香的紀錄，參見王見川、李世偉，《台灣媽廟閱覽》，頁54~55。

[154] 「天恩共有，神寵為海邦砥柱；後德無疆，慈濟本湄洲淵源」，收錄於蔣維錟、劉福鑄，《媽祖文獻史料彙編》第二輯區聯卷‧對聯編，頁180。

全》。[155] 而《媽祖文化志‧媽祖宮廟與文物史蹟卷》內容（見附錄四），[156] 就是根據《莆田媽祖宮廟大全》而來，筆者統計莆田市共有42間清代從湄洲祖廟分靈的媽祖廟。但對此結果筆者是持保留態度，因為並無任何直接的文獻可支持這些說法，自民國76年（1987）兩岸交流以來，官方將湄洲祖廟定於一尊，應該才是影響這些田野調查最主要的因素。

　　從湄洲祖廟的歷史來看，最有機會建立進香中心的時代為明朝中後期，此時湄洲島上經濟力尚強。同一時期的武當山和普陀山都是進香的中心，[157] 湄洲祖廟當時也香火鼎盛，只可惜尚在發展成為全國性進香中心時，就遇到清初的遷界政策，把最基本的信徒遷移出島；再加上清代廟方（官方）也不積極經營香火，以至於讓賢良港祖祠率先恢復民間香火，建構媽祖出生地的香火權威。清代湄洲祖廟地理條件較賢良港祖祠差，因海阻隔導致外來進香客少，當時地理條件較好的賢良港祖祠，香火發展優於湄洲祖廟。

　　由以上各節的資料來看，可以將湄洲祖廟清代民間活動歸納如下：清道光之前開始有從臺灣鹿港舊祖宮來的小型進香團，[158] 但來的人數不多，[159] 對香火作用不大，此時民間香火較旺的是賢良港祖祠。道光年間莆田進士陳池養的〈募修郡城文

[155] 資料來源：百度百科網站：《莆田媽祖宮廟大全》https://baike.baidu.com/item/%E8%8E%86%E7%94%B0%E5%A6%88%E7%A5%96%E5%AE%AB%E5%BA%99%E5%A4%A7%E5%85%A8 點閱日期：2019.11.11。

[156] 福建省地方志編輯委員會、莆田市湄洲媽祖祖廟董事會、台灣媽祖聯誼會編，《媽祖文化志‧媽祖宮廟與文物史蹟卷》（北京：國家圖書出版社，2018年），頁24–106。

[157] 參見楊立志，〈武當山進香習俗地域分佈爭議〉《湖北大學學報（哲學社會科學版）》，32：1（2005年1月），頁14–19。參見徐一智，〈明代政局變化與佛教聖地普陀山的發展〉《玄奘佛學研究，2010年》，頁25–88。

[158] 「天后聖母廟……在鹿港北頭，乾隆初，士民公建，歲往湄洲進香」，參見周璽，《彰化縣志》卷五〈祀典志‧祠廟〉，頁154。

[159] 日治時期前臺灣往湄洲進香，最多也才十幾人，故推測清代湄洲進香人數也不會多。參見楊朝傑，〈日治時期雲林地區媽祖廟往舊祖宮的進香〉，收錄於陳仕賢等撰稿，《鹿港天后宮論文集》，頁131–135。

峰宮引〉[160]和光緒年間楊浚《湄洲嶼志略》兩則資料認定湄洲嶼才是媽祖出生地，有為湄洲祖廟平反的意思。道光年間以後湄洲祖廟應該有一些外來的宮廟進香，如：臺灣鹿港舊祖宮、臺灣新竹長和宮的進香，[161]光緒年間同安地區亦有可能有往湄洲祖廟進香的寺廟。[162]另外在莆田地區，道光年間疑似有度尾龍井宮至湄洲灣進香及同治年間興化府郡人至湄洲「迎會」（有可能是媽祖出遊的），此地區開始有一些宮廟至湄洲灣活動的紀錄。再從忠門半島的媽祖廟，在民國時期新建數量增多這個因素來推論，[163]因忠門半島的地理位置位於莆田平原和湄洲島之間，也和莆田文峰宮、龍井宮前往湄洲灣比較頻繁的時間相符。所以在民國建立前後，湄洲灣應該有一段進香小高潮，才會在民國18年（1929）《同安縣志》見到「祀聖母者往興化湄洲進香」的記載。

小結

從媽祖的原鄉莆田來看媽祖信仰的傳播，湄洲媽祖廟在南宋時期來說並不是最重要的媽祖廟；到了元朝湄洲媽祖廟的能見度上升，但傳播媽祖信仰的主力在泉州天妃宮，以現在的說法宋代莆田的「聖墩媽」、「白湖媽」、元代泉州的「溫陵媽」，都比當時的「湄洲媽」名氣大。明代因湄洲島造船業發達，湄洲祖廟才有了鼎盛的民間香火，因此建立「祖廟」的地位；進入清代因遷界和經濟重心的轉移，湄洲島又進入蕭條狀態。

---

[160] 參見陳池養，〈募修郡城文峰宮引〉，收錄於蔣維錟、鄭麗航，《媽祖文獻史料彙編》第一輯散文卷，頁169。

[161] 道光15年（1835）新竹長和宮到湄洲進香，參見卓克華，《民間文書與媽祖廟之研究》，頁215。

[162] 民國18年（1929）的《同安縣志》風俗紀錄見到「祀聖母者往興化湄洲進香」的記載，參見林學增等修、吳錫璜纂，《同安縣志》卷二十二〈禮俗〉，頁612。

[163] 參見鄭衡泌，〈媽祖信仰傳播和分佈的歷史地理過程分析〉，頁59。

清代就整個湄洲灣的媽祖信仰來看，要分為兩個方面來看，就民間香火來看，信徒因遷界被移至對岸，島上缺乏信徒回流的經濟誘因，所以民間香火不盛。賢良港祖祠在明代文獻較少，等到清初遷界之後，透過宣傳媽祖出生地在賢良港，恢復民間香火，有各地來請香火（分靈或請香火袋）的紀錄。以清代賢良港祖祠地理條件來看，可推估民間香火是優於湄洲祖廟。但就官方推崇媽祖信仰來看，湄洲祖廟的精神領袖地位，在清代應該是達到歷史高峰，神格位階全國最高。直到清末、民初，湄洲祖廟因臺灣和閩南地區的湄洲進香漸增，民間香火亦日漸興盛。

在文獻查找的過程中，方志上未有莆田地區的宮廟往湄洲進香的事蹟，可見清代在莆田地區宮廟赴湄洲進香並不盛行。另外清代中國地區目前尚未發現比鹿港舊祖宮更早前往湄洲進香的紀錄。

康熙末年到乾隆年間原鄉大量移民來臺時，在閩南地區宮廟間盛行的進香型式，都是困難度較低及進香期短的進香，這種風俗也透過移民帶入臺灣，當時有實證的割火進香文獻，大都在閩南人居住的地方。另外一個重點就是，以整個福建和粵東的現有資料來看，清中葉以前湄洲灣的媽祖廟雖然地位崇高，但因地理、交通、經濟與賽會形式等因素，可合理推估福建和粵東地區的宮廟並不盛行赴湄洲進香。因為原鄉不盛行此活動，清代臺灣宮廟赴湄洲進香自然也不會多。

第三章 清代湄洲進香的時代環境

第一節 臺灣宮廟赴湄洲進香的社會經濟基礎

清代湄洲進香會在臺灣興起有以下幾種社會經濟條件：

一、水田化生產力大增

臺灣之有農田水利，始於明末漢人入臺拓墾，但此時水田所占比例小。然而，從康熙40年代（1701），即十六、十七世紀之交後，臺灣農業發生重大的變化，即土地的全面開發，而稻米業成長迅速，取代糖成為最大出口品。原因是此時中國人口激增，缺糧問題日益嚴重，尤其是福建省，急需進口糧食，而近在咫尺的臺灣農業發展條件良好，正可滿足其需求。因此，康熙末期開始有一大規模的水田化運動，將原住民的鹿場化為漢人的田園。清朝統治下二百十二年之間，所開築之埤圳，至少有二百三十八條以上。但清朝官府從未投資開鑿埤圳，清代開築埤圳之投資者，都是移民們自行投資開發。這些投資者包含墾首和從事墾耕之地主、佃人及個人之水利事業企業者，因無官方之支持，私開埤圳失敗者不乏其例。但也因為鍥而不捨的埤圳開發，造成以下影響：第一、農田水利埤圳之興築，可說是臺灣農業土地之第一次重要改革，大幅提高土地經濟價值。第二、隨水利埤圳之開發田莊擴大，人口之收容量增加，米穀之增產，成為農村社會繁

榮，維護治安、安定社會之原動力。第三、清代臺灣中北部之水利埤圳建設，雖晚於南部，但中北部是拓墾開圳並進，大多墾成後即可成為一年兩種水田，因此奠定清末臺灣政治經濟中心北移之基礎。[1]

　　黃富三認為論水田化運動之啟動，無疑地，施世榜是最大的功臣。康熙48至58年（1709–1719）他率先投資倡建的大型水圳——八堡圳完成後，彰化平原成為臺灣首屈一指的重要穀倉，鹿港亦因米之輸出而竄升為僅次於府城的城市。對後進者，他的成功產生示範效應，不少人跟隨其後，在各地大建水圳，如中部張達京與北部的郭錫瑠等。臺灣乃迅速開發，成為中國東南的穀倉。[2] 17世紀以來，臺灣對外貿易一直發達，水田化後也讓臺灣的稻米足夠外銷到對岸，而進口日常用品，中國大陸與臺灣形成高度的區域分工。[3]因此在臺灣海岸形成街市，例如鹿港就是在康熙末期八堡圳開發完後，成為中部最大的貿易港口。後來在乾隆49年（1784）開設為正口，雖然當時鹿港已經開始淤塞，但因為鹿港作為中部最大貨物集散地，官方為確保米糧輸出及運兵管道暢通仍將開為正口。[4]

　　另外臺灣人口從康熙22年（1683）收復臺灣之後的約二十萬人，增加到嘉慶16年（1811）間的2,003,861人，[5]明治29年（1896），即日人治臺後一年，人口調查結果為258萬七千多人。[6]以前研究者認為臺灣人口增加最快的時期就在康熙至

[1] 王世慶，〈從清代臺灣農田水利的開發看農村社會關係〉，收錄於王世慶，《清代臺灣經濟社會》（臺北市：聯經出版事業公司，1994年），頁131–215。
[2] 黃富三，《臺灣水田化運動先驅：施世榜家族史》（南投市：台灣文獻館，2006年），頁1。
[3] 林滿紅，《茶、糖、樟腦業與臺灣之社會經濟變遷（1860–1895）》（新北市：聯經，2018年），頁7–9。
[4] 蔡采秀，〈海運發展與臺灣傳統港都的形成——以清代的鹿港為例〉，《中國海洋發展史論文集（七）》（臺北市：中研院社科所，1999），頁535–536。
[5] 連橫，《臺灣通史》（臺北市：眾文圖書，1979年），頁155。
[6] 黃富三，〈清代臺灣漢人之耕地取得問題〉，收錄於黃富三、曹永和編，《臺灣史論

嘉慶年間。但許毓良提出乾隆55年至道光4年（1790–1824）年間短短34年，人口就激增了144萬人，康熙23年至乾隆55年（1684–1790）106年間才增加101萬人。[7]所以乾隆55年至道光4年（1790–1824）的人口激增和臺灣地區水田化生產力大增帶動臺灣城鎮化有很大關係。人口增加對土地開拓、商業發展及寺廟的建立、宗教活動的增加產生良性互動。

　　康熙末年至乾隆年間臺灣西部平原和盆地，進行一連串的水利開發，形成旱田或未開發的土地水田化，生產力因此大增。人口的增加就有宗教的需求，地方公廟因此形成。從這個時期開始，水利開發者、墾戶、業主或佃戶這些水田化的受益者（富人）才會用事業上賺的錢，大力資助宮廟，例如：施世榜家族捐地擴建鹿港舊祖宮。另外廟務如要興旺，就需要舉辦宮廟活動，其中的進香在當時是屬於較耗經費的活動，需要水田化的受益者加入並成立媽祖會組織來管理會費，進香才能如期舉辦。

二、行郊商貿網絡橫跨兩岸

　　黃典權的研究指出乾隆49年（1784）以前的臺灣開發，南部佔絕大的優勢，因為鹿耳門為東渡臺灣的主要港道，而鹿耳門和廈門是臺廈間唯一合法的交通孔道。在臺灣自然造成府城獨擅其利的局面。蔗糖和稻穀是臺灣大宗的農業生產，營商的運作在「城」內就不方便，城牆、城門都是障礙，因而要在「郊」區作業，因此「郊」字便成為出海貿易大商的代名詞。臺灣府最著名的郊商是「北郊蘇萬利」、「南郊金永順」、「糖郊李勝興」，

　　　　叢》第一輯（臺北：眾文圖書，1980年），頁193–220。
[7]　　許毓良，〈清代臺灣的軍事與社會──以武力控制為核心的討論〉（國立臺灣師範大學歷史研究所博士論文，2004年），頁38。

合之，遂以「三郊」著名於世。府城鹿耳門的獨口對渡至乾隆49
年（1784）增開彰化的鹿港對渡泉州府晉江縣的蚶江，才稍分氣
勢。四年後，北部淡水廳增加八里坌以對渡福州，臺灣的對渡制
度至此北中南各得其合法管道。康熙60年（1721）朱一貴事變，
此事件是改變全臺的大事。事平，經過檢討的結果，臺灣的吏治
需要整飭，官吏貪瀆者受到死刑等嚴厲的處分。之後最重要的措
施，在於政治的制度方面：如在諸羅縣北部的半線新設彰化縣、
在竹塹設「臺灣府淡水捕盜同知」。這一來臺灣中北部的開發才
邁進了一大步，益使臺灣府城物富人庶，街坊更形繁盛，城鄉物
產增殖尤多，所以臺灣批發郊商應運而生，此後各港口郊商組織
陸續出現。[8]

　　卓克華的研究指出「郊」，有「交」貨或臺語「交關」買
賣往來之意，郊商為閩南和臺灣各港口從事進出口生意的商戶
和船戶，謀求群己利益而成立同業公會組織。清代臺灣經濟之
發展，深受土地資源及地理環境影響。以地理環境言，臺灣孤
峙海中，國人移民臺灣有賴舟楫交通；在開發程序上，先以河
口港岸為主，再沿河岸向兩旁發展，復因河川縱橫，地區間多
阻隔，陸路交通反較水路不便。以土地資源言，生產以農業為
主，可為交易之貨不多，有賴中國支援，故形成一區域分工，
為典型海島經濟。而臺灣港汊紛歧，各口岸皆可從事販運，故
清代臺灣經濟發展是由港口而向內地漸漸發展貿易，造成島內
的街鎮開發，「一府二鹿三艋舺」是清代臺灣的港口代表。以
鹿港為例：鹿港原名鹿仔港，居臺灣南北之中，與府城、艋舺
共扼臺灣北中南三個出入口，其地理位置正對峙福建泉州之蚶
江，腹地囊括大肚、西螺二溪間之大小城鎮市場，故自昔發達

8　黃典權，〈清代臺灣南部的開發〉，《歷史月刊》15（1989年），頁108–115。

甚早，康熙56年（1717）前已有商船到港載運脂麻粟豆，雍乾年間街市逐漸形成，為水陸碼頭，穀米聚處。惟時鹿港尚屬島內港口，不能直接與中國貿易，船隻必取道臺南鹿耳門，極不經濟，遂有不少商船不顧禁令，直接往返廈門與鹿港，販運米穀贏利。乾隆49年（1784）乃正式開港，與福建之晉江縣蚶江口對渡，從此成為臺灣中路要津，舟車輻輳，貿易發達，嘉道年間（1796–1850）盛極一時，有「一府二鹿三艋舺」之稱。島內貿易地區囊括南北，鹿港俚諺「頂到通霄（今苗栗通霄），下到瑯嶠（今屏東恒春）」，即其寫照。鹿港行郊素有八郊之稱，即泉郊金長順、廈郊金振順、布郊金振萬、糖郊金永興、籤郊金長興、油郊金洪福、染郊金合順、南郊金進益。對渡於泉州之蚶江、深滬、瀨窟、崇武者曰「泉郊」：斜對渡於廈門者，曰「廈郊」；「南郊」則往來廣東之汕頭、澳門、香港、蔗林等處。道光5年（1825）運米北上，赴天津箱濟民食，嗣後才遠及天津、錦州、蓋州，擴大貿易範圍。

另外再從新竹地區來看：新竹古名竹塹，清乾嘉年間（1736–1820），竹塹附近漸次由閩粵人士拓墾，形成街市村莊。墾殖有成，人口增長，需求遂多，商人隨之日增，貿易商業趨於繁榮，道光初年乃有「塹郊金長和」之成立。咸同時期（1851–1874），墾務政務，蒸蒸日上，區域開拓，發展至速，塹郊亦發達壯大，積極參與地方事務。光緒年間（1875–1895），因對外交通之竹塹港、香山港、紅毛港，三港淤塞，航運不便，商業迅即萎縮衰退，塹郊隨之沒落。新竹行郊又稱「塹郊」、「金長和郊」，或簡稱「長和郊」，為水郊之一類，其附近樹杞林（竹東）貨物亦由新竹轉口出港。

除上述「一府二鹿」之行郊及新竹「塹郊」外，清代臺灣各

港埠率多有行郊組織，如：後龍：有郊戶金致和。大甲：有水郊戶來往於兩岸，笨港：乾隆末年既有布郊、簐郊、杉郊、貨郊，道光年間（1821-1850）有泉州郊金合順、廈門郊金正順、龍江郊金晉順及糖郊金興順。梧棲：水郊金萬順。

但郊商組織有分大郊和小郊，大郊、水郊也稱外郊通常擁有船隻，商貿網絡橫跨兩岸，例如：上述的北郊、南郊、泉郊、廈郊。小郊也稱內郊，對島內從事批發事業應無船隻，如：布郊、藥郊、簐郊、油郊、染郊等行業郊，但也有大郊商跨足小郊的批發事業。[9]

這些擁有船隻的水郊（外郊、大郊）因航海安全尤為重視安瀾之神──媽祖，一旦致富，對媽祖廟事務無不出錢出力，另外也熱心地方事務，故在經濟、宗教、文化、政治、社會都有不小的影響力。如果宮廟要往湄洲進香，有行郊（水郊、外郊、大郊）幫忙，相對而言才易成行。在方志中唯二有記載赴湄洲進香的鹿港舊祖宮和新竹長和宮，能在清代持續舉辦湄洲進香，和郊商（水郊、外郊、大郊）的參與廟務有相當大的關係（第四章會加以說明），而郊商透過湄洲進香也可經營商業網絡，並提高行郊的聲望和地位。

第二節　臺灣宮廟赴湄洲進香的困難

臺灣經過水田化生產力大增後，經濟發展良好，再加上來往兩岸的郊商參與協助，清代往湄洲進香應該是順理成章。但經過文獻研究的分析，發現臺灣清代的時空環境是不利於湄洲進香，對其限制如下：

9　以上郊商分布參考卓克華，《清代臺灣行郊研究》，頁21、34-37、76、81-84。

一、自然條件

福建地理條件和臺灣相似，山脈南北橫貫且河流東西隔絕，其中又有凶險的臺灣海峽阻隔於中，對臺灣宮廟至湄洲進香產生不小的阻礙。從鹿港舊祖宮（日治）大正6年（1917）的湄洲進香來看，進香期間需耗費一個半月。再以大正11年（1922）的湄洲進香，前段鹿港到基隆的活動時間不算在內，光在泉州、廈門、湄洲三地就耗費一個月時間才回到臺灣，全部進香期間共耗費兩個多月的時間。[10]然而日治時期渡海是坐定期航班的輪船，時間還可預測。如果在清代所坐的不定期航班（戎克船），那所費的時間一定更長，風期、風向是帆船時期影響渡海的重要條件。

帆船時期渡海要花費的時間，可參考葉大沛《鹿港發展史》裡所記載：

> 《宦海日紀》另一珍貴史料，為〈東渡〉一文，寫曹士桂於道光二十七年二月初十日，自泉州獺窟一日飛渡番仔挖之經過。可使吾人了然於清代帆船橫渡海峽之艱困不易。……曹士桂赴鹿港任，一日飛渡可謂快速。但文中也顯示「東渡」多數匪易。即就曹士桂而言，正月十八日抵泉州，立即遣人「選舟東渡」，至二月一日始「得曾萬吉一舟于獺窟」；初十「北風起」，始能發舟。所謂順利之旅，選舟候風即費時二十二日，亦難謂快捷。尤其舟

[10] 楊朝傑，〈日治時期雲林地區媽祖廟往舊祖宮的進香〉，收錄於陳仕賢等撰稿，《鹿港天后宮論文集》，頁128–133。案：《鹿港發展史》中，將曹士桂一書誤植為《宦遊日記》，唯《宦遊日紀》係明人徐榜的著作，曹士桂的書名應作《宦海日紀》，本書引述時皆更正之，下不另註。

子之言，道盡鹿港航行之艱苦辛酸。而所舉葉副將之彰
化任例，費時七月，放洋十四次，始達成任務，更見一
渡之難。[11]

由上可見，如果在道光年間要赴湄洲進香，以舟子（水手）
告知曹士桂的說法，再加上大正6年（1917）鹿港舊祖宮湄洲進
香的行程，來推估在同治10年（1871）以前的帆船時代，湄洲進
香所要耗費的時間至少要：來回候船、搭乘就要44天，再加上
鹿港舊祖宮大正6年（1917）花一個半月進香行程（算45天），
共將近90天，也就是至少要3個月，如果遇上葉副將的渡海狀況
（出航14次才成功抵達臺灣），最長會花一年多的時間在湄洲進
香上，所以風期、船期在帆船（戎克船）時代是屬不可抗因素，
只有等待，才能平安到達目的地。

另外曹士桂《宦海日紀》中〈東渡〉一文記載：

> 抵泉州。遣奴子往來蚶江、獺窟間，選舟東渡。二月辛
> 亥朔，得曾萬吉一舟於獺窟，大可載三千石許。越三日癸
> 丑（二月初三），由泉以他舟趨獺窟，有望洋興嘆之思。
> 水程五十里許，午發申至，宿曾克曉小撍。坐臥於春潮
> 波中。

由這段話可以看到，曹士桂一行人到了泉州後，是在泉州附
近蚶江、獺窟間，選舟東渡。因為風向關係並非可以直接從泉州
上船，所以他們一行人雖然在獺窟尋得大船可以東渡臺灣，但泉
州到獺窟間仍然需要船舶接送，而我們所謂的泉州港也就包括了

---

[11] 對曹士桂〈東渡〉一文之分析，參見葉大沛，《鹿港發展史》，頁568–572。

深滬灣及蚶江、獺窟間的港口，都是泉州港範圍，這是當時帆船
年代的大泉州港概念。

又曹士桂〈東渡〉文中「黑水洋海中央也。水深，弱而無
力，且適當風路，舟至此倍形搖蕩，亦易於沉溺，係渡海第一險
地，人咸畏之。且云，下多吸鐵石」，曹士桂是知識分子，但是
他也相信海洋底下有大磁鐵的傳說，可見當時對海洋的畏懼和知
識的缺乏。此外〈東渡〉文中也提及「奴子輩多嘔吐，予亦覺頭
眩，伏枕差安。至夜北風緊急，舟甚簸揚，凝神閉目，恍如身
凌太空」，[12]暈船大概是除了安全以外，渡海之人最厭惡的一件
事，很多渡臺文章都有提到此事，所以要到湄洲進香就要忍受這
樣痛苦的過程。由上文可知不利於宮廟至湄洲進香其中一個重要
因素就是進香期過長，在農業社會不易執行。

二、交通條件

在道光20年（1840）姚瑩的〈上督撫言全臺大局書〉寫到以
下渡海情況：

> 至於海洋風溧靡常，文報解犯不能與內地一律稽程。有兩
> 船同時開駕，一船先到，一船遲至數月者。有數船同開，
> 眾船皆到，一船漂無下落者。即如現在委員王豫成，船漂
> 粵東，王鼎成身遭淹沒，淡水劉丞四船赴任，兩船遭風淹
> 斃，幕友、家丁、舵水數十人涉海之難，此其明證。……
> 商船遭風，歲常十數，貨物傾耗，民之困於財用者三。昔

---

12 曹士桂，〈東渡〉，《宦海日紀》，收錄於葉大沛，《鹿港發展史》，頁569。

之富商大戶，存者十無二、三……。[13]

由以上敘述可以看出臺海的凶險。文中提及大型較安全的商船[14]一年在臺灣海峽要沉沒十幾艘，那小型沒照的戎克船一年要沉沒幾艘呢？還有偷渡用的不良船隻，[15]一年要沉沒幾艘？這答案無從得知。帆船要順風期，看運氣，人民渡海的費用本來就貴，當時人民對海的認知不像現在那麼正確，總覺得海中妖怪深藏其中。如果浪大風大雨大，就覺得是妖怪作亂，需要神明來收妖；以保護航海安全，所以臺灣媽祖信仰才會如此興旺。氣象觀測機構是在光緒年間才從西方傳入，從那時候開始，才有一些對海的正確知識。而且海峽中官方勢力難所及，海峽沿岸海盜盛行，[16]或是遇上船難，就算船難不死還會遇到搶劫難民的沿岸人民。[17]咸豐8年（1858）天津條約規定臺灣開放通商口岸，同治元年（1862）淡水首先開放，其後雞籠（今基隆，為淡水附屬港）、打狗（今高雄）相繼開放，同治3年（1864）12月底臺灣府開放，同治4年（1865）1月1日於安平附設海關正式開始作業，為打狗附屬海關。此後我們就可以得到一些客運人數的海關紀錄，以下就是最早的淡水海關旅客人數紀錄：

---

13 姚瑩，〈上督撫言全臺大局書〉，《中復堂選集》，收錄於《臺灣文獻史料叢刊（第三輯）》（臺灣大通書局印行），頁120。

14 商船為橫洋船和販艚船，配運臺穀，樑頭一丈八以上，較為安全。漁船樑頭限至一丈，偷渡臺灣貿易，避配運臺穀，奪商船之利。參見伊能嘉矩著、國史館臺灣文獻館編譯，《臺灣文化志‧中卷》（臺北市：臺灣書房，2011年），頁450。

15 「有客頭串通習水積匪，用濕漏之船收載數百人」，參見伊能嘉矩著、國史館臺灣文獻館編譯，《臺灣文化志‧中卷》，頁461。

16 松浦章著、卞鳳奎譯，《東亞海域與臺灣的海盜》（臺北縣蘆洲：博揚文化，2008），頁103–191。

17 許進發，〈清季搶船事件與台灣沿海地區民眾風俗〉，《臺灣風物》，57：1（2007年3月），頁76。伊能嘉矩著、國史館臺灣文獻館編譯，《臺灣文化志‧中卷》，頁553。

年代	淡水至香港或中國沿岸港口		香港或中國沿岸港口到淡水	
	帆船	輪船	帆船	輪船
	旅客人數	旅客人數	旅客人數	旅客人數
同治11年（1872）	107	251	376	414
同治12年（1873）	85	620	153	479
同治13年（1874）	138	725	2	900
光緒元年（1875）	103	1027	21	758
光緒2年 （1876）	595	957	349	1237
光緒3年 （1877）	567	1850	864	3562
光緒4年 （1878）	694	3121	389	2241
光緒5年 （1879）	604	2276	832	1710
光緒6年 （1880）		4953	300	3490
光緒7年 （1881）		6410		6370

資料來源：黃富三、林滿紅、翁佳音，《清末臺灣海關歷年資料（I）》（臺北市，中央研究院臺灣史研究所籌備處，1997年），頁總513。

由以上資料我們可以看出自同治10年（1871），定期輪船航班開始實施以後，交通環境改變，使得兩岸往來人數才開始大增。同治10年（1871）以前，依以上表統計數字來推估，使用帆船客運往返兩岸，一年全臺的人數應該不會很多。也就是說在使用帆船當成兩岸交通工具的年代，一般人除非必要，不然根本不會想要坐船渡海。所以在輪船開通之前，以當時的海路交通條件來說，湄洲進香會有不小的阻礙。

同治10年（1871）以前，兩岸往來人民除了經商、返鄉探親、考試[18]或官員就任，才會往返兩岸。從〈1872至1881淡水海關出入人數表〉可以看出，清代橫渡兩岸的人民是在輪船出現之後才大量增加，而搭乘帆船人數所佔比例很低。故可推估在帆船

---

[18] 「每年或省親或鄉試多由旗后東港配船」，參見〈嚴禁勒索以肅口務示告碑〉，收錄於蔣維錟、鄭麗航，《媽祖文獻史料彙編》第一輯碑記卷，頁366-367。

渡海的時代，因交通條件的惡劣，除非必要，必定很少坐戎克船通行兩岸。中國人安土重遷，在這種渡海環境中，湄洲進香實非必要。清代一般民眾不容易往來兩岸，但臺灣海峽帆船貨運發達，主要是因為貿易利益。其中有一些人員，因工作關係習慣往返於兩岸，如果清代進行湄洲進香應該會和水手、商戶有關。

清咸豐4年（1854），徐宗幹渡海回中國，當時較高級安全的外國帆船，包船價是一艘一趟福州2000銀圓，[19]來回就是4000銀圓。而光緒20年（1894），新竹長和宮記載每三年僱專船去湄洲進香，[20]僱專船這種模式容易成行嗎？咸豐2年（1852）的雲林土庫記載，興建順天宮的花費共7240銀圓，[21]而當時來回福州僱專船就要花費4000銀圓。可見如果在清代，去一趟湄洲進香所費不貲，故在這時期僱專船可能性不高，應該是配合郊商商船的行程，順便去湄洲進香，這樣才能降低費用，提高成行可能性。

在清代因為渡海風險太大，所以海上客運需求不大。只有在康雍乾嘉時期，因水田化帶動臺灣高經濟成長，移民懷抱著發財夢偷渡到臺灣，因此這段時間海上客運需求量較大。進入清代道光之後，臺灣開發飽和，因此渡海客運需求不大，如：道光26年（1846）英國領事館留下福州難得的中國帆船（戎克船）較完整的進出港口紀錄。[22]從道光26年（1846）1月1日至道光26年（1846）6月30日的半年間592艘中國帆船全部是貨運功能，[23]沒

19 徐宗幹〈甲乙日記〉《斯未信齋雜錄》，收錄於蔣維錟、鄭麗航，《媽祖文獻史料彙編》第一輯散文卷，頁184、185。

20 陳朝龍，《合校足本新竹縣采訪冊》，頁375。

21 參見雲林土庫〈興建順天宮碑記〉，收錄於蔣維錟、鄭麗航，《媽祖文獻史料彙編》第一輯碑記卷，頁2。

22 松浦章著、卞鳳奎譯，《日治時期臺灣海運發展史》（新北蘆洲：博揚文化，2004年），頁6。

23 Gt. Brit Foreign office, "Returns of the trade of the various ports of China. 1847", ed. by Foreign office, Gt. Brit.（Lond.：H. M. Stat. off., 1847），p. 130.

有一艘專屬客運的中國帆船。[24]從資料中可以得知客運在清代的帆船運輸中是屬於附屬的功能，因為需求不大。另外道光25年（1845）年7月1日至道光26年（1846）6月30日一年間出入福州港共2988船次，來自臺灣的帆船出入共25次。[25]可見臺灣船隻直接出入福州港不多，那臺灣船隻出入湄洲港應該更少。因為當時臺灣的貨物大都由廈門泉州進行交易，所以臺灣船隻大都以廈門泉州為貿易港口，貨物北上也是由廈門泉州轉運，只有少數大型郊商有能力往湄洲進行交易。

另外在清代臺灣陸路運輸靠的都是人力和獸力，所以受限於地理環境。《諸羅縣志》記載「北路、夏、秋行路之難，中土未有水深泥淖，車牛重載，往往傾覆。固由淫潦相繼，亦土性不堅，沙灰淤陷；而陂田蓄水，車牛往來雜，故處處坑塹，非盡秋霖之故也」。[26]《臺灣文化志》也記載清代臺灣陸上通路行走，道路狀況不佳，各城市交通幹道亦缺完全。直到清末劉銘傳時代，自日本輸入人力車，只在臺北城內外和臺南安平間通行。臺灣到了清代末期，平坦的道路只有在以上兩個地區才看的到。如果下雨，因為土質帶黏性，泥濘難行，不一定比海路通行方便。在陸路行走會遇到山賊、械鬥、民變和強盜，安全性不佳。而且臺灣西部由東向西流的河川橫貫在上，在豐水期時，會遇到渡河的困難，渡口的船夫良莠不齊，多所敲詐。[27]俗稱「會得過濁水溪，也沒得過虎尾溪」的時代。[28]當時如果從臺灣非港口地區要

---

[24] Gt. Brit Foreign office, "Returns of the trade of the various ports of China. 1847", ed. by Foreign office, Gt. Brit.（Lond. : H. M. Stat. off., 1847），pp. 106–145。

[25] 松浦章著、卞鳳奎譯，《日治時期臺灣海運發展史》，頁7。

[26] 周鐘瑄，《諸羅縣志》卷十二〈雜記志・外紀〉（臺北：臺灣銀行經濟研究室，1962年），頁289。

[27] 伊能嘉矩著、國史館臺灣文獻館編譯，《臺灣文化志・中卷》，頁450–565。

[28] 李獻章，〈笨港聚落的成立及其媽祖祠祀的發展與信仰實態〉《中國雜誌》35：8（1967年11月），頁256。

到中國的湄洲進香，其實又更加困難。如果到了對岸廈門或泉州要往湄洲進香，選擇海路有海路的風險和困難，選擇陸路也有它的困難和問題。

在清代有一個兩岸對渡的重要轉折點，那就是同治10年（1871），英國船籍海寧號定期航班（兩星期一班），往返於安平、淡水、廈門、汕頭、香港，並博得好評。[29]從這時候開始，臺灣人民開始漸漸習慣坐輪船往返兩岸，再也不用受風期影響渡海時間，縮短兩岸來往時間。所以同治10年（1871）以後，為兩岸進香提供一個較好的交通環境。

三、官方條件

清代臺灣康雍乾時期就是在水田化生產力大增情形下，造成臺灣的人手短缺，需要外來人力的補充。但想要來臺灣發展的閩粵移民，卻遇到渡臺限制，而這些限制也會影響臺灣往湄洲進香。但其中乾隆54年（1789）年末以後，內地客民只需船戶作保，提供官府查驗給照，[30]這一行政程序的方便，提供給正口往湄洲進香較稍有利的環境。因為從湄洲進香回來之後，要舉辦公開的宮廟遶境活動，應該會選擇官方許可的正口對渡方式進行湄洲進香。在道光10年（1830）以前由於配運需要，清廷控制力尚強，也較嚴格執行正口對渡內地政策，內地大商船仍主要停泊於西部正口。道光10年（1830）以後清廷對海口之稽查趨廢弛，促使各地較具規模的港口大多直接與內地往來。直至光緒元年正月（1875年2月），因辦理臺灣等處海防兼理各國事務欽差大臣沈

---

[29] 松浦章著、卞鳳奎譯，《日治時期臺灣海運發展史》，頁156。
[30] 莊金德，〈清初嚴禁沿海人民偷渡來臺始末〉（下），《臺灣文獻》，15：4（1964年12月），頁49。

葆楨的奏請，施行一百九十餘年的內地人民渡臺請照制度，始與私入番境等禁令，同時廢止。[31]在渡臺限制實施期間，所有人民來往臺灣只能經過正口：例如臺南、鹿港等港口，要有財力證明（雍正5年的條件：田地一甲且要有房子或者佃田一甲，住臺灣5年要業主具保）才能拿到通關官府的照票。[32]相信當時如照正當程序，申請照票，能到湄洲進香的廟宇應該是少之又少。而渡臺限制實施嚴格期間為雍正和乾隆時期，因為這兩個時期查獲偷渡案件和人口數為最多。[33]在移民偷渡盛行的年代，這些做生意的郊商會在官方渡臺限制雷厲風行的時期，突破重重限制而舉辦湄洲進香嗎？所以湄洲進香比較有可能發生的時期是在乾隆54年（1789）年以後，因為此後內地客民只需船戶作保，提供官府查驗給照，從正口就可往來兩岸。此規定出臺之後，清廷的港口管制政策漸鬆弛，[34]提供赴湄洲進香較稍有利的環境。綜合以上的資料，可知乾隆54年（1789）年以後當時臺灣已經發展到需要北中南各一個港口跟中國往來的貿易需求。

　　另外以前研究者認為臺灣人口增加最快的時期就在康熙至嘉慶年間，但2004年許毓良研究提出乾隆55年至道光4年（1790–1824）年間，短短34年（1790–1824）人口就激增了144萬人。康熙23年至乾隆55年（1684–1790），長達106年才增加101萬人，所以乾隆末至道光初年才是清代臺灣人口增加最多的時期，[35]而此人口激增時期也是鹿港的鼎盛期。當時位在正口的鹿港舊祖宮

---

[31] 黃秀政，〈清代治臺政策的再檢討：以渡臺禁令為例〉，收錄於《臺灣史研究》，頁158。

[32] 伊能嘉矩著、國史館臺灣文獻館編譯，《臺灣文化志・中卷》，頁457。

[33] 蔡秀娟，〈清代閩粵臺偷渡人口問題之研究〉，頁77–87。

[34] 林玉茹，〈清初與中葉臺灣港口系統的演變：擴張期與穩定期〉，《臺灣文獻》，45：3（1994年9月），頁60。

[35] 許毓良，〈清代臺灣的軍事與社會——以武力控制為核心的討論〉（國立臺灣師範大學歷史研究所博士論文，2004年），頁38。

如果要到湄洲進香，比同時期的臺灣宮廟條件更佳，而鹿港舊祖宮嘉慶年間的湄洲進香就發生於這個時期。道光10年（1830）以後的臺灣發展，需要臺灣各大港口自行往對岸貿易，因此官方順勢鬆懈海口稽查，以至於新竹長和宮道光15年（1835）也舉辦湄洲進香。[36]

渡臺限制的實施，使得中國與臺灣之間人民的自由往來因而受阻。其另一影響是偷渡成風，在高人口壓力之下，不少人被迫鋌而走險，未辦理渡臺領照手續，即偷渡來臺，造成中國與臺灣海防的嚴重漏洞。[37]直到光緒元年正月（1875年2月），施行一百九十餘年的內地人民渡臺限令廢止之前，兩岸人民如要往來，以私渡為常（嘉慶以後管制鬆散，緝私案件較少）。但如果臺灣宮廟從湄洲進香回來之後，要舉辦公開的遶境活動，應該會選擇官方許可的方式。故乾隆54年（1789）年以後，只需船戶作保的往來兩岸方式，是正口往湄洲進香有利的時機點。就像後文第四章會提到的鹿港舊祖宮，乾隆年間由鹿港泉州街商人請回湄洲二媽至天后宮祭拜。鹿港當時並非正口，可能因渡臺限令，泉州街商人因無申請照票，湄洲二媽來臺不能大肆宣揚，故未被記錄下來。但嘉慶22年（1817）的湄洲進香因鹿港為正口，且辦照票行政程序的方便，故可大肆宣揚，所以才會有紀錄。

另外從乾隆51年（1786）林爽文事變後，福康安上奏臺灣總兵柴大紀貪贓枉法一事來看，文中說到臺灣的正口設文武兩館來管理進出的船隻。武管就由總兵管理，每條船進出都要收規費。其中鹿耳門這個正口，以前的陋規就是每年要交給總兵3880元，柴大紀到任後加碼要多收600元；鹿港這個新的正口，每年要交

---

[36] 新竹長和宮道光15年（1835）舉辦湄洲進香，參見卓克華，《竹塹媽祖與寺廟》，頁49。
[37] 戴寶村，《海洋臺灣歷史論集》（臺北市：財團法人吳三連臺灣史料基金會，2018年），頁12。

給總兵1200元；連還沒有成為正口的淡水八里坌海口也每年要送1000元給總兵，共6680元。[38]而這些錢的概念是什麼呢？像鹿港舊祖宮這種大廟，嘉慶21年（1816）重建碑紀記載所花的經費才3000多元而已，[39]以現在的概念來說就是上千萬[40]的貪汙案，但在清代是常規。[41]清初偷渡人口大增，從福康安奏摺中可以看出清政府的官方執行效率十分低落，人民偷渡來臺，官方都有一定的收賄標準，渡臺限令的執行只是敷衍了事而已。

在咸豐同治年間（1863–1870）來到臺灣的外國人必麒麟（W.A.Pickerine），在其文章裡也提到以前歐洲的商人到中國貿易也是向中國的官員重金賄賂，獲得好處是只繳納船上部分貨品或者是部分綢緞的稅金，其餘貨品都不用繳納關稅。同治元年（1862）在臺灣淡水新式海關成立之後，外國船隻由新式海關通關，這種現象才得以改善。[42]但一般人民如果搭乘中國的帆船（戎克船）過的關口，是文口常關，[43]文口檢查人員是中國人，渡海會遇到怎樣的勒索，提供高雄旗後天后宮記載事情可做參考：

嚴禁勒索以肅口務示告碑

> 竊錦等粵民，寄居海疆，每年或省親、或鄉試，多由旗後，東港配船，自來行旅往返，未聞汛口私抽、勒銀等

---

[38] 台灣銀行經濟研究室編，《臺案彙錄庚集》（臺北市：臺灣銀行經濟研究，1964年），頁177。

[39] 鄭捧日，〈重修鹿港舊聖母廟碑記〉，周璽，《彰化縣志》卷十二〈藝文志・記〉，頁457-458。

[40] 以現在重修大廟的金額來轉換。

[41] 莊金德，〈清初嚴禁沿海人民偷渡來臺始末〉（下），頁49、50。林慶元，《楊廷理傳》（南投：臺灣省文獻委員會，1998年），頁29-30。

[42] 必麒麟（W.A.Pickerine）著、陳逸君譯，《歷險福爾摩沙》（臺北：前衛，2010年），頁22。

[43] 伊能嘉矩著；國史館臺灣文獻館編譯，《臺灣文化志・中卷》，頁446。

事。自咸豐八、十等年搭船渡鄉試，屢被各處汛口私抽勒
索銀物，經據情稟請示禁在案。奈因日久，風雨剝蝕；而
汛口貪志復萌，前後效尤，任勒無度；且拂其欲，或造私
刑酷禁，或將行李搶散：關津多阻，客旅難行！……同治
六年五月（缺）日給。[44]

　　碑上有寫「未聞汛口私抽、勒銀等事」好像這個情況之前沒
有發生，但後面又寫「汛口貪志復萌寫故態復萌」，參考其他歷
史文獻，汛口勒索這件事情是常態。[45]整個官方系統由上到下結
構性的貪汙，上面的官員需要孝敬，下面的執行人員只好找理由
來勒索。在清代如果進行渡海進香，入廟需要熱鬧的宣傳，應該
不會選擇海邊偷渡上岸。如果選擇從正口上岸，那就需要撫平這
群需索無度的官兵，這對平常無與官員往來的農民來說也是一種
渡海限制。

　　另外臺灣民間自康熙22年（1683）納入清朝版圖素有三年一
小反五年一大反的反政府運動。從清朝檔案中就有1158件搶劫，
107件民變，137件械鬥。[46]如道光《彰化縣志》中陳盛韶〈謹海
口議〉一文中曰：

　　　　其謂鑒於林道乾自邊海來，倭奴自東洋來，紅毛自荷蘭
　　　　來，鄭成功自廈門來，蔡騫自金門來，皆外寇也。康熙
　　　　朝，林球一亂，劉卻再亂，朱一貴三亂；厥後吳德生亂於

---

[44] 〈嚴禁勒索以肅口務示告碑〉，收錄於蔣維錟、鄭麗航，《媽祖文獻史料彙編》第一
輯碑記卷，頁366-367。
[45] 伊能嘉矩著、國史館臺灣文獻館編譯，《臺灣文化志‧上卷》（臺北市：臺灣書房，
2011年），頁251-259。
[46] 許達然（文雄），〈清朝台灣社會動亂〉，收錄於《台灣歷史與文化（一）》（臺北
板橋：稻鄉出版社，1999年），頁27。

岡山，黃教亂於大穆，林爽文起北路，莊大田起南路，陳
光愛起鳳山，陳周全起鹿港；其餘汪降、許兆、吳淮泗、
陳錫宗、楊良斌，百六十年，變亂十四見，聚黨分類，動
起亂階：皆內寇也。[47]

　　由上可知臺灣清朝的民變、內寇、土匪搶劫不斷。再加上當
時社會上分類氣息嚴重，政治上管理鬆散，一有細故，就容易引
起全面性的分類械鬥。[48]因為擔心民間藉由集會生事，故政府官
員心態為禁行大型集會例如：乾隆14年（1749）《清高宗實錄選
輯》，寫到「今加禁約，只許在廟報賽，不許整月閙鬧等語。地
方果有匪類、邪教聚集滋擾之事，自應極力嚴禁，澈底肅清……
況閩省環山帶海，民俗習悍，一切政治尤宜實力查辦，務期有
濟」。[49]而且官方律法本來就禁止「燒香集眾」「軍民裝扮神
像，鳴鑼擊鼓，迎神賽會者」的進香，[50]只是清代一直是人治的
社會，法律執不執行是在於人。因為民變不斷，官方就會反對進
香。臺灣和福建都有結拜訂盟之風，這些組織都會和宮廟迷信有
些關聯，如朱一貴、林爽文、戴潮春、張丙、李石等事件，[51]所
以官方會選擇性的介入進香，如霧峰林家的林文明事件，[52]在一
些官員的眼中，進香組織和活動充滿危險性。
　　此外官方也藉由整頓社會風氣禁止進香。例如：《臺灣私
法》人事編〈僧道犯罪〉之規定：「雍正二年（1724）覆准：

[47] 周璽，《彰化縣志》，頁415、416。
[48] 林偉盛，〈清代淡水廳的分類械鬥〉，《臺灣風物》，52：2（2002年6月），頁45。
[49] 台灣銀行經濟研究室編，《清高宗實錄選輯》（臺北市：臺灣銀行經濟研究室，
　　 1964），頁73。
[50] 《大清律例》卷十六〈禮律祭祀〉，收錄於台灣銀行經濟研究室編，《私法臺灣人事
　　 編》（上）（南投：臺灣省文獻委員會，1994年），頁224-231。
[51] 伊能嘉矩著，國史館臺灣文獻館編譯，《臺灣文化志‧上卷》，頁536-546。
[52] 因林文明案而停辦媽祖遊行，參見王穎，《霧峰林家——臺灣第一家族絕世傳奇》
　　 （北京：九州出版社，2009年），頁99。

愚昧之徒縱令婦女成群聚會，往寺廟進香，有壞風俗，嗣後從寺廟進香起會之處，嚴行禁止，犯者照例治罪」。[53]又如《清先正事略選》記載如下：「定海普陀山遠在大洋，居民進香，男女逼處一船往山寺，經旬始返；既於風化有關，而關汛稽察禁物因婦女在船易至疏漏，奸民乘機夾帶。公飭屬查禁，上韙之」。[54]以上為官方反對朝山進香的紀錄。所以從渡臺限制、官員貪污和律法規定這些條件來看，清代的環境都不利於進行湄洲進香。

第三節　清代臺灣各地區的進香概況

臺灣因河流東西向的隔絕，且陸路交通不便，所以清代臺灣各地區的關係就像群島一樣，各區域往來不易，和廈門、泉州的往來反而還高於臺灣各地區的往來，直到1908年鐵路貫通全臺才改變此型態。[55]臺灣經濟重心從清初到割讓臺灣給日本之前，雖然北部經濟已經漸漸崛起，但政治重心還是在南部。臺南大天后宮、臺南開基天后宮、安平天后宮、鹿耳門天后宮、北港朝天宮、新港奉天宮，這些南部的歷史大廟都無清代至湄洲進香的一手史料。分析可能原因：南部為臺灣最早開發的地區，根據蔡相煇的統計，清代康熙年間，臺灣所建媽祖廟共12間宮廟，其中10間在嘉義以南，[56]雖然此資料不一定完全正確，但也是接近事實。以乾隆期間的時空背景來看，南部的

---

53 《臺灣私法》人事章〈僧道犯罪〉，收錄於台灣銀行經濟研究室編，《私法臺灣人事編》（臺北市：臺灣銀行經濟研究室，1961年），頁250–251。
54 《清先正事略選》卷一〔方觀承（附子維甸）作者生於1821〕，收錄於李元度，《清先正事略選》（臺北市：臺灣銀行經濟研究室，1964年），頁88。
55 Donald DeGlopper, "Lu-kang: A City and Its Trading System", in R.G. Knapp, ed. CHINA'S ISLAND FRONTIER (Honolulu: University of Hawaii, 1980), p 143–144。
56 蔡相煇，《北港朝天宮志》，頁43–54。

媽祖廟，在原鄉湄洲進香不盛行的情況下，自然就不需要去湄洲進香。而且《重修臺灣府志》、《諸羅縣志》二書都記載南部盛行賽會活動如下：「神祠，俱延僧道設醮祈安；醮畢，迎神。」[57]也可以說醮典、迎神是南部盛行的賽會模式，而湄洲進香在南部並不盛行。從光緒年間的《安平縣雜記》來看，這個地區的兩間香火大廟——北港朝天宮和安平天后宮，一間是至臺南大天后宮「乞火」，另一間至鹿耳門廟進香，[58]這兩間大廟也是到容易到達的歷史大廟進香。[59]從中也顯示出對於當時的南部大廟，這種進香方式一方面比較容易持續，二方面進香時間短，不會干擾信徒正常作息，是清代臺灣和中國原鄉大多數宮廟的首選。

　　虎尾溪以南為集村聚落，當時盛行的賽會是醮典迎神、短距離的進香或請水活動。[60]南臺灣各廟有可能受廈門影響，注重的是建廟的早晚，以創建年代來建立香火權威。

　　而位於臺灣偏南的北港朝天宮在日治時代（1929）和湄洲祖廟的關係有疏遠的傾向，[61]臺南開基天后宮（小媽祖廟）在筆者2019年10月18日拜訪時，也表示文革之後的湄洲祖廟已沒代表性，本廟和湄洲祖廟關連不大，亦不會進行湄洲進香。臺南大天

57　周元文，《重修台灣府志》（南投市：台灣省文獻委員會，1993年），頁243。周鐘瑄，《諸羅縣志》，頁151。

58　「北港媽來郡乞火，鄉莊民人隨行者數萬人，入城，市街民人款留三天，其北港媽駐大媽祖宮，為闔郡民進香，至十五、十六日出廟繞境，沿途回港護送者蜂擁，隨行者亦同返，此係俗例，一年一次也。三月二十日，安平迎媽祖。是日，媽祖到鹿耳門廟進香，回時莊民多備八管鼓樂詩意故事迎入繞境，喧鬧一天。」作者不詳，《安平縣雜記》〈風俗現況〉，收錄於鄭麗航輯纂，《媽祖文獻史料彙編》第三輯方志卷・上編，頁224。

59　李獻璋認為安平天后宮至鹿耳門廟進香是因為鹿耳門廟創建年代早於安平天后宮。見李獻璋，《媽祖信仰研究》，頁454。另外筆者認為北港朝天宮會至臺南大天后宮「乞火」是因為臺南大天后宮為清代官方認定臺灣地位最崇高的官廟。

60　請水活動盛行於南部諸廟至鹿耳門天后宮請水，參見黃文博、吳建昇、陳桂蘭合著，《鹿耳門志》（臺南：財團法人鹿耳門天后宮文教公益基金會，2011年），頁485。張耘書，《臺南媽祖信仰研究》，頁114。

61　增田福太郎著、黃有興譯，〈南島寺廟採訪記〉，《臺灣宗教論集》，頁230。

后宮為官廟,清代無赴湄洲進香的需求,可能是日治時代因香火衰落,[62]才進行湄洲進香以提振香火。[63]安平天后宮二戰後香火逐漸衰落,[64]有正式的湄洲進香紀錄也在解嚴後。北部的歷史大廟關渡宮也對湄洲進香採取觀望態度。[65]所以從不同時期的調查來看,臺灣南北大廟並不一定重視和湄洲祖廟的(進香)關係,不像鹿港舊祖宮一直以湄洲祖廟分靈而自豪。日治時期進行湄洲進香的宮廟,大部分的宮廟位在鹿港舊祖宮和新竹長和宮附近區域,或和鹿港舊祖宮有分靈關係(參見第四章)。

清末重要經濟作物茶、樟腦,都位在客家山區。如:樟腦輸出地:鹹菜甕(新竹關西)、樹杞林(新竹竹東)、貓狸(苗栗)、南庄(苗栗南庄)、三義河(苗栗三義)、東勢等地。[66]這些地區新增的經濟力,提供了新竹長和宮以外的廟宇前往北港進香的條件。因此清末《合校足本新竹縣采訪冊》才會記錄北港進香熱潮。其中新竹重要的家族——北埔姜家,也熱衷參與新竹內天后宮廟務和北港進香。[67]清末北港朝天宮透過各宮廟的北港進香,致使信仰範圍不斷的擴大,而新竹長和宮在日治時期不敵此風潮,也加入迎請北港媽來廟作客的熱潮。[68]而北港進香的風潮,是因為清中葉的彰化南瑤宮信仰圈經濟力較佳,可持續舉辦大型笨(北)港進香,成功的影響其他區域如新竹客家人往北港

---

[62] 鈴木清一郎著、馮作民譯,《增訂臺灣舊慣習俗信仰》(臺北市:眾文圖書,1989年),頁507。

[63] 根據《祀典臺南大天后宮簡史》,大天后宮只在1945年光復初期曾組團去湄洲進香一次,有可能是正確的。但筆者在蔣維錟、劉福鑄整理的《媽祖文獻史料彙編》書中看見黃茂笙〈迎神雜詠〉一文的校記中寫著「本詩第一首句還證明臺南大天后宮在日據時期亦堅持踐行赴湄洲進香之舊俗」,所以筆者無法確認臺南大天后宮日治時期是否有至湄洲進香,只在此中陳列此筆資料。

[64] 國分直一著、林懷卿譯,《臺灣民俗學》,頁121。

[65] 姚文琦,〈台灣媽祖信仰的進香態度及其變遷——從信眾的觀點進行觀察〉(世新大學社會發展研究所碩士論文,2002年),頁112。

[66] 林滿紅,《茶、糖、樟腦業與臺灣之社會經濟變遷(1860-1895)》,頁178。

[67] 范明煥,《新竹地區客家人媽祖信仰之研究》,頁95、99。

[68] 卓克華,《民間文書與媽祖廟之研究》,頁218、219。

朝天宮進香，[69]因此風潮成形。

　　另外清代臺灣虎尾溪與濁水溪以北為散居聚落，南部是集村型聚落，宮廟間的進香就是中北部散居聚落用來維持關係的最佳活動。但也因交流的機會增多，地區內的宮廟競爭就會出現。如：新竹地區新竹長和宮和新竹內天后宮，苗栗北部龍鳳宮、慈裕宮和慈雲宮，彰化的內天后宮和南瑤宮，[70]在清光緒年間就有區域內的宮廟競爭，發生的地點是在新竹、苗栗、彰化三地。所以虎尾溪與濁水溪以北的散居聚落地區，會較多宮廟進行跨縣市的北港進香，或是困難度大的隔海進香。如：《彰化縣志》道光年間在臺灣有鹿港舊祖宮赴湄洲進香（附錄一項目11）和彰化南瑤宮赴笨港進香（附錄一項目12），光緒年間《新竹縣采訪冊》有新竹長和宮赴湄洲進香（附錄一項目19）。而最盛行的就是大家所熟知的北（笨）港進香記載在道光年間的《彰化縣志》、光緒年間的《新竹縣采訪冊》、《樹杞林志》、《雲林縣采訪冊》、《安平縣雜記》五本方志中，其範圍由桃竹苗到臺南（附錄一項目12、20、21、24、25）。

　　就整個清代臺灣歷史背景來說，臺灣因水田化造成生產力大增，大量移民來到臺灣，因此產生了宗教需求，寺廟隨之而產生。史料上有嘉慶年間南瑤宮到笨港進香的活動、鹿港舊祖宮往湄洲進香、道光年間新竹長和宮往湄洲進香，清末有南北兩路的北港進香，北港朝天宮至臺南大天后宮「乞火」、安平天后宮至鹿耳門廟進香。但就渡海條件、進香期過長等時代背景來說，那是個不適合湄洲進香的時空環境。清代臺灣社會因河流的阻隔或

---

69 范明煥，《新竹地區客家人媽祖信仰之研究》，頁99。
70 因「與天同功」複製匾的研究，而產生光緒7年（1881）以後這些宮廟競爭的推論，如：新竹地區新竹長和宮和新竹內天后宮、苗栗北部龍鳳宮、慈裕宮和慈雲宮、彰化的內天后宮和南瑤宮。李建緯，《歷史、記憶與展示：臺灣傳世宗教文物研究》，頁265。

1
2
3

聚落型式不同，導致各地區的賽會型式會因不同因素而有所差異。而當時經濟條件佳，最有能力往湄洲進香的南臺灣，盛行的賽會型式是醮典迎神、進香期短的進香，並不熱衷湄洲進香。另外北臺灣《淡水廳志》記載：「淡地膏沃易生財，亦易用財。凡遇四時神誕，賽願生辰，搬演雜劇，費用無既」，[71]可見北部地區一樣重視賽會。臺北盆地的迎尪公，[72]或是請「清水祖師」、「關渡媽」來地方巡境鎮座的活動，[73]這又是大臺北局部地區重視的賽會。總而言之清代臺灣全島有相同的賽會活動，例如神誕日演戲酬神或迎神賽會。但也有不同，如進香就非宮廟必辦之活動，而赴湄洲進香就更少地區會舉辦，可見當時臺灣地區的人民，並不一定重視湄洲祖廟，亦沒有想到要赴湄洲祖廟進香。

第四節　清代臺灣媽祖進香的興起

關於臺灣各寺廟創立的緣起，日治時期的鈴木清一郎研究結果如下：

> 如果調查一下臺灣各地寺廟創立的緣起，以個人所奉祀從中國故鄉迎來的神佛和香火，或把這些神佛和香火奉祀在公厝和田寮等處最多，其中有的開始時是由很多人共同迎來的神佛。對於這些神佛，不論是出於個人的崇拜而迎來，或是出於少數信徒的崇拜而迎來，後來都由於

71　陳培桂，《淡水廳志》卷十一・考一〈風俗考・風俗〉（臺北市：臺灣銀行經濟研究室，1963年），頁303。

72　溫振華，〈清代台灣中部的開發與社會變遷〉，《臺灣師大歷史學報》11（1983年），頁71。簡有慶，《關渡媽祖信仰及其年例變遷研究》，頁72-74。張家麟，〈酬神、融合與交陪──臺北小坪頂集應廟輪祀尪公祭典〉，《宗教哲學》，88（2019年6月），頁16。

73　簡有慶，《關渡媽祖信仰及其年例變遷研究》，頁69-79。

共同崇祀而香火鼎盛，這就是今天臺灣寺廟特別多的一大
原因。例如漳州人村落拜開漳聖王，客家人則祭祀三山國
王，此外又分別奉祀從故鄉迎來的「湄洲媽祖」和「清水
祖師」等神。

　　臺灣人還有一種信仰傾向，就是特別重視漂來的神
像或香火。……。此外也有僧侶或個人所迎來的神像或香
火，由於特別靈驗而被眾人所信奉，臺北市劍潭寺裡的諸
神就是如此。

　　由此觀之，關於臺灣寺廟的建立，並非單純的以社會
為中心，而是隨臺灣移民都市與村落的發達而發達，其中
有不少是以各種民眾團體為中心而存在，並且因各團體性
質的不同而有所不同，成為同鄉團結、同姓團結、同業團
結、同窗團結、同好團結的象徵，於是各種具有不同組織
目的的團體，乃分別興建奉祀自己所信仰神佛的寺廟。[74]

從以上的說法來看，媽祖廟不一定要從湄洲分靈，也可以從家鄉
間接分靈，迎來「湄洲媽」。神像或香火的來源有相當多種方
式，有漂流而來、僧侶或個人帶來，其中以從原鄉分靈的神佛和
香火為最多。王世慶的樹林研究案例更是比鈴木清一郎詳細地指
出地緣團體和鄉土神的關係與變遷。[75]

　　另外日治時期的增田福太郎也將移民來臺，建立寺廟並組織
新社會的過程分為三期。[76]增田福太郎和鈴木清一郎研究結果相

[74] 鈴木清一郎著、馮作民譯，《增訂臺灣舊慣習俗信仰》，頁17-18。
[75] 王世慶，〈民間信仰在不同祖籍移民的鄉村之歷史〉《台灣文獻》23：3（1972年9
月），頁1-38。
[76] 增田福太郎也將移民來臺，建立寺廟並組織新社會的過程分為三期：第一期為部落草
創期，此時移民各自帶香火，但因部落未成形，隨時有回鄉的的打算，故此時期尚未
有建立寺廟的餘力。第二期為部落構成期，此時以農民為主，故先有和農民最相關
的土地公廟的建立。既成部落後，除土地公廟外，又祀奉其他神佛，祠廟的建立可分

似，只不過分類過程更為清楚。第一期為部落草創期，此時移民各自帶香火，但因部落未成形，隨時有回鄉的打算，故此時期尚未有建立寺廟的餘力，所以當代有些媽祖廟號稱建廟於部落草創期，並從湄洲分靈是有待商榷的。只不過增田福太郎沒說明的是清代臺灣各地開發時程不一，進入第三期新社會成立期的時間不一。

之後卓克華在劉萬枝、增田福太郎和鈴木清一郎的基礎下再更精確地將臺島寺廟之興建分為四期：第一期是寺廟萌芽期，約為清初以迄乾隆中葉。此期中，閩粵居民迫於社會動亂，人口增漲，生活困苦，相率覓食於臺，遂遠涉重洋，歷經風濤來臺，抵臺之後，蠻煙瘴雨，水土不服，天災地變，歲時有之，再則居民分類械鬥，強食弱肉，又須躲避番害，覓地重墾，在如此極不安定環境下，禳災求福，祈神庇佑之念特熾，於是或掛香火於田寮、公厝、住屋等，朝夕膜拜，待經濟能力稍可，釀資粗造小祠，以為答報神恩。故此時期寺廟之興建，其規模則因陋就簡，分布稀疏。

第二期為寺廟奠基期，時為乾嘉年間。此時防番略見功效，開墾稍有成就，村莊基礎初奠，漢人漸形定居，寺廟漸多，分布稍密，故此時期以土地祠之普設為特徵。由於墾民慘澹經營，蹤跡所至，莫不設有簡陋土地祠，「田頭田尾土地公」，常為墾民祈求五穀豐登、合境平安，是以此時期猶偏重宗教之生存功能。

以下三種情節：第一種由民宅奉祀至祠堂奉祀，第二種拾到香火或神像的祠堂奉祀，第三種個人攜帶的神像祭祀，大多為僧侶所攜帶的神像。此時期雖有建廟之事實，但極為粗糙簡樸。第三期新社會成立期，此時期社會財富上中下階層出現，寺廟由原始粗糙簡樸，轉為由具社會公共性質宮廟出現。而這些寺廟的建立，祭祀民眾不一定是單一性質成員組成，可分為同鄉人的宮廟、同姓的宮廟、同業的宮廟，參見增田福太郎著、江燦騰主編、黃有興譯，《臺灣宗教信仰》，頁101-108。

第三期為寺廟發展期，乃道咸年間。此期承前期之趨勢，村莊基礎愈形穩固安定，開拓事業之大展，使村莊愈形發達，形成街肆，諸神崇祀隨之增加，寺廟林立，盛極一時。

第四期為寺廟推廣期，為同光年間之時，各地村莊由街肆更發展成市鎮，於是寺廟益多，分布日廣，規模愈具。此期之宗教特色有：（1）文廟、城隍廟、社稷壇、節孝祠等官方寺廟之興建。（2）文昌祠之興建。（3）齋堂之興建。（4）職業行神之隆盛。（5）家廟宗祠之興建。是知寺廟之興衰與社會發展息息相關，而隨著市鎮機能之轉變擴展，不同性質之寺廟亦隨著有所興衰。[77]

由上文的臺島寺廟之興建時期，再比對2017年增補再版的《鹿港天后宮志》，其根據戰後的資料，將創廟年代寫於明萬曆19年（1591），[78] 再加上中國出版的《湄洲媽祖志》一書，所收集到的臺灣媽祖廟創建年代整理如下：臺南下茄冬泰安宮順治16年（1659）荷蘭時期創建。臺南鹿耳門天后宮順治18年（1661）創建，為鄭成功護軍媽。西港玉敕慶安宮（1661）、嘉義開臺天后宮（1661）、山上天后宮（1661）、善化茄拔天后宮（1661）、永康鹽行天后宮（1661）與苗栗厝龍鳳宮都在順治18年（1661）鄭成功攻臺時創建，雲林二天后宮康熙3年（1664）創建，臺北北投關渡宮康熙5年（1666）創建、斗六長和宮康熙5年（1666）創建，臺南安定蘇厝湄婆宮康熙6年（1667）創建，番薯厝順天宮康熙7年（1668）創建，高雄路竹天后宮康熙10年（1671）創建，橋頭鄉天后宮康熙13年（1674）

77 卓克華整理劉枝萬清代建廟四期特色，參見卓克華，《清代臺灣行郊研究》，頁134-136。
78 鹿港天后宮管理委員會，《鹿港天后宮志》（彰化縣鹿港鎮：鹿港天后宮管理委員會，2017年增補再版），頁35。

創建，彰化天后宮康熙15年（1676）創建，茅港天后宮（1677）和嘉義朝天宮（1677）創建於康熙16年，朴子配天宮康熙21年（1682）創建，高雄大樹和山寺和屏東慈鳳宮都是明鄭時期（1662–1683）創建。[79]由上可知臺灣宮廟自行發佈的創建年代跟學者所研究的清代臺灣寺廟興建時期是何等差距，臺灣宮廟自行發佈的創建年代需要多方查證，才能相信採用。

臺灣早期因和對岸貿易往來或是成為對岸漁民來臺捕魚的棲息地，港口附近通常是較早開發的地方。因此李獻璋認為臺灣早期港口寺廟的媽祖神像來源應為商船或漁船上的「船仔媽」，當時從湄洲分靈的可能性不大，例如：笨港媽祖為樹壁在船上專祀的「船仔媽」媽祖神像，或者是來源於舟人的「船仔媽」，後因祠祀之發展，才被附會於初代住持。另外他也認為安平天后宮的起源，是由遷祀鄭氏兵船之神像「船仔媽」而建立的，非鄭成功所立。[80]

根據蔡相煇統計，清代臺灣各地，總共興建近百間媽祖廟，其中由朝廷撥錢或官員捐資興建稱為「官廟」約23間，民建約70餘間。[81]依方志記載媽祖在康熙59年（1720）列入祀典，官員有義務初一、十五上廟祭祀，並舉辦春秋二祭，費用由官府負責。至於媽祖廟常見的進香、遶境等活動，官建的媽祖廟通常是不舉辦的。[82]從方志來看官方認定官廟的地位高於民祀媽祖廟，其中地位最高的媽祖廟為媽祖本籍的湄洲天后宮（湄洲祖廟）；再來為省籍天后宮如：福州天后宮，依序而下為府級如：臺南大天后宮、泉州天后宮；州級如：永春州天后宮；縣級天后宮如：彰

[79] 蔣維錟、朱合浦主編，《湄洲媽祖志》，頁187、188。
[80] 李獻璋著、鄭彭年譯，《媽祖信仰研究》（澳門：澳門海事博物館，1995年），頁213、214、279。
[81] 蔡相煇，《北港朝天宮志》，頁43–54。
[82] 王見川、李世偉，《台灣媽祖廟閱覽》，頁32–34。

化內天后宮，縣級天后宮在官廟中位階最低，但其地位仍在民祀且香火鼎盛的媽祖廟之上，除湄洲天后宮外，其位階等級就猶如省、府、縣制度由上而下，清代官建媽祖廟才稱天后宮，一般認為民祀媽祖廟通常不稱天后宮。[83]

另外以下用日治時期學者的研究來說明臺灣媽祖信仰的興起，增田福太郎提出以下看法：

> 臺灣的市、街、庄到處有媽祖廟，亦有從祀或配祀媽祖的廟。又各民家供奉香火者亦多。聖母信仰在臺灣特別興盛的理由，首先必須提到臺灣海峽。
>
> 康熙二十二年（西元一六八三年）七月，臺灣歸於清國領有。在所謂「好臺灣」或「好東都」美名之下，大大地吸引了移民，就中滔滔雲集而來者，乃泉州、漳州的閩族（＝福建人），及惠州、潮州的粵族（＝廣東人）。當這些移民群渡臺時，必須經過臺灣海峽。臺灣海峽是：一、古來航海的難關，風浪險惡，這一點以今日的氣象學亦可證實。二、即使在日治之後自大正元年（西元一九一二年）至六年間，遭遇海盜的被害有四十七次，由此可以察知以前海盜橫行的狀況。三、在造船術尚屬幼稚，航海術尚未發達的當時，被視為艱途確為事實。在康熙初年以後的清領時代，臺灣海峽附近內外大小的船舶遇難之例極多。此時能夠保障海上安全者為何？除了依賴平日崇敬的海上守護神天上聖母的庇佑外無他。[84]

---

[83] 民祀媽祖廟通常不稱天后宮，但大甲鎮瀾宮曾挖出天后宮石碑，北港朝天宮舊稱笨港天后宮，所以此說法有待商榷。

[84] 增田福太郎著、黃有興譯，《臺灣宗教論集》，頁252。

以上寫出了媽祖信仰為何會在臺灣興盛的原因，是因為渡過臺灣海峽的艱難。同時期的國分直一，觀察到「信仰媽祖的習俗，臺灣比中國大陸更旺盛」。[85]

　　清代移民社會的臺灣，需要原鄉的宗教信仰，故寺廟文化就跟隨移民進入臺灣。當時廟務如要興旺，就需要舉辦宮廟活動，但進香在當時是屬於較耗經費的活動，需要成立媽祖會組織來管理各項祀典活動，以利進香的舉辦。例如：清代全臺開發各地發展不一，嘉慶19年（1814）在全臺灣還在建置簡陋土地祠的寺廟奠基期時（乾嘉年間），在彰化就有南瑤宮第一個媽祖會的〈老大媽會合約〉內容提到有願為南瑤宮天上聖母往笨港進香時隨駕之信徒，共四十二人，每人出銀一元，存為公銀，以利息所得作為慶祝聖母壽誕之用，嘉慶21年（1816）並立約，推舉總理戴悅，由他管理公銀。[86]以經濟條件來說，進香比較可能發生在上述所說的第三期，寺廟發展期（道咸年間）之後，此時經濟力較強，寺廟由原始粗糙簡樸，轉為由具社會公共性質宮廟出現。例如道光年間鹿港舊祖宮多次往湄洲進香和彰化南瑤宮歲往笨港進香，[87]就發生在此時期。

小結

　　從文獻來看，清代福建和粵東地區並不盛行湄洲進香，而臺灣宮廟要到湄洲進香的交通和經濟條件限制也大。所以清代臺灣會赴湄洲進香的宮廟應該是不多的，只發生在臺灣少數幾間宮

---

[85] 國分直一著、林懷卿譯，《臺灣民俗學》，頁121。

[86] 林美容，《媽祖信仰與臺灣社會》，頁65。

[87] 道光年間的《彰化縣志》記載「天后聖母廟……一在鹿港北頭，……歲往湄洲進香，一在邑治南門外尾窯……歲往笨港進香，男女寒道，屢著靈應」，參見周璽，《彰化縣志》卷五〈祀典志・祠廟〉，頁154。

廟上，以史料來看清中葉以前並無湄洲進香的熱潮。並非開發早或經濟發達的地區就會往湄洲進香，例如：廈門、臺南、金門、泉州地區就無清代媽祖廟赴湄洲進香的史料，但這些地區卻有進香期短的媽祖廟進香，可見當時的人民並不看重赴湄洲進香一事。

清代臺灣社會因河流的阻隔，各地區賽會型式會因區位不同而有所差異。大臺北局部地區的迎尪公，或是用請神來巡境鎮座，這是一種賽會形式的呈現，而醮典、迎神是南部重視的賽會模式。

清代臺灣大部分地區為農業區，渡海進香耗費太多金錢及時間非一般人可以承受。農業時代，經濟力較工商時代薄弱，除少數城鎮經濟較佳，大部分農業地區只能求溫飽，無法進行進香期長的湄洲進香。再來清代官方對進香舉辦一直屬於人治的管理，有時同意有時反對，且會加以需索。當時的交通環境，亦對湄洲進香有相當大的限制，但某些限制隨著時間而改變，例如：乾隆54年（1789）年以後，只需船戶作保的往來兩岸方式，為正口往來兩岸提供較便利的條件。乾隆54年（1789）至道光10年（1830）之間由於配運需要，清廷控制力尚強，也較嚴格執行正口對渡內地政策，內地大商船仍主要停泊於西部正口，所以位於正口的宮廟，有兩岸郊商的支持下，較容易舉行渡海進香。道光10年（1830）以後清廷對海口之稽查趨廢弛，促使各地較具規模的港口大多直接與內地往來，此時位於各港口的宮廟也有較好的渡海進香條件。同治10年（1871）輪船定期橫渡兩岸，加上光緒元年（1875年），施行一百九十餘年的內地人民渡臺請照制度正式取消，此時的渡海進香條件才日趨完備。總而言之對同治10年（1871）以前的臺灣宮廟來說，赴湄洲進香並非臺灣各地區皆有

的賽會風俗，而且是一項花大錢、信眾參與度低，不符合成本效益的賽會活動。

第四章　清代臺灣湄洲進香案例之探討

第一節　清代及日治臺灣宮廟赴湄洲進香概況

　　筆者藉著王見川、李世偉收集日治時期以前湄洲進香的史料基礎下，[1]經過數年來更完整的資料收集，發現臺灣清代湄洲進香的史料真的不多。所以將日治時期赴湄洲進香的一手史料也納入參考分析，共得到16處（寺廟或地區）21筆日治時期赴湄洲進香的史料。[2]比之前研究資料，多出7座宮廟，並稍更正一些錯誤，因資料篇幅較多，筆者將整理的〈臺灣清代及日治時期赴湄洲進香宮廟表〉置於本書後的附錄二。

　　從〈臺灣清代及日治時期赴湄洲進香宮廟表〉（附錄二）可以確認臺灣清代及日治時期赴湄洲進香的宮廟共有21筆資料，扣掉鹿港舊祖宮、新竹長和宮、新竹內天后宮及彰化內天后宮重複次數，為16座宮廟。諸廟名單如下：(1)鹿港舊祖宮、(2)新竹長和宮、(3)臺中梧棲朝元宮、(4)基隆慶安宮、(5)新竹內天后宮、(6)楊梅壢（疑似朝蓮宮）、(7)雲林麥寮拱範宮、(8)嘉義溪北六興宮、(9)嘉義朴子配天宮、(10)彰化內天后宮、(11)苗栗苑裡庄人（苑裡慈和宮）、(12)臺中萬春宮、(13)臺中樂成宮、(14)臺北天母教、

---

[1]　王見川、李世偉收集日治時期以前湄洲進香的史料共9座宮廟（2間清代；9間日治），參見王見川、李世偉，〈關於日據時期台灣的媽祖信仰〉，《台灣的民間宗教與信仰》（臺北市：博揚文化，2000），頁273-278。

[2]　附錄二清代和日治時期有至湄洲進香的資料共16處（2間清代宮廟；日治16處宮廟或地區）21筆。

大正6年（1917）臺中七媽會，箭頭處為鹿港舊祖宮

（資料來源：《鹿港天后宮老照片專輯》）

(15)鹽水護庇宮、(16)雲林大義崙庄天后宮。

　　再透過清代和日治時期臺灣赴湄洲進香的16間宮廟或地區的資料（附錄二）分析，這些宮廟和鹿港舊祖宮、新竹長和宮都有一些相關性。例如：鹿港舊祖宮大正5年（1916）至大正6年（1917）的湄洲謁祖進香，經彰化、臺北、廈門、臺中等地，受《日日新報》多次大幅報導。並於當年（大正6年6月）參加臺中仕紳林耀亭舉辦的七媽會。當時請來臺灣重要的媽祖廟參與，其

中有北港朝天宮、彰化南瑤宮、鹿港舊祖宮、新港奉天宮、梧棲朝元宮、臺中旱溪樂成宮和主辦宮廟臺中萬春宮共七間宮廟。而此次活動主辦單位萬春宮坐於主位，作客的鹿港舊祖宮「湄洲媽」奉座於左上（龍邊）最尊位；活動舉辦期間，《臺灣日日新報》共9次報導。[3]日治時期臺中七媽會活動再次推高「湄洲媽」名聲，各宮廟負責人觀察到鹿港舊祖宮、梧棲朝元宮是真正湄洲分靈的「湄洲媽」。恭奉位置竟可位於當時「媽祖總本山」北港朝天宮及香火大廟彰化南瑤宮、新港奉天宮之上。因此無意間「湄洲媽」在臺中七媽會上被大肆宣傳一番。之後日治時期學者增田福太郎文章中有提到「如果湄洲聖母一但渡臺，那是一件不得了的大事，參拜者必群集如雲霞」，[4]可見日治時期分靈自湄洲祖廟的「湄洲媽」參拜者必群集如雲霞。

　　大正6年（1917）是鹿港舊祖宮被日日新報大舉報導的一年，當年的湄洲進香傳遍全臺，同年並且參與臺中七媽會活動，奉安於龍邊最尊位，以至於大正6年（1917）之後就出現較多宮廟至湄洲進香。這些進香宮廟中有嘉義朴子配天宮、[5]雲林麥寮拱範宮、[6]雲林大義崙庄天后宮，[7]這三間宮廟和鹿港舊祖宮有分靈或進香關係。彰化內天后宮、臺中梧棲朝元宮、臺中萬春宮、臺中樂成宮和鹿港舊祖宮都有位於中部的地緣關係。新竹內天后

3　楊朝傑，〈日治時期雲林地區媽祖廟往舊祖宮的進香〉，收錄於陳仕賢等撰稿，《鹿港天后宮論文集》，頁145、150。

4　增田福太郎著、黃有興譯，《臺灣宗教論集》，頁273。

5　記載嘉義朴子配天宮媽祖是康熙26年從鹿港天后宮分靈，參見相良吉哉，《臺南州祠廟名鑑》（臺南：臺灣日日新報臺南支局，1933年），頁247。日治時期嘉義廳〈社寺廟宇二關スル取調書〉，配天宮項，記載嘉義朴子配天宮右媽祖是從鹿港天后宮分靈。

6　昭和4年（1929）4月29日，日日新報記載麥寮媽「赴鹿港母廟，謁祖進香」，〈麥寮媽祖進香〉，《臺灣日日新報》，昭和4年（1929）4月29日，第8版。此外戰後也有至鹿港天后宮進香的紀錄，參見王見川、李世偉，《台灣媽祖廟閱覽》，頁54–55。

7　雲林大義崙庄天后宮，本為西螺福興宮分靈，民國55年（1966）、民國67年（1978）往鹿港天后宮進香。參見楊朝傑，〈日治時期雲林地區媽祖廟往舊祖宮的進香〉，頁140–142。

宮、楊梅壢人（疑似朝連宮）、苗栗苑裡庄（慈和宮）和新竹長
和宮，有桃竹苗地緣關係。北部的基隆慶安宮於大正6年七媽會
以前往湄洲進香，但基隆港本來就是貿易商港，和鹿港、新竹都
有航運的往來。溪北六興宮、鹽水護庇宮在大正6年（1917）以
後才至湄洲進香，有可能也是受到鹿港舊祖宮、新竹長和宮、新
竹內天后宮、梧棲朝元宮和基隆慶安宮從清末至日治初所引領的
湄洲進香潮影響，而前往湄洲進香。所以筆者歸納出另一種現象
就是這些宮廟和鹿港舊祖宮、新竹長和宮有地區的相關性，或分
靈關係。

筆者從以上清代和日治時期實際赴湄洲進香的宮廟資料（附
錄二）中，初步歸納出二現象，一就是清代臺灣去湄洲進香的宮
廟很少，第二個現象就是臺灣的湄洲進香潮是在日治時期，但這
是真實的答案嗎？再從（附錄二）仔細歸納出有一種現象：這些
宮廟和鹿港舊祖宮、新竹長和宮都有一些相關性。其中又以受鹿
港舊祖宮影響為最大，而鹿港舊祖宮、新竹長和宮又是清代方志
唯二有記載至湄洲進香的宮廟，湄洲進香的史料比其他宮廟多，
故選定這兩間宮廟，再加以研究分析。

第二節　鹿港舊祖宮清代湄洲進香

鹿港舊祖宮是臺灣知名的媽祖廟之一，其擁有悠久的歷史和
華麗的建築，坐落在鹿港的北頭地區，香火鼎盛，香客不斷。清
代的道光年間《彰化縣志》方志上，就有鹿港舊祖宮到湄洲進香
的記載，可見鹿港舊祖宮和湄洲祖廟的關係久遠，這在史料中是
少見的。

一、鹿港舊祖宮湄洲二媽分靈時間

由鹿港舊祖宮的創建年代分析（附錄六），可知施琅（康熙22年，1688）、藍理（康熙22年，1688）和施世榜（乾隆5年，1740）為鹿港舊祖宮帶來湄洲二媽的舊說可能性比較低，湄洲二媽如何來到鹿港只剩兩種紀錄：一為大正13年（1924）《寺廟臺帳》記載內容，創立緣起中寫到天后宮「雍正三年（1725）鹿港商人某，請讓湄洲祖廟奉祀神像歸臺，在小祠創立祭祀」；[8]二是2018年11月25日筆者口述訪談的資料：「湄洲開基二媽是泉州街黃姓討海跑船（行船）人家偷請來」。[9]

我們從以下三則資料來歸納分析鹿港舊祖宮湄洲二媽分靈時間，首先來看媽祖會成立的時間和組成會員，《鹿港天后宮志》記載廟方說法是：

> 嘉慶22年（1817）天后宮總理日茂行林文濬與太學生施士簡率八郊人士組團至湄洲祖廟謁祖進香。回鑾時由泉州街黃姓人士替媽祖扛抬鳳輦，由於天后宮進香的媽祖為開基二媽，黃姓人士為了紀念組織「二媽會」。黃姓既成立了媽祖會，施姓自然不願落後，為了紀念先人施琅攜來寶像，施世榜捐地建廟，另雕塑神像稱慶大媽。為了與黃姓輦班會區分，稱之為「大媽會」，施、黃兩大姓都組成了輦班會，號稱鹿港三大姓的許姓也不甘人後，雕三媽神像成立「三媽會」，四媽會則由籤[10]郊人士共同組成，五媽

8 　參見《寺廟臺帳》，鹿港街役場，天后宮（俗名舊祖宮）項。
9 　見本書的附錄三。
10　籤郊為雜貨買賣的同業公會。

會則為米商同業公會所組成，因拜五穀大帝，故稱「五媽會」；「六媽會」則由鹿港次大姓陳姓及其他人士組成。這六個媽祖會每年輪流主持「迎春」，即春節遊行。這六個媽祖會成立後，才有所謂大媽、二媽、三媽、四媽、五媽、六媽之稱呼。由以上六個媽祖會可知大、二、三、六媽是同姓組織；而四、五媽則是同業公會的組織。事實上這大姓又有部分是郊商，因此這六個神明會和八郊（泉郊、廈郊、南郊、布郊、糖郊、染郊、油郊、簳郊）關係很深。六個媽祖會成立年間自然是在嘉慶中葉以後。[11]

　　以上就是《鹿港天后宮志》記載鹿港舊祖宮媽祖會的起源，但這個說法，和我們一般的認知有所不同。媽祖會的成立通常會從大媽會先成立，然後再成立二媽會，以此類推，[12]《鹿港天后宮志》記載鹿港舊祖宮媽祖會卻不是依此順序，而是由二媽會先成立。

　　第二種為筆者2018年11月25日口訪鹿港耆老蕭添柳的資料如下：

　　談到鹿港舊祖宮湄洲開基二媽的由來，據我聽老一輩的說法是由泉州街黃姓討海跑船（行船）人家，到湄洲祖廟參拜時，覺得當時祖廟破敗，管理不嚴。……於是泉州街黃姓跑船人家將位在湄洲祖廟梳妝樓神龕中的開基湄洲二媽偷請回鹿港祭拜。[13]日後湄洲祖廟派人來到鹿港，要請回開

11　鹿港天后宮管理委員會、陳仕賢主編，《鹿港天后宮志》，頁66、67。
12　南瑤宮媽祖會成立時間就是由老大媽會成立，然後再成立老二媽會，以此類推，參見林美容，《媽祖信仰與台灣社會》，頁65-106。
13　偷請神像這個事情，在筆者來看不外乎是要強調神像的珍貴性，另外鹿港天后宮湄洲二媽的神像形制為木像中年婦女形象泉州體，和湄洲祖廟少婦神像明顯不同，不太可

基二媽，泉州街黃姓群眾請擁有18條船的船頭行——日茂行林品（林文濬）出面斡旋。[14]……成功的說服湄洲祖廟派來的人，將開基二媽當作分靈至鹿港舊祖宮，從此之後鹿港舊祖宮就經常往湄洲進香。我相信這個說法，是因為我知道天后宮有條古例：如果湄洲開基二媽要出門遶境，從抬出廟門到沿路抬轎都是由泉州街黃姓信徒們負責。……到現在鹿港鎮內頂、廈菜園的黃姓民眾和鹿港附近黃姓村庄都還保有請二媽來宴客的習俗。鹿港媽祖是偷請的這件事情我是聽施性惢[15]本人說的。……[16]

由上面的說法來看，特別強調湄洲二媽和泉州街黃姓的群眾、日茂行的關係。

第三是人稱「鹿港通」丁玉書說法如下：

舊祖宮（天后宮）創建於明朝永曆初，因廟宇過狹，由八堡圳創辦人施長齡捐獻自有土地，……正殿主神為湄洲天后宮六尊鎮殿媽之一尊，俗稱「湄洲媽」。清朝時前往湄洲進香，而湄洲天后宮廟祝認定是正湄洲媽鎮殿媽之

能直接來自湄洲祖廟。

14 林文濬（1757年8月15日－1826年3月31日），又名品、元品字金伯，號淵巖，乾隆廿二年（1757）出生，道光六年（1757）逝世，享壽70歲，是鹿港日茂行創辦人林振嵩的三子，乾隆53年（1788）父親回鄉，林文濬接手日茂行，他曾協助清朝政府處理林爽文事件，又曾捐資贊助地方上的公共建設，如鹽水武廟、府城彌陀寺、鹿港天后宮（新祖宮）、彰化縣城等等，為人熱心公益。以上資料來自吳文星主持；鹿港鎮志纂修委員會編纂《鹿港鎮志・人物篇》（彰化鹿港鎮：彰縣鹿港鎮公所，2000年），頁21。

15 施性惢，生於明治29年（1896）卒於民國63年（1974），東京明治中學畢業，日治時期擔任天后宮大總理，大正11年（1922）率領天后宮人員至湄洲祖廟進香謁祖，進香團由基隆出發，當時施性惢聘請攝影師隨同進香團至湄洲祖廟，為天后宮留下數張珍貴照片，日治和民國時期擔任不少公職，熱心公益，為鹿港知名仕紳。

16 受訪者：蕭添柳，訪問者：蕭信宏，受訪時間：2018年11月25日早上10點–11點，受訪地點：蕭添柳福興鄉自宅。蕭添柳，昭和6年出生（民國20年、1931年），是鹿港蕭氏家族年紀最長者，訪問者從小就知道這位長者長期住在鹿港附近，喜愛交朋友和聊天，熟知鹿港事務。

一，決定留下不放回，當時八郊之——泉郊林日茂行老闆林品，趕往湄洲與廟祝理論，主張有鹿港媽來進香而無媽祖回鑾不成體統，最後捐一筆巨款始奉回鹿港。……鹿港舊祖宮由八郊每年輪番為大檀越外，民間奉祀大約如下：施姓奉祀大媽，黃姓奉祀二媽（正湄洲媽），許姓奉祀三媽，籤郊奉祀四媽，日用什貨商奉祀五媽，陳姓奉祀六媽，各媽爐下組有轎班。該廟地係由八堡圳創始者施長齡捐獻，是故大媽爐下係宮後、後寮仔潯海施姓佔大多數。二媽在泉州街建立一間二媽會館（現改為安安幼稚園），爐下即泉州街、菜園、東石等黃姓。三媽由許進士肇清的牛墟頭為首，許厝埔十二庄及麥嶼厝許姓為其爐下。四媽、五媽尤其所屬商業團體為爐下。六媽為慶昌陳堯為主柱，所有陳姓為其爐下。[17]

第二種蕭添柳說法與第三種丁玉書說法稍有出入，但丁玉書對媽祖會的成員又比蕭添柳清晰。

另外在大正13年（1924）鹿港街役場的《宗教的團體臺帳》中找到記載籤郊成立時間約為大正13年（1924）的140年前，[18]也就是1784年，大約是乾隆49年（1784）。籤郊四媽會成立時間約為乾隆49年（1784），所以大媽、二媽、三媽的媽祖會應該會在乾隆49年（1784）以前成立。

綜合鹿港耆老蕭添柳的口訪、「鹿港通」丁玉書說法和廟方記載，筆者歸納出，在鹿港和湄洲二媽最有關係的團體是鹿港黃姓和泉州街的日茂行。所以湄洲二媽來臺應該和他們最有直

---

[17] 丁玉書、丁志達、丁志申合著，《勿忘草》（新北市：丁志申，2015），頁114。
[18] 參見大正13年《宗教的團體臺帳》，鹿港街役場，第21號媽祖會（「籤郊」）。

位於泉州街的日茂行

（蕭信宏攝，2019.9.26）

黃姓角頭廟
集英宮
（位於泉州街）
（蕭信宏攝，
2019.9.25）

2018年籤郊請媽祖

（蕭信宏攝）

接關係。如果由鹿港舊祖宮的歷史和以上資料來看，以下推論最為合理：最晚乾隆5年（1740）施世榜家族透過獻地，已經成為鹿港舊祖宮重要的支持力量，而他們所拜的媽祖就是鹿港舊祖宮的大媽，大媽會有可能在這之後就成立。之後二媽會才由泉州街的黃姓民眾成立，也就是鹿港大正13年（1924）《寺廟臺帳》記載湄洲二媽由某商人請來鹿港舊祖宮祭拜，而這某商人可能就是泉州街的商人。此時日茂行正是泉州街最大商戶，[19] 所以泉州街的郊商才是請回湄洲二媽的主要力量。因為有關湄洲二媽（二媽會）的說法都和泉州街、鹿港黃姓及日茂行關聯最深。

　　二媽會重要的成員都在鹿港地區，包含了鹿港泉州街黃姓、東石的黃姓和菜園的黃姓。[20]其中鹿港東石黃姓群眾的原鄉，有晉江東石天后宮及附近的晉江金井順濟宮兩間媽祖廟。此二廟都留有清代早期對聯，顯示東石天后宮、金井順濟宮可能從湄洲分靈而來。而且東石當時也是偷渡來臺主要港口之一，[21]因此也不能排除乾隆年間鹿港舊祖宮「間接」從東石天后宮取得「湄洲媽」香火、或是受到東石天后宮及金井順濟宮的影響，而從湄洲分靈的可能。這議題，值得進一步討論！

19　日茂行林振嵩、林文濬父子正是鹿港鼎盛時期舉足輕重之人物，參見葉大沛，《鹿港發展史》，頁316。
20　丁玉書、丁志達、丁志申合著，《勿忘草》，頁114。
21　《臺海使槎錄》卷二、赤崁筆談・武備。「偷渡來臺，廈門是其總路。又有自小港偷渡上舡者，如曾厝垵、白石頭、大擔、南山邊、鎮海、岐尾；或由劉武店至金門、料羅、金龜尾、安海、東石，每乘小漁船私上大船。曾厝垵、白石頭、大擔、南山邊、劉武店係水師提標營汛，鎮海、岐尾係海澄營汛，料羅、東石、金龜尾係金門鎮標營汛，安海係泉州城守營汛：各汛亦有文員會同稽查。余有〈清臺地莫若先嚴海口〉一疏」，參見黃叔璥，《臺海使槎錄》（臺北：臺灣銀行經濟研究室，1957年），頁33。

二、鹿港舊祖宮清代湄洲進香

（一）湄洲進香的時間

《彰化縣志》記載「歲往湄洲進香」已經確認了鹿港舊祖宮道光以前就已經去湄洲進香，但是究竟有沒有年年赴湄洲進香仍需考證。到目前為止鹿港舊祖宮在清代共有四次到湄洲進香的紀錄，茲整理如下：

1. 乾隆52年（1787）為最早紀錄，此次進香以文物「乾隆丁未年（1787）置的銅製湄洲進香正爐」一組。

2. 嘉慶22年（1817）：「天后宮於嘉慶20年重修完成，為了紀念廟宇竣工，乃由天后宮總理林文濬及太學生施士簡率領鹿港八郊等人士前往聖地湄洲天后宮進香」。[22]

3. 同治13年（1874）：「同治甲戌年，為紀念重修廟宇竣工，前往祖廟湄洲進香」。[23]

4. 光緒7年（1881）：

此次赴廈誰率領不得而知，該年廈門起建大醮，慘遭瘟疫之災，適鹿港舊祖宮謁祖回鑾，途經泉州城天妃宮駐駕，廈門蘇府王爺降乩表示恭請聖母赴廈，聖母大顯神靈而廈門瘟疫始告平息，故泉廈一帶莫不敬仰天后宮聖

---

[22] 民國48年（1959）歲次己亥暮春吉旦恭祝媽祖聖誕一千週年時，由歐陽輝煌、吳繁、歐陽錦華一仝敬獻，內書寫媽祖事略及鹿港天后宮的大事年表。其中寫到嘉慶22年（1817）湄洲謁祖進香。民國48年（1959）距離嘉慶22年（1817）已過142年，但有道光版《彰化縣志》和大正13年（1924）鹿港街疫場，《寺廟臺帳》，也可支持這個論點。

[23] 〈香火鼎盛由來已久〉，《民聲日報》，民國56年（1967）4月25日，第5版。報載鹿港天后宮「同治甲戌年（1874），為紀念重修廟宇竣工，前往祖廟湄洲進香」。民國56年（1967）距離同治13年（1874）已過93年，大正13年（1924）鹿港街疫場的《寺廟臺帳》，可支持這個論點。但2004年的《鹿港天后宮志》未將此次湄洲進香記載。

鹿港天后宮乾隆丁未年（1787）的銅製湄洲進香正爐
（蕭信宏攝）

母，故漁民商民每到臺灣，不論遠近均親到鹿港舊祖宮
參拜。[24]

　　以上2至4的文獻紀錄，就鹿港舊祖宮的歷史背景來看，應
該是合理的。但項目1，此次進香以文物「乾隆丁未年（1787）
置的銅製湄洲進香正爐」一組，來證明乾隆52年（1787）鹿港
舊祖宮有至湄洲進香一事，則有待商榷。基本上從文獻資料來
看，乾隆52年（1787）為林爽文事件最為嚴重的一年，這年至

---

[24] 民國48年（1959）歲次己亥暮春吉旦恭祝媽祖聖誕一千週年時，由歐陽輝煌、吳繁、
歐陽錦華一仝敬獻，內書寫媽祖事略及鹿港天后宮的大事年表。其中寫到光緒7年
（1881）「適本宮聖母往湄洲謁祖受廈門人士恭請赴廈大顯神靈指示藥方平瘟疫救災
民」。民國48年（1959）距光緒7年（1881）已過78年，大正13年（1924）鹿港街疫
場，《寺廟臺帳》，可支持這個論點。

湄洲進香可能性不大。再從朝廷的幾個清宮奏摺來看，如乾隆
51年（1786）12月28日兩江總督李世傑〈奏為准咨轉飭沿海各
營縣嚴防臺灣彰化匪徒遠逃事〉[25]、浙江巡撫覺羅琅玕〈奏為准
咨辦理嚴防臺灣匪徒遠逃事〉[26]、乾隆52年（1787）6月3日兩廣
總督孫士毅〈奏為探聞臺逆窮蹙情形密飭海口偵伺堵拿以防竄逸
事〉[27]、乾隆52年（1787）10月10日浙江黃巖鎮總兵弓斯發〈奏
為秋汛巡洋會哨海疆寧謐情形〉[28]、乾隆52年（1787）11月12日
閩浙總督李侍堯〈奏請以潘映辰調補臺灣府海防同知事〉[29]，以
上五份奏摺中均有一個共通點就是加強海防巡邏查緝。當時在有
渡臺限制和加強查緝下，鹿港舊祖宮有可能至湄洲進香嗎？而且
尚有一個問題，木盒上刻有廟名為舊祖宮，舊祖宮之名是因為乾
隆53年（1788）新祖宮落成，現在的鹿港舊祖宮因此改稱為舊
祖宮。所以乾隆52年（1787）鹿港舊祖宮尚未改名為舊祖宮，
木盒上的廟名有誤，可見木盒可能為後製產品。所以乾隆52年
（1787）鹿港舊祖宮有至湄洲進香一事，有待商榷。

　　另外就道光版《彰化縣志》記載，鹿港舊祖宮「歲往湄洲
進香」，彰化南瑤宮「歲往笨港進香」，然而這個所謂的「歲
往」，能不能解釋成年年去進香？依林美容《媽祖信仰與臺灣社
會》書中文章提到，南瑤宮每12年舉辦笨港進香，且連續三年。
內容如下：

　　　　按古例，十個會媽會除新大媽會外，分成三組，即老大媽

25　洪安全主編，《清宮宮中奏摺臺灣史料（九）》（臺北市：故宮，2004年），頁
　　14–15。
26　洪安全主編，《清宮宮中奏摺臺灣史料（九）》，頁19。
27　洪安全主編，《清宮宮中奏摺臺灣史料（九）》，頁261。
28　洪安全主編，《清宮宮中奏摺臺灣史料（九）》，頁616。
29　洪安全主編，《清宮宮中奏摺臺灣史料（九）》，頁727。

會、老四媽會、聖四媽會合為一組，老二媽會、興二媽
會、老五媽會合為一組，聖三媽會、新三媽會、老六媽會
合為一組，三組輪流，每次由一組舉辦進香。而新大媽會
則負責於每次進香回來時，媽祖一過濁水溪，就去接媽祖
回廟通常連續進香三年後，停十二年再依上述順序，各會
媽會輪流進香。[30]

　　由以上內容來看，十個媽祖會都已經成立的情況，應該是在
清末或日治時代，[31]每12年舉辦笨港進香，且連續三年。不過李
振安的〈彰化南瑤宮進香之變遷研究〉文章認為「清代同治9年
（1870）之前，南瑤宮笨港進香應是每年辦一次」，他支持史料
「每年辦一次」，[32]所以共有兩種看法。如參考彰南地區枋橋頭
七十二庄12年一次的進香，並依據第三章的歷史背景分析，得到
答案應較支持此說：南瑤宮每12年舉辦笨港進香，且連續三年，
每年由不同媽祖會舉辦進香，休息一段時間後再進行下一次笨港
進香。雖然南瑤宮是島內進香，進香期間一周以內可完成，所以
就算每年舉辦也是有可能；但就鹿港舊祖宮而言，史料中的「歲
往」應該不能解釋成年年去進香，因為文獻未留下大量進香的資
料，而且當時的時空環境是不允許的。「歲往」因此只能解釋為
多次前往，至於鹿港舊祖宮清代至湄洲進香多少次，筆者認為道
光以前，鹿港經濟繁盛，港口貿易發達，[33]且由日茂行的林家主
導廟務，當時的日茂行貿易網絡橫跨兩岸，去的次數可能較多，

30　林美容，《媽祖信仰與台灣社會》，頁42。
31　林美容，《媽祖信仰與台灣社會》，頁87–106。
32　李振安，〈彰化南瑤宮進香活動之變遷研究〉（國立中正大學台灣文學研究所碩士論
　　文，2014年7月），頁50。
33　道光20年（1820）以前為鹿港鼎盛期，道光20年（1820）到光緒20年（1894）為鹿港衰
　　退期，參見葉大沛，《鹿港發展史》，頁524。

大正11年（1922）鹿港天后宮湄洲進香人員照
（資料來源：《鹿港天后宮老照片專輯》）

但也不可能太頻繁。另外參照日治時代至湄洲進香的人數，推估
清代至湄洲進香人數應該也是不多，而且有可能是跟隨郊商的帆
船順道而去。

（二）嘉慶22年（1817）赴湄洲進香之原因

　　嘉慶22年（1817）這次的湄洲進香應該是臺灣宮廟最為關鍵
的一次，因為當時的臺灣、福建和粵東並不盛行湄洲進香，那為
什麼鹿港舊祖宮會往湄洲進香呢？

1.時空條件的優勢

　　當時地理條件如《彰化縣志》海道記載：

鹿港為泉、廈二郊商船貿易要地，內地來鹿者，廈門以南風為順，磁頭深滬次之，崇武以北風為順，獺窟次之，故北風時，廈船來鹿，必至崇武、獺窟方放洋，南風時，蚶江、獺窟船來鹿，必至磁頭、深滬方放洋。[34]

鹿港在乾隆49年（1784）開為臺灣第二個正口，當時為泉州各港口的對渡口岸，往湄洲進香陸路行程較少，可避開臺灣陸上械鬥和強盜。而《彰化縣志》又記載「鹿港、泉、廈郊船戶欲上北者，雖由鹿港聚儎，必仍回內地各本澳，然後沿海而上。由崇武至莆田，湄洲至平海，可泊百船。」，[35]湄洲就在從鹿港泉、廈郊回去中國港口後，北上做生意的航道上。所以對鹿港的泉、廈郊來說，去湄洲進香不是難事，但對當時其他地方的人們來說，如果沒有這條貿易路線，去湄洲進香可是困難的任務。

鹿港當時的經濟條件也優於臺灣其他地區：如：《彰化縣志》記載「鹿仔港，煙火萬家，舟車輻輳，為北路一大市鎮。西望重洋，風帆爭飛，萬幅在目，波瀾壯闊，接天無際，真巨觀也。」、「鹿港大街：街衢縱橫皆有，大街長三里許，泉、廈郊商居多，舟車輻輳，百貨充盈。臺自郡城而外，各處貨市，當以鹿港為最，港中街名甚多。」[36]鹿港為當時臺灣第二大都市，經濟實力雄厚，除臺南以外，臺灣其他地區的經濟力都不如鹿港，不然就還是在開發中。

乾隆49年（1784）鹿港開為臺灣第二個正口，也就是鹿港當時的發展已經到了官方不得不重視，不得不開放的地步。乾隆54年（1789）年末以後，內地客民只需船戶作保，提供官府查驗給

---

34 周璽，《彰化縣志》，頁21–22。
35 周璽，《彰化縣志》，頁23。
36 周璽，《彰化縣志》，頁21、40。

照，這一行政程序的方便，提供正口往來較有利的環境。[37]位在
正口的舊祖宮如果要到湄洲進香比同時期的臺灣宮廟更加便利。
在道光10年（1830）以前由於配運需要，清廷控制力尚強，也較
嚴格執行正口對渡內地政策，內地大商船仍主要停泊於西部正
口。道光10年（1830）以後清廷對海口之稽查日趨廢弛，促使各
地較具規模的港口大多直接與內地往來。[38]綜合以上資料，知道
鹿港舊祖宮在乾隆54年（1789）年末至道光10年（1830）這段
期間前往湄洲進香比其他港口有優勢。而且鹿港泉、廈郊熟知
官場文化，進香中途比較不會出現官員的刁難，或取締非法偷
渡行為。

當時代表鹿港舊祖宮去湄洲進香者，記載如下：「天后宮
於嘉慶20年重修完成，為了紀念廟宇竣工，乃由天后宮總理林文
濬及太學生施士簡率領鹿港八郊等人士前往聖地湄洲天后宮進
香」。[39]成員多為八郊會員，故不用像一般農民離不開土地，且
較有錢有閒，可從事長時間的進香，進香和商務活動可相互配合
行程。其中又以泉、廈郊的參與尤為重要，因為這兩個組織的商
貿關係，才能讓湄洲進香變得可行。參加進香人員多為做兩岸生
意的商人，故對海洋的恐懼不會像一般沒接觸過海上事務的人那
麼巨大。當時兩岸還沒有報紙傳媒，訊息只能透過人員的口耳相
傳，故港口會比內地資訊靈通。

嘉慶年間海盜蔡牽控制海域之廣（閩浙粵）卻很少騷擾鹿

[37] 蔡秀娟，〈清代閩粵台偷渡人口問題之研究〉，（國立臺灣師範大學歷史研究所碩士
論文，1998年），頁169。
[38] 林玉茹，《清代臺灣港口的空間結構》，頁240-241、257。
[39] 民國48年（1959）歲次己亥暮春吉旦恭祝媽祖聖誕一千週年時，由歐陽輝煌、吳繁、
歐陽錦華一仝敬獻，內書寫媽祖事略及鹿港天后宮的大事年表。其中寫到嘉慶22年
（1817）湄洲謁祖進香。民國48年（1959）距離嘉慶22年（1817）已過142年，但有
道光版《彰化縣志》和大正13年（1924）鹿港街疫場，《寺廟臺帳》，也可支持這個
論點。

港，而且鹿港的泉郊廈郊的船在海上皆不會受到蔡牽的侵擾。故鹿港民間都有流傳泉郊日茂行「海盜報恩」，[40]以及廈郊慶昌行幫蔡牽銷贓的故事。[41]歸納原因應該是鹿港的郊商和海盜暗通款曲，關係良好，故鹿港航船總是不受海盜侵擾。

就上節所說鹿港舊祖宮的湄洲二媽，在乾隆49年（1784）以前已經由泉州街商戶迎來鹿港舊祖宮恭奉。加上乾隆時期泉州府的鄉下有進香活動，廈門島上有回東澳社媽祖廟「割火」的風俗，彰化南瑤宮亦在嘉慶19年（1814）以前就有舉辦笨港進香。所以鹿港的商貿圈內是有進香活動，嘉慶22年（1817）鹿港舊祖宮舉辦湄洲進香是合理的。乾隆54年（1789）年以後，內地客民只需船戶作保，提供官府查驗給照就可從正口渡臺，嘉慶22年（1817）又在海盜蔡牽之亂[42]以後。此時為鹿港鼎盛時期，[43]政治、經濟都達到歷史高峰，因此為鹿港舊祖宮赴湄洲進香提供了良好的條件。適逢鹿港八大郊商鼎力協助，嘉慶19年（1814）舊祖宮重修完成，嘉慶22年（1817）利用郊商的商貿網絡組團至湄洲祖廟謁祖進香。但是當時臺灣和原鄉只盛行進香期短的進香，並不盛行湄洲進香，鹿港舊祖宮為何要在此時進行湄洲進香？應該還有其他原因！

2.日茂行林文濬

日茂行為當時泉郊最大的郊商，而林文濬是日茂行主理人，其生平資料為乾隆22年（1757）出生，道光6年（1826）逝世，又名品、元品，字金伯，號淵巖，享壽70歲，是鹿港日茂行創辦

40　葉大沛，《鹿港發展史》，頁323。
41　李昭容，《宜樓掬月意樓春——鹿港慶昌家族史續探》（臺中市：晨星，2015年），頁51。
42　蔡牽之亂嘉慶5年（1800）至嘉慶14年（1809），參見周璽，《彰化縣志》，頁380。
43　鹿港鼎盛時期，乾隆49年（1784）至道光20年（1814），參見葉大沛，《鹿港發展史》，頁196-523。

人林振嵩的三子。乾隆53年（1788）其父回鄉，林文濬接手日茂行，他曾協助清朝政府處理林爽文事件，又曾捐資贊助地方上的公共建設，如鹽水武廟、府城彌陀寺、鹿港新祖宮、彰化縣城等等，為人熱心公益，奉旨加四品職銜。[44]舊祖宮為何要在嘉慶22年（1817）進行湄洲進香？其中一個重要原因就是嘉慶21年（1817）是鹿港首富林文濬最輝煌的年份，這年他不僅賑濟眾多饑民，受到官府表揚，他的第五子廷璋、長孫世賢同年中舉。[45]林文濬因多年參與鹿港舊祖宮的事務，而得到媽祖的庇佑，因此會讓他大力支持嘉慶22年（1817）的湄洲進香，而且辦理進香活動也有助於提昇日茂行的社會形象及林文濬本人的社經地位。在道光6年（1826）林文濬逝世之前的舊祖宮應該曾多次前往湄洲進香，故才會在道光版的《彰化縣志》裡記載「歲往湄洲進香」。鹿港舊祖宮受到當時鹿港最大的郊商支持，得以進行當時少見的湄洲進香，鹿港首富林文濬的實力（捐官四品）讓舊祖宮和全國位階最高的官廟（湄洲祖廟）建立了關係，增強了舊祖宮的靈力傳說，留給舊祖宮無價的資產。

3.新祖宮的敕建

筆者閱讀鹿港宮廟文獻發現，林爽文事件後，乾隆皇帝在鹿港敕建一間天后宮（新祖宮），讓原本全港信仰中心的鹿港舊祖宮，面臨新建媽祖廟（官廟）的壓力。敕建天后宮（新祖宮）為乾隆皇帝敕建之廟，為了方便閱讀，下文皆稱為新祖宮。另外臺灣當時還有一座位在府城，康熙年間官建的媽祖廟，就是施琅收復臺灣時，改建明鄭寧靖王府的臺南大天后宮，亦是臺灣府的祀

44　吳文星主持：鹿港鎮志纂修委員會編纂《鹿港鎮志・人物篇》（彰化鹿港：彰縣鹿港鎮公所，2000年），頁21。

45　楊彥杰，〈「林日茂」家族及其文化〉，《臺灣研究集刊》，74：4（2001年），頁26–27。

典天后宮，其地位在臺灣為最高，在臺灣各方志，只要有臺南大天后宮出現，其書寫位置皆排第一。而鹿港的新祖宮，因為乾隆皇帝敕建，又為臺灣府鹿港廳治的祀典天后宮，地位在臺史也是罕見。我們從以下幾點看出新祖宮的存在對舊祖宮造成壓力：

（1）道光版《彰化縣志》的排序：

> 天后聖母廟：一在鹿港海墘，乾隆五十五年，大將軍福康安倡建，廟內有各官祿位。[46] 一在邑治北門內協鎮署後，乾隆三年北路副將靳光瀚建；二十六年，副將張世英重修。一在邑治東門內城隍廟邊，乾隆十三年，邑令陸廣霖倡建。一在鹿港北頭，乾隆初，士民公建，歲往湄洲進香，廟內有御賜「神昭海表」匾額。一在邑治南門外尾窯，乾隆中士民公建，歲往笨港進香，男女塞道，屢著靈應。一在王宮，嘉慶十七年邑令楊桂森倡建。一在沙連林圮埔，乾隆初，里人公建，廟後祀邑令胡公邦翰祿位。一在鹿港新興街，閩安弁兵公建……。[47]

以上位於鹿港海墘指的是鹿港新祖宮、邑治東門內城隍廟邊是彰化內天后宮、鹿港北頭是鹿港舊祖宮、南門外尾窯是彰化南瑤宮、王宮是王功福海宮、林圮埔是竹山連興宮、鹿港新興街是鹿港興安宮。從《彰化縣志》的排序來看，新祖宮在中部地區排名位階最高（官方立場認定），而官廟之後，鹿港舊祖宮

---

46 鹿港新祖宮，〈敕建天后宮碑〉《彰化縣志》也寫新祖宮建於乾隆53年，其他二處也寫新祖宮建於53年，故這邊寫的55年應該為筆誤。
47 周璽，《彰化縣志》卷五〈祀典志‧祠廟〉，頁154。

在民祀媽祖廟中排名第一，兩廟距離步行約5分鐘。從文獻中可看出，官建媽祖廟無論如何位階都高於民祀媽祖廟。這也有可能是鹿港舊祖宮為何要往全國位階最高的湄洲天后宮割火的原因之一，舊祖宮企圖利用赴湄洲進香、謁湄洲祖廟可昇格。[48]而嘉慶22年（1817）赴湄洲進香的主事者就是鹿港首富林文濬，熱心出錢出力幫舊祖宮赴湄洲進香，以增強或擴大舊祖宮的靈力。照理來說新祖宮為（鹿港）廳級的官廟，往府級的官廟進香，就可建構起比廳級官廟還高的靈力位階，但新祖宮又有乾隆皇帝敕建的官廟身分，故往康熙皇帝敕建及全國位階最高的湄洲天后宮進香，才能增得高一等的靈力。

（2）改名：嘉慶年間舊祖宮的〈重修鹿港舊聖母廟碑記〉記載：「鹿港於東瀛稱巨鎮焉，其街衢之北有宮，崇祀聖母。自乾隆丁未，公中堂別建新宮，因群稱為舊聖母宮焉……」，[49]文中新宮就是新祖宮，可見乾隆53年（1788），因鹿港敕建天后宮（新祖宮）後，不能單獨稱舊祖宮「媽祖宮」，只能稱舊聖母宮（俗稱舊祖宮），而新祖宮成為鹿港官定的天后宮。對於本來位於一尊的鹿港舊祖宮來說，是一大壓力。

（3）建築外觀：從鹿港舊祖宮〈重修鹿港舊聖母廟碑記〉碑文和新祖宮〈敕建天后宮碑記〉可看出，新祖宮在乾隆53年（1788）敕建時，花費15,800元[50]，比起嘉慶

---

48 〈鹿港媽祖渡支〉，《臺灣日日新報》，大正5年（1916）12月18日，第4版。
49 鄭捧日，〈重修鹿港舊聖母廟碑記〉，收錄於周璽，《彰化縣志》卷十二〈藝文志・記〉，頁457–458。
50 福康安，〈敕建天后宮碑記〉，收錄於周璽，《彰化縣志》卷十二〈藝文志・記〉，頁454–455。

21年（1816）鹿港舊祖宮重修經費3,580元[51]，足足有四倍之多。故可推測新祖宮當時應為當時鹿港最壯麗之廟宇，有「金碧輝煌，大壯觀瞻」之讚嘆，[52]此種外表及規模也會形成鹿港舊祖宮的香火壓力。

（4）兩廟皆為閣（全）港廟：再從舊祖宮的〈重修鹿港舊聖母廟碑記〉和新祖宮的〈重修天后宮記〉碑來看，捐款者皆為鹿港重要郊商，[53]故兩間皆為鹿港閣（全）港廟，但新祖宮有官員助力，對鹿港舊祖宮又是一個壓力。鹿港舊祖宮嘉慶年間的〈重修鹿港舊聖母廟碑記〉會將新祖宮創建時間記載在碑記，[54]卻不記載創建於康熙23年（1684）、同樣祀奉媽祖的鹿港興安宮，[55]就可知當時鹿港舊祖宮對新祖宮的重視程度。

（5）地理環境的改變：乾隆57年（1792）海防同知金棨〈新天后宮祀業記〉和嘉慶12年（1807）汪楠〈重修鹿港新天后宮碑記〉中都寫到新祖宮蓋在鹿港的口岸上。[56]而鹿港舊祖宮清初也是位於鹿港口岸，但因泥沙淤積，乾隆末，當時口岸已經移到新祖宮這邊，兩廟雖然相距不到兩百公尺，但新祖宮位於現在的鹿港老街，當時為船頭行林立的商業中心，各地人馬都必

[51] 鄭捧日，〈重修鹿港舊聖母廟碑記〉，收錄於周璽，《彰化縣志》卷十二〈藝文志‧記〉，頁457-458。

[52] 汪楠，〈重修鹿港新天后宮碑記〉，收錄於周璽，《彰化縣志》卷十二〈藝文志‧記〉，頁455、456。

[53] 參見〈重修天后宮碑記〉，http://hanji.sinica.edu.tw/?tdb=%BBO%C6W%A4%E5%C4m%C2O%A5Z。資料來源：中央研究院漢籍電子文獻網站，點閱2019.1.28。及參見鄭捧日，〈重修鹿港舊聖母廟碑記〉，收錄於周璽，《彰化縣志》卷十二〈藝文志‧記〉，頁457-458。

[54] 參見鄭捧日，〈重修鹿港舊聖母廟碑記〉，收錄於周璽，《彰化縣志》卷十二〈藝文志‧記〉，頁457-458。

[55] 紀載興安宮創建於開臺之初，參見光緒13年（1887），〈興安宮公業示禁碑〉，收錄於蔣維錟、鄭麗航，《媽祖文獻史料彙編》第一輯碑記卷，頁417-418。

[56] 周璽，《彰化縣志》，頁455-457。

須到此地進行交易。乾隆末為鹿港繁盛時期，舊祖宮相對於鹿港新祖宮，已經不是一下船就可看見的媽祖廟，而新祖宮是位於商業中心「金碧輝煌，大壯觀瞻」的廟宇。

在此環境下，鹿港舊祖宮唯有靠舉辦賽會活動來維持和信徒的互動，而湄洲進香就是其中之一。藉進香提高廟的靈力來源，凝聚信徒對鹿港舊祖宮的向心力。另外，新祖宮正殿神龕前的一對石製花瓶，年代為咸豐年間，刻有「新祠臺地憑依在，祖廟湄洲享祀長」的文字，宣稱湄洲是祖廟，但新祖宮為官廟，地位崇高，根本不用從湄洲分靈，也不用回湄洲進香，所以這有可能是受到鹿港舊祖宮影響而開始「號稱」的。

此外，我們還可從清代鹿港舊祖宮的文物，推論出新祖宮可能對舊祖宮產生壓力，分析如下：

（1）鹿港舊祖宮「神昭海表」御匾

現在位在鹿港舊祖宮正殿神龕正上方有三塊皇帝御匾，分別為雍正皇帝的「神昭海表」置於最尊位，乾隆皇帝的「佑濟昭靈」位居次，光緒皇帝的「與天同功」匾位置最上方。其中「神昭海表」是否真是雍正皇帝的御賜稍有爭議；乾隆皇帝的「佑濟昭靈」匾，為乾隆皇帝因平定林爽文事件而賜給新祖宮，後因二戰後新祖宮管理不善，鎮長陳培煦請人移置鹿港舊鹿港祖宮擺放，[57] 現已成為鹿港舊祖宮文物，新祖宮無力索回。至於光緒皇帝的「與天同功」御匾較無爭議，李建緯分析其為真正當時的御

---

[57] 鹿港天后宮管理委員會、陳仕賢作，《鹿港天后宮志》，頁306。

救匾。[58]

李建緯分析雍正「神昭海表」御匾如下：

> 所見「神昭海表」匾，係由4至5片木板拼接，四邊鑲雕有
> 雙龍戲珠，木條邊框。匾上題有「神昭海表」四字行書，
> 題字上方有一方「乾隆御筆之寶」篆刻御璽，皆為浮雕
> 字，字體與匾額風格皆具清代風格。仔細觀察此匾「神」
> 字右側與「表」字左側，隱見有上下款痕跡，但已脫落。
> 可見該匾亦是贈匾者仿御匾形式，卻署以年款與贈匾者頭
> 銜與姓名。有關鹿港舊祖宮所見的「神昭海表」匾年代，
> 並非現代仿製，理由是道光年間的《彰化縣誌》曾指出
> 「廟內有御賜『神昭海表』匾額。」顯示鹿港舊祖宮的
> 「神昭海表」匾在道光年間已存，另從工藝與字體風格，
> 確為清代古匾。[59]

李建緯認為此雍正皇帝的「神昭海表」御匾為道光以前的仿
御匾形式，其下款贈匾者落款被批改塗銷。

舊祖宮雍正皇帝的「神昭海表」御匾，為有爭議的御匾，
是因為《天妃顯聖錄》指出，此匾為福建水師提督藍廷珍在康熙
六十年（1721）平定朱一貴事變後，于雍正4年（1726）上奏皇
帝，雍正遂同意頒御書「神昭海表」交由藍廷珍製匾，分別賜給
廈門、湄洲與臺灣天后宮，臺灣掛匾之事由總兵林亮負責，[60]並
不包括鹿港舊祖宮。雍正4年（1726）的舊祖宮仍然是小廟，直

---

58 李建緯，《歷史、記憶與展示：臺灣傳世宗教文物研究》，頁240-242。
59 李建緯，《歷史、記憶與展示：臺灣傳世宗教文物研究》，頁252。
60 明・林堯俞供稿、清・釋照乘等修訂刊佈、清・釋普日、釋通峻重修《天妃顯聖
錄》，收錄於蔣維錟、周金琰，《媽祖文獻史料彙編》第二輯著錄卷・上編，頁
85-86。

上：光緒皇帝的「與天同功」匾
中：原賜給鹿港新祖宮乾隆皇帝的「佑濟昭靈」匾
下：鹿港天后宮雍正皇帝的「神昭海表」匾

（蕭信宏攝，2019.9.25）

到乾隆初年才成為大廟，[61]之後才可能會有製作御匾的需求，而後製的御匾不能視為仿匾。因為道光年間的《彰化縣誌》曾指出「廟內有御賜『神昭海表』匾額」，方志為官修的，可見官方認定此匾為真御匾，此匾雖可能是後製御匾，仍是真御匾，畢竟在皇權時期仿御匾可能會有殺身之禍。

　　另外現存於舊祖宮的「佑濟昭靈」匾是乾隆53年（1788）皇帝賜給鹿港新祖宮。所以從文物訊息來看，筆者認為鹿港舊祖宮「神昭海表」匾之所以會以後（仿）製御匾形式出現，應該就是受到新祖宮乾隆皇帝的「佑濟昭靈」匾的影響。因此這塊「神

---

[61]　「天后聖母廟：……一在鹿港北頭，乾隆初，士民公建……」，周璽，《彰化縣志》卷五〈祀典志・祠廟〉，頁154。

昭海表」匾本來就是地方有威望的人士之贈匾（可能是官吏或仕紳），存在於鹿港舊祖宮，只是在乾隆53年（1788）新祖宮興建後，廟方知道「神昭海表」匾原為御賜匾，而且媽祖廟懸掛此御匾並不違法，因此將廟內原有的「神昭海表」贈匾改為雍正御賜，帝賜位階最高。因此原贈匾人名才不得不被塗銷，現在的匾額可看見上下款留下塗銷痕跡。此匾道光年間才會以後製御匾的形式被《彰化縣志》所記錄下來。所以「神昭海表」御匾的出現，應該是舊祖宮受新祖宮乾隆皇帝的「佑濟昭靈」匾影響，而後製「神昭海表」御匾，以彰顯舊祖宮非凡的地位。

（2）鹿港舊祖宮「撫我則后」古匾

位於鹿港舊祖宮正殿前步口上方掛有康熙22年（1683）的施琅將軍「撫我則后」匾和乾隆52年（1787）福康安「恩露海國」匾（福康安當時在鹿港留下兩匾，分別是鹿港舊祖宮「恩露海國」和新祖宮「后德則天」匾）。鹿港舊祖宮施琅將軍的「撫我則后」匾被林文龍認為是乾隆初的後製匾，因為此匾年代和施琅封號職稱落款都有問題。[62] 當時康熙22年（1683），鹿港舊祖宮不一定存在，如果存在也是茅草小廟，此匾尺寸很大，不會是當時的匾額。李建緯認為「此匾係由多片木板拼接，且邊框圖文不似康熙年間風格，但和雍正時期吻合，不排除為18世紀之文物」，此匾極有可能為雍正3年（1725）施世榜及其信眾在擴廟時以施琅名義所獻。[63] 但筆者認為：這塊「撫我則后」匾本來就在鹿港舊祖宮，原由施世榜或其族人落名獻匾。因為當時鹿港初興，鹿港舊祖宮剛從小廟擴建成大廟，由施世榜家族（施長齡業戶）所獻地，施世榜本身也有功名，所以乾隆初建廟時並無使用

---

[62] 林文龍，《細說彰化古匾》（彰化市：彰化縣立文化中心，1999年），頁11–12。
[63] 李建緯計畫主持人，《106–107年彰化縣鹿港天后宮24組具古物調查研究計畫案成果報告書》，頁461–462。

上：鹿港天后宮施琅將軍「撫我則后」匾
下：乾隆52年（1787）福康安「恩霑海國」匾

（蕭信宏攝，2019.9.25）

施世榜遠房叔父施琅名義獻匾的需求。只是在乾隆53年（1788）
新祖宮興建後，廟方將上款改為康熙22年（1683），以收復臺
灣的施琅將軍為獻匾人，落款官位順序才會出錯。[64]為何會做此
聯想？因為此匾有清雍正、乾隆時期古匾的特徵，不是之後的匾
額。而且在嘉慶19年（1814）舊祖宮重修時，廟內本來就有乾隆
52年（1787）協辦大學士嘉勇公福康安在林爽文事件時，上岸後
謁廟所留下的「恩霑海國」匾，以及嘉慶14年（1809）由福建陸
路提督從一品官員許文謨所獻的「虔迓靈庥」匾。光有以上這兩
塊匾，在當時臺灣的民祀媽祖廟已無其他媽祖廟可以相比，何須
再改匾呢？而這改匾的人或團體應該為大媽會的施姓群眾，因為

---

[64] 林文龍，《細說彰化古匾》（彰化市：彰化縣立文化中心，1999年），頁11–12。

施琅為鹿港潯海施姓宗族最有代表性的人物，收復臺灣的功勞大可勝過福康安，而福康安和當時的日茂行關係匪淺，[65]福康安的「恩露海國」匾背後代表日茂行在舊祖宮的影響力。因此筆者認為舊祖宮大媽會的施姓群眾，是更改此舊匾後再獻匾的團體，理由如下：透過施琅的匾可宣示施姓才是舊祖宮最主要的信眾，並鞏固施姓在舊祖宮的地位。同時還可以幫助舊祖宮建立位階不亞於新祖宮（福康安建）的地位，所以才會將廟內本來舊的獻匾加以改造，而此舊匾有可能本來是廟地捐地人施世榜或業戶施長齡所獻。而後代大媽會的成員因新祖宮的建立，就以宗族內收復臺灣的施琅將軍作為施姓的獻匾代表，並用其封號落款，這對鹿港施姓團體是一舉兩得的事。

清代官建媽祖廟的香火本來就不旺，官廟、民廟不存在同一系統中，應該不會有競爭關係，不致造成民祀媽祖廟的香火壓力。但從史料和文物中卻透露出鹿港舊祖宮因新祖宮的敕建而形成民廟位階低於官廟的壓力，而湄洲進香就是位階壓力下的一項賽會活動。透過湄洲進香與湄洲祖廟（官方認定全國位階最高）建立分靈子廟關係，取得更高位階的靈力，來強化自身的香火傳說。至今鹿港舊祖宮（鹿港天后宮），仍強調因為文革的關係，湄洲的開基大媽已經不存在，鹿港舊祖宮的湄洲開基二媽是原本清代從湄洲祖廟請來的，所以位階最高。

（三）鹿港舊祖宮持續舉辦湄洲進香之因

鹿港舊祖宮自嘉慶年間湄洲進香後，為什麼會持續舉辦進香期這麼長的湄洲進香？從表面來看當然是從湄洲分靈，且又有郊

---

[65] 福康安和當時的日茂行因林爽文事件關係匪淺，參見楊彥杰，〈「林日茂」家族及其文化〉，《臺灣研究集刊》74：4（2001年），頁25。

商的支持，讓湄洲進香已成為傳統，回祖廟進香是再正常不過的事。但實際上在清代進香非宮廟必辦之活動，何況是困難度較高的湄洲進香。鹿港舊祖宮為何會持續往湄洲進香，其原因分析如下：

鹿港舊祖宮屬於少數清代時期就打破祭祀圈，其信仰範圍已擴及臺灣其他地區的宮廟。以文獻來看，鹿港舊祖宮在清代的分靈子廟可能有：嘉義朴子配天宮、[66]雲林麥寮拱範宮、[67]南投埔里恆吉宮、[68]彰化員林福寧宮、[69]雲林土庫順天宮、[70]大肚永和宮[71]和本章節要討論彰南地區的媽祖廟等。彰化有三個較大的媽祖系統，分別為南瑤宮系統、鹿港舊祖宮系統及七十二聯庄（社頭天門宮和永靖永安宮為中心）系統。[72]其中七十二聯庄系統，[73]其組織較似南瑤宮媽祖會，每隔12年就會到鹿港舊祖宮進

---

[66] 記載嘉義朴子配天宮媽祖是康熙26年從鹿港天后宮分靈，參見相良吉哉，《臺南州祠廟名鑑》（臺南：臺灣日日新報臺南支局，1933年），頁247。

[67] 「赴鹿港祖廟，謁祖進香」〈麥寮媽祖進香〉，《臺灣日日新報》，昭和4年（1929）4月29日，第8版。吳繁編、歐陽錦華書，民國四十八年歲次己亥暮春吉旦恭祝聖誕一千週年〈鹿港天后宮湄洲天上聖母年表〉（鹿港天后宮文物，1959年）記載光緒6年（1880）分靈至麥寮拱範宮。

[68] 恆吉宮大媽聖像椅背後有寫「舊祖宮分靈恆吉宮天上聖母」等字，參見邱正略，〈彰化媽祖信仰的內山傳播──以埔里媽祖信仰為例〉，收錄於陳仕賢等，《鹿港天后宮論文集》，頁53-56。

[69] 昭和3年（1928）廟門最重要對聯寫從鹿港天后宮分香，內容為「福庇珂鄉，卅里鹿津分聖澤；寧安瑤閣，千秋燕霧沐慈暉。」此處「鹿津」就是鹿港的雅稱別名，收錄於蔣維錢、劉福鑄，《媽祖文獻史料彙編》第二輯楹聯卷·對聯編，頁191。日治《員林郡寺廟臺帳》，福寧宮項（中研院複印版），也記錄福寧宮從鹿港天后宮分靈。此外戰後也有至鹿港天后宮進香的紀錄，參見王見川、李世偉，《台灣媽祖廟閱覽》，頁54-55。

[70] 「光緒廿四年，是年洪水為災土庫人士為居民解厄恭請本宮聖母到土庫祈佑平安嗣後建廟奉祀即現在之順天宮是也」，參見吳繁編、歐陽錦華書，民國四十八年歲次己亥暮春吉旦恭祝聖誕一千週年〈鹿港天后宮湄洲天上聖母年表〉，鹿港天后宮文物，1959年。另外鹿港攝影師許蒼澤拍下多張民國50年代土庫順天宮至鹿港天后宮謁祖進香的老照片，收錄於陳仕賢總編輯，《鹿港天后宮老照片專輯》（彰化鹿港：鹿港天后宮，2015年），頁94-104。

[71] 《寺廟臺帳》，大肚庄，永和宮項，記載由鹿港天后宮分靈。

[72] 王志宇，〈清代臺灣彰南地區的媽祖信仰──以東螺街及悅興街的發展為中心〉，收錄於陳仕賢等撰稿，《鹿港天后宮論文集》，頁24。

[73] 「位於社頭鄉枋橋頭的天門宮，主祀媽祖，香火來自鹿港天后宮，創建於乾隆嘉慶年間，往昔有七十二庄的組織，係開基祖媽、湄洲媽、大媽、大二媽、舊社二媽、武西二媽、太平媽、湳雅大二媽之信徒所屬的聚落單位所構成的結合體，涵蓋的範圍在彰化縣社頭鄉、永靖鄉、田尾鄉、埔心鄉及員林鎮與田中鎮的部分地區，據許嘉明先生

香，每次連續三年，所以亦屬於鹿港舊祖宮信仰範圍。[74]就道光
《彰化縣志》來看：

> 天后聖母廟：一在鹿港海墘，乾隆五十五年，大將軍福康
> 安倡建，廟內有各官祿位。一在邑治北門內協鎮署後，乾
> 隆三年北路副將靳光瀚建；二十六年，副將張世英重修。
> 一在邑治東門內城隍廟邊，乾隆十三年，邑令陸廣霖倡
> 建。一在鹿港北頭，乾隆初，士民公建，歲往湄洲進香，
> 廟內有御賜「神昭海表」匾額。一在邑治南門外尾窯乾隆
> 中士民公建，歲往笨港進香，男女塞道，屢著靈應。一在
> 王宮，嘉慶十七年邑令楊桂森倡建。一在沙連林圯埔，乾
> 隆初，里人公建，廟後祀邑令胡公邦翰祿位。一在鹿港新
> 興街，閩安弁兵公建。一在犁頭店街，一在西螺街，一在
> 東螺街，一在大肚頂街，一在大肚下街，一在二林街，一
> 在小埔心街，一在南投街，一在北投新街，一在大墩街，
> 一在大里杙街，一在二八水街，一在葫蘆墩街，一在悅興
> 街，一在旱溪莊。

上文中的犁頭店街媽祖廟為臺中萬和宮、西螺街為西螺福
興宮、東螺街為北斗奠安宮、大肚頂街為大肚萬興宮、大肚下
街為大肚永和宮、二林街為二林仁和宮、小埔心街為埤頭合興

的考察，此一組織的形成起因於道光年間，泉州人與客家人械鬥之後，客家人與漳州
人聯合組成的祭祀團體。因為七十二庄的範圍是他根據民國五十二年天門宮祈安醮的
記錄簿整理出來的。而且根據筆者在枋橋頭訪問當地的一位居民蕭爐先生（他是彰化
南瑤宮老四媽會的代表）的報導，日據時期七十二庄仍有迎媽祖的活動，而上述的湄
洲媽、大媽、舊社二媽等，除了開基祖媽之外，都是天門宮媽祖的分香。」參見林美
容，《媽祖信仰與台灣社會》，頁215。另外《寺廟臺帳》，社頭庄，天門宮項，記載
由鹿港天后宮分靈。

[74] 參見陳仕賢，〈枋房橋頭七十二庄媽祖信仰〉，收錄於陳仕賢等撰稿，《鹿港天后宮
論文集》，頁153。

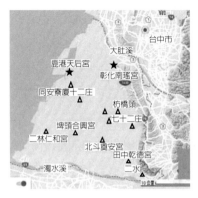

清代彰南鹿港天后宮信仰圈宮廟
位置圖

宮、大墩街為臺中萬春宮、大里杙街為大里福興宮、二八水街為二水安德宮、葫蘆墩街為豐原慈濟宮、悅興街（新社宮現已不存在，田中乾德宮的前身）、旱溪莊為臺中樂成宮。以上媽祖廟可能與鹿港舊祖宮有分靈關係的有：北斗奠安宮[75]、大肚永和宮[76]、二林仁和宮[77]、埤頭合興宮。[78]另外枋橋頭天門宮在嘉慶年間已成為大武郡保的信仰中心，到道光年間發展七十二聯庄成形，[79]日治時期《寺廟臺帳》記載枋橋頭天門宮由鹿港天后宮分靈。又根據日治時期的北斗街奠安宮《寺廟臺帳》的記載，奠安宮為康熙57年（1718）由鹿港媽祖廟分香而來。日治時期也有北斗街奠安宮赴鹿港舊祖宮的進香旗，故可推論東螺媽是由鹿港舊祖宮分靈而來，而二八水街（二水安德宮）[80]以及悅興街[81]（新社宮現已不存在，田中乾德宮的前身）是由東螺媽分廟和分靈。除了在《彰化縣志》中的

---

[75] 《寺廟臺帳》，北斗街，奠安宮項，記載由鹿港天后宮分靈，康熙57年（1718）建廟。

[76] 《寺廟臺帳》，大肚下街，永和宮項，記載由鹿港天后宮分靈。

[77] 《寺廟臺帳》，二林庄，仁和宮項，記載由鹿港天后宮分靈。

[78] 《寺廟臺帳》，埤頭庄，合興宮項，記載由鹿港天后宮分靈。

[79] 枋橋頭天門宮內有嘉慶年間「海國安瀾」由大武郡保街庄眾弟子公立，道光年間地方仕紳始招募七十二庄弟子於枋橋頭建廟，枋橋頭天門宮簡介內容提及由鹿港黃姓商人分靈一尊鹿港天后宮神像來枋橋頭。參見陳仕賢，〈枋房橋頭七十二庄媽祖信仰〉，收錄於陳仕賢等撰稿，《鹿港天后宮論文集》，頁154。

[80] 二水安德宮由悅興街新社宮東螺媽系統分靈。參見王志宇，〈清代臺灣彰南地區的媽祖信仰——以東螺街及悅興街的發展為中心〉，收錄於陳仕賢等撰稿，《鹿港天后宮論文集》，頁28、31。

[81] 悅興街新社宮由東螺媽分廟而出，悅興街新社宮為田中乾德宮的前身。參見王志宇，〈清代臺灣彰南地區的媽祖信仰——以東螺街及悅興街的發展為中心〉，收錄於陳仕賢等撰稿，《鹿港天后宮論文集》，頁28-34。

這些地區大廟，再加上方志上沒記載的彰化社頭枋橋頭天門宮[82]和彰化員林福寧宮，[83]可見鹿港舊祖宮的分靈系統，在道光年間已有不小的影響力，而且在現在的嘉義、雲林地區也有單點分靈子廟。從以上資料可看出彰化縣社頭鄉、永靖鄉、田尾鄉、埔心鄉、員林鎮、二水、田中、[84]埤頭、二林鎮，彰南地區是其影響力最大的地區，大於當時的南瑤宮信仰範圍。另外鹿港附近的頂十二庄、中十二庄、同安寮廈十二庄、五庄會及草港五庄等早期聯庄組織，[85]雖然有些沒有史料記載，但如果這些組織在道光年間已經成立，應該都是在鹿港舊祖宮的信仰範圍內。鹿港舊祖宮為何能在這個時期就擁有如此大的信仰範圍，當然是和鹿港的經濟力息息相關。另外綜合以上資料可以得知，清代分靈並不重視是否直接從湄洲分靈，而間接從鹿港舊祖宮分靈「湄洲媽」香火是普遍現象。

在嘉慶19年（1814）前，南瑤宮已有老大媽會的存在。但老大媽的會員只集中在彰化市及彰化花壇、臺中的大肚、烏日、南屯為一小部分，[86]地域為當時的彰北地區，此時尚未和鹿港舊祖宮的信仰範圍重疊。不過以漳州人為主的南瑤宮老大媽會，[87]往笨港進香的路線都會經過鹿港舊祖宮的分靈子廟，可和這些宮廟交好。當時又有彰南地區的東螺街媽祖廟，受到乾隆40年

---

[82] 枋橋頭天門宮乾隆20年（1755）創建。參見李獻璋著、鄭彭年譯，《媽祖信仰研究》，頁209。

[83] 依廟內道光28年（1848）〈福寧宮祀田碑〉可知福寧宮道光年間就存在，參見蔣維錟、鄭麗航，《媽祖文獻史料彙編》第一輯碑記卷（北京：中國檔案出版社，2007年），頁340。

[84] 彰化縣社頭鄉、永靖鄉、田尾鄉、埔心鄉、員林鎮、二水、田中為七十二聯庄的區域，參見林美容，《媽祖信仰與台灣社會》，頁215。

[85] 參見許嘉勇，《許我一間厝、許我一塊埔：鹿港許厝埔十二庄》（彰化市：彰化縣文化局，2007年），頁25、30、33、44、168、169。

[86] 參見林美容，《媽祖信仰與台灣社會》，頁65-69。

[87] 參見許嘉明，〈彰化平原福佬客的地域組織〉，頁174。

（1775）、[88]嘉慶11年（1806）、嘉慶14年（1809）[89]這三次漳泉械鬥影響，已產生泉漳分廟的行為，這也會對鹿港舊祖宮產生壓力。在彰南鹿港舊祖宮分靈廟中，東螺街媽祖廟分為北斗奠安宮和悅興街新社宮，北斗奠安宮信眾多為泉籍人，[90]悅興街新社宮信眾多為漳州籍。[91]而枋橋頭七十二庄分為：社頭天門宮是以漳州人為主，七十二庄埔心、永靖永安宮為粵籍，[92]另外埤頭合興宮是泉州人。從上可知鹿港舊祖宮的分靈系統本來是不分籍別的。道光年間南瑤宮老二媽會成立，會員擴及南投，[93]此時南瑤宮勢力尚未正式進入彰南的鹿港舊祖宮信仰範圍，但已經對鹿港舊祖宮信仰範圍造成不小壓力。械鬥時期，鹿港是泉州籍的大本營，而往笨港進香的彰化南瑤宮信眾多為漳州籍。[94]故南瑤宮透過南下笨港進香可與鹿港舊祖宮的分香子廟交好，媽祖會範圍不斷擴大，順勢將信仰範圍擴及鹿港舊祖宮舊有的分靈系統。鹿港舊祖宮受迫於南瑤宮信仰範圍的擴張壓力，因此才會持續往湄洲進香。透過當時少有的湄洲進香，強調和母廟的關係，建構只低於湄洲天后宮的位階。因為盛大舉辦所以才能在道光版的《彰化縣志》留下紀錄。舉辦之後成效不錯，讓道光年間成形的枋橋頭七十二庄聯庄組織，雖信眾以漳、粵為主，[95]至今每十年仍到鹿港舊祖宮進香。[96]彰南地區的北斗奠安宮、枋橋頭天門宮、埤頭

---

88 周璽，《彰化縣志》，頁363。

89 周璽，《彰化縣志》，頁382、383。

90 莫安宮跨出北斗街範圍，發展出53庄信仰圈，成為舊濁水溪地區泉籍人士的共同信仰，參見卓克華，〈彰化北斗富美館之歷史調查研究〉，收錄於陳支平、蕭惠中主編，《海上絲綢之路與泉港海國文明》，頁364。

91 參見王志宇，〈清代臺灣彰南地區的媽祖信仰──以東螺街及悅興街的發展為中心〉，收錄於陳仕賢等撰稿，《鹿港天后宮論文集》，頁28-34。

92 參見許嘉明，〈彰化平原福佬客的地域組織〉，頁174-175。

93 參見林美容，《媽祖信仰與台灣社會》，頁72-77。

94 參見許嘉明，〈彰化平原福佬客的地域組織〉，頁174。

95 參見林美容，《媽祖信仰與台灣社會》，頁215。

96 枋橋頭七十二庄，民國70年（1981）以前每12年往鹿港天后宮進香，且連續三年，民國70年以後改為每10年往鹿港天后宮進香且連續三年。參見陳仕賢，〈枋房橋頭七十二庄

合興宮、二林仁和宮、員林福寧宮及田尾聖明宮，[97]至日治時期的《寺廟臺帳》仍然記載鹿港舊祖宮為其分靈祖廟。但南瑤宮的信仰範圍仍持續擴大，直至光緒九年（1883）以後，南瑤宮老四媽和聖四媽媽會成立，[98]南瑤宮信仰圈包含彰南地區，此區從此成為鹿港舊祖宮分靈系統和南瑤宮信仰範圍重疊的地區。彰南地區漸漸因南瑤宮信仰圈的帶動而往北港朝天宮信仰範圍傾斜，例如：埤頭合興宮、埤頭路口厝福安宮在日治《寺廟臺帳》都是紀錄先從鹿港舊祖宮分靈，而後和北港有互動關係。[99]但同時鹿港舊祖宮在清末時期的信仰範圍仍在擴大，雲林、埔里也有新的分靈子廟，例如：土庫順天宮和埔里恆吉宮。

另外一提，清末及日治時期不可忽視的現象是，由於南瑤宮往笨港進香的傳統，帶動臺灣北路「北港進香」的盛行。當時臺灣最大的南瑤宮笨港進香團，[100]是將北港朝天宮推向臺灣媽祖廟最大進香中心的主要因素。[101]位於台中的大甲鎮瀾宮因此風潮而加入「北港進香」之列，[102]苗栗白沙屯拱天宮亦是，奠定了北港朝天宮現今全臺最大媽祖廟進香中心的地位。

臺灣中部彰化平原的開發，從「康熙中葉以後因豪族巨室進入平原招工買牛，引水開地，大事墾殖工作，主要的入墾路線一由諸羅北上，一由鹿港登陸，開發的方向是以明鄭時期的舊跡為藍圖而後加以擴大，即以鹿港彰化等中心，特別是以彰化為根據地再向山區為發展」。[103]以上的移民由諸羅北上開墾路線，剛

媽祖信仰〉，收錄於陳仕賢等撰稿，《鹿港天后宮論文集》，頁153。
[97] 《寺廟臺帳》、聖明宮項，記載由鹿港天后宮分靈。
[98] 參見林美容，《媽祖信仰與台灣社會》，頁87-96。
[99] 參見《寺廟臺帳》，埤頭庄，合興宮項、福安宮項。
[100] 李振安，〈彰化南瑤宮進香活動之變遷研究〉，頁1。
[101] 王見川、李世偉，《台灣的民間宗教與信仰》（臺北市：博揚文化，2000年），頁252、253。
[102] 李振安，〈彰化南瑤宮進香活動之變遷研究〉，頁35。
[103] 許嘉明，〈彰化平原福佬客的地域組織〉，頁167。

好和北港進香南下路線相反，可見移民的確是進香的推動原因之一。[104]而清後期南瑤宮信仰圈的擴大，與這句「以彰化為根據地再向山區為發展」有關：光緒年間中部製樟腦地區，因番害衝突較少而崛起，1887年在彰化設中路腦務總局。[105]經濟發展使彰化南瑤宮的媽祖會組織發展更增加一股新的助力，所以南瑤宮的信仰圈可以在清末用較快的速度繼續擴大。北港朝天宮因南瑤宮的壯大而取得全臺媽祖進香中心的有利位置，鹿港舊祖宮因港口逐漸淤積頓失經濟助力，信仰範圍擴大速度減慢。日治時期的鹿港舊祖宮仍因清代分靈「湄洲二媽」的歷史，自認為是全臺位階最高的媽祖廟，後因報紙的興起和鐵路的貫通，時空環境的改變，鹿港舊祖宮在這個時期的香火競爭主要對象轉為全臺進香中心的北港朝天宮。[106]鹿港舊祖宮至今都還是臺灣的香火大廟，其1992年的鹿港舊祖宮紀錄冊中，進香團統計數為1416團，[107]1991年大甲鎮瀾宮的進香團才392團而已，[108]1989年的北港朝天宮進香團約2000團。[109]

　　鹿港大部分為泉州人，如果媽祖從原鄉分靈，進香路線應往原鄉，鹿港舊祖宮之所以會至非原鄉的湄洲進香，必定有其背後原因。透過歷史文獻，整理出可能的原因應該是：1.嘉慶22年（1817）當時鹿港的優勢提供舊祖宮往湄洲進香的條件。2.嘉慶22年（1817）鹿港大郊商（泉郊日茂行）林文濬鼎力支持。3.乾

---

[104] 簡瑛欣的〈祖廟──臺灣民間信仰的體系〉一文提出臺灣祖廟的初始形成是來自於「移民」與「私誼」的兩組關係，「移民」攜帶原鄉廟宇香火，原鄉廟宇成為祖廟，參見簡瑛欣，〈祖廟──臺灣民間信仰的體系〉（國立政治大學民族學系博士論文，2015年），頁76。

[105] 林滿紅，《茶、糖、樟腦業與臺灣之社會經濟變遷（1860-1895）》，頁66。

[106] 增田福太郎著、黃有興譯，《臺灣宗教論集》，頁261。

[107] 余光弘，〈鹿港天后宮的影響範圍〉，《民間信仰與中國文化國際研討會論文集》（臺北市：漢學研究中心，1994年），頁1。

[108] 1991年田野資料，參見黃美英，《臺灣媽祖的香火與儀式》，頁392。

[109] 蔡相煇，《北港朝天宮志》，頁139。

隆53年（1788）新祖宮的敕建對鹿港舊祖宮形成位階壓力，之後又因為南瑤宮的信仰圈擴張壓力，促使鹿港舊祖宮加強和母廟的往來，持續往湄洲進香，以增強靈力的傳說。資料顯示，在清朝渡海至湄洲進香是很少見的，鹿港舊祖宮才會利用此條件，直接分靈「湄洲媽」，建構位階只低於湄洲天后宮的形象。湄洲祖廟（湄洲天后宮）現今的民間進香興盛，很大的原因要歸功於臺灣的進香團。而其中一個重要原因，就是鹿港舊祖宮為臺灣湄洲進香中最長久的執行者和宣傳者，影響了後來臺灣各地的媽祖廟前仆後繼地前往湄洲進香。湄洲祖廟（湄洲天后宮）朝天閣裡現在祭拜的主神是鹿港的媽祖，其主要原因當然是鹿港舊祖宮的歷史和清代湄洲進香息息相關，而舊祖宮能往湄洲進香，憑藉的就是鼎盛時期鹿港的各項條件。

第三節　新竹長和宮清代湄洲進香

一、清代新竹長和宮

　　康熙22年（1683）臺灣納入大清版圖，23年（1684）竹塹劃屬諸羅縣。期間有福建省泉州府同安縣人王世傑獲准帶領親族180餘人與同安縣同鄉來竹開墾，形成閩南人移民聚落。雍正元年（1723）配合北臺灣的開發，當時民少「番」多，改隸新成立的彰化縣淡水廳。雍正11年（1733）淡水同知環植莿竹建城，乾隆21年（1756）淡水廳治從彰化縣移至竹塹，自此竹塹逐漸成為北臺灣的政經中心。道光年間進士鄭用錫等人呈請興建新城獲准，淡水廳城開始改以磚石建造城牆與四座城樓。光緒元年（1875）臺灣府分設二府，大甲以北設臺北府，分淡水廳為淡水

縣、新竹縣與基隆廳，同時竹塹改稱新竹，淡水廳城成為新竹縣城。光緒13年（1887）設立福建臺灣省，並分三府，新竹仍屬臺北府，光緒15年（1889）分新竹縣南部成立苗栗縣。[110]

　　根據乾隆12年（1747）范咸纂修的《重修臺灣府志》記載「淡水廳天后廟：在竹塹北門外。乾隆七年，同知莊年，守備陳士挺建。」[111]同治10年（1871）陳培桂纂《淡水廳志》「一在北門外。乾隆七年，同知莊年，守備陳士挺建。嘉慶二十四年，郊戶同修。」[112]光緒19年（1893）鄭鵬雲、曾逢辰纂《新竹縣志初稿》：「天后宮：在縣城北門口。乾隆七年，同知莊年、守備陳士挺建。嘉慶二十四年，鋪戶同修。廟宇五十坪、地基百坪。」[113]以清代的方志來看，新竹長和宮一開始是乾隆7年（1842）由淡水同知和守備文武官員一同建造，可能是官廟。嘉慶24年（1819），郊戶同修，郊商這時候已經參與長和宮廟務，卓克華依據史料推估這時期的廟宇還是單殿式廟宇。[114]另外根據同治5年（1866）的〈長和宮碑〉得知，此次重建工程浩大，[115]長和宮建為壯麗的大廟。

　　　　另新竹耆宿蔡翼謀曾口述：「外媽祖廟是漁民出海打魚前，祈求神明庇佑的所在。以前竹塹石城，晚間封閉，無法配合漁民捕魚時間開啟，因此在城外修建這座廟。當時老抽分出六百石租，中抽分出三百石租，新抽分出一百

---

110 卓克華，《竹塹媽祖與寺廟》，頁169。
111 范咸纂修，《重修臺灣府志》卷七〈祠祀〉，收錄於鄭麗航輯纂，《媽祖文獻史料彙編》第三輯方志卷‧上編，頁210。
112 陳培桂纂，《淡水廳志》卷六〈典禮志祠祀〉，收錄於鄭麗航輯纂，《媽祖文獻史料彙編》第三輯方志卷‧上編，頁251。
113 鄭鵬雲、曾逢辰纂，《新竹縣志初稿》卷三〈典禮志〉，收錄於鄭麗航輯纂，《媽祖文獻史料彙編》第三輯方志卷‧上編，頁253。
114 卓克華，《民間文書與媽祖廟之研究》（新北市：揚智文化，2012年），頁211。
115 卓克華，《民間文書與媽祖廟之研究》，頁211、212。

石。……」惜未明確指出是何時修建，不過既說是有塹城之後，應即是指道光之後的同治年間此次修建。[116]

其中老抽分出六百石租，中抽分出三百石租，新抽分出一百石，指的就是塹郊老抽分媽祖會、中抽分媽祖會和新抽分媽祖會內部的捐納長和宮方式，從上可以得知嘉慶以後都是由郊商主持廟務，同治以前塹郊三個媽祖會都已成立。

二、新竹長和宮的清代湄洲進香

　　新竹長和宮的清代湄洲進香的史料如下：光緒20年（1894）完成的《新竹縣采訪冊》記載：「郊戶所祀之天后香火，則自興化府屬之湄洲分來，每三年則專僱一船，奉安天后神像駛往湄洲進香一次，祭以少牢。回時各郊戶具鼓樂旗幟往海口迎接回宮，輪日演劇。」[117]由上可知清末新竹長和宮有每三年往湄洲進香一次的傳統。目前新竹長和宮清代最早至湄洲進香紀錄，是經卓克華考證出自1926年[118]成書的《百年見聞肚皮》，[119]記載如下：

　　　　和尚金在新莊、艋舺盤桓經旬，始歸竹塹。時外媽祖宮廟
　　　　宇多少舊象，諸水郊擬再重新修整，煥然一新，媽祖神像
　　　　再塑鋪金，議訂要往湄洲謁祖進香，出發有日，即使和尚
　　　　金奉媽祖神不幾日，到湄洲，入祖廟進香乞火，依例行事

116　卓克華，《民間文書與媽祖廟之研究》，頁212。
117　陳朝龍，《合校足本新竹縣采訪冊》（南投：臺灣省文獻會，1999年），頁375。
118　惟我氏《百年見聞肚皮集》成書於1926年，參見江燦騰，〈近代以前臺灣佛教的源流與特徵：以台灣北部新竹地區為例〉，《成大宗教與文化學報》，6（2006年6月），頁27。
119　卓克華，《竹塹媽祖與寺廟》，頁49。

畢，和尚金乃對諸頭人道及欲往興化探訪故舊相厚僧侶，並要往南海普陀山講求佛道，訂明年春三月歸廟，諸檀越請奉媽祖回竹塹，貧僧不在廟內，諸香火請檀越祈代為照料為幸。水郊等眾許諾，和尚金自去，水郊等眾即奉媽祖歸。[120]

卓克華依長和宮重修時間和時代背景，推斷此次湄洲進香時間為道光15年（1835）。而清代臺灣在道光10年（1830）以前由於配運需要，清廷控制力尚強，也較嚴格執行正口對渡內地政策，內地大商船仍主要停泊於西部正口。道光10年（1830）以後清廷對海口之稽查趨廢弛，促使各地較具規模的港口大多直接與內地往來。所以道光15年（1835）新竹長和宮赴湄洲進香應該是合理的推測。根據林玉茹考證，新竹長和宮塹郊成員，其中中抽份天上聖母會，其身分為「塹郊各船戶」成立於道光8年（1828）。[121]可見《百年見聞肚皮集點校本》中的水郊，有可能就是剛成立的中抽份天上聖母會成員或者是本來就成立的老抽份天上聖母會。而新竹長和宮的湄洲三媽，在時代環境許可的情況下，有可能在嘉慶24年（1819）郊戶進入長和宮後，至道光15年（1819–1835）年間，由老抽份或中抽份天上聖母會的成員請回長和宮，因為只有往來兩岸的郊商，最有可能分靈「湄洲媽」。另外《百年見聞肚皮集點校本》寫到和尚金和當時新竹的名人都是相識的，如果當時和尚金和水郊等眾去完湄洲進香之後，「回時各郊戶具鼓樂旗幟往海口迎接回宮，輪日演劇」，應該會有一些紀錄。但在同治10年（1871）陳培桂纂《淡水廳志》就沒紀錄

120 恠我氏著、林美容點校，《百年見聞肚皮集點校本》，頁100–101。
121 林玉茹，《清代竹塹地區的在地商人及其活動網絡》，頁195、196。

到湄洲進香這件事，可見進香這件事情只有長期且盛大進行才會被方志記載。直到光緒年間可能因湄洲進香已為長和宮傳統活動，才在光緒20年（1894）《新竹縣采訪冊》「每三年則專僱一船，奉安天后神像駛往湄洲進香一次」被記錄下來。至於新竹長和宮為何會開始湄洲進香？從方志來看，乾隆12年（1747）范咸纂修的《重修臺灣府志》[122]和乾隆25年（1760）《續修臺灣府志》[123]的記載，兩志皆未提及新竹內天后宮，長和宮排名淡水廳第一。但到了同治10年（1871）陳培桂纂的《淡水廳志》就記載西門內的新竹內天后宮排名在新竹長和宮之前。[124]從以上三本方志的記載，可以看出嘉慶24年（1819），長和宮由郊戶同修，郊商參與廟務後，往湄洲進香才變得比較可行。此時長和宮應該已失去淡水廳治排位第一的地位，可能受了同在商港的鹿港舊祖宮影響，在篤信媽祖的郊商支持下，往湄洲分靈湄洲三媽駐駕新竹長和宮，以增強長和宮的靈力。清代商戶、人員的往來是有可能受到舊祖宮的影響，因為新竹和鹿港之間是有艇船的貿易往來，[125]郊商在對岸及沿岸港口互相交流訊息是很正常的。

另外新竹長和宮保有一座乾隆7年（1742）竹塹水郊會老抽分謁中國湄洲祖廟恭迎湄洲三媽來臺時的鑾轎。但新竹長和宮一

---

[122] 「淡水廳天后廟：在竹塹北門外。乾隆七年，同知莊年，守備陳士挺建」，范咸纂修，《重修臺灣府志》卷七〈祠祀〉（臺北：臺灣銀行經濟研究室，1961年），頁266。

[123] 「天后廟：在竹塹城北門外。乾隆七年，同知莊年，守備陳士挺建。一在淡水關渡門；康熙五十六年諸羅知縣周鍾瑄建。一在淡水新莊街；雍正九年建。一在淡水艋舺渡頭；乾隆十一年建。」余文儀纂，《續修臺灣府志》卷七〈典禮／祠祀〉（臺北：臺灣銀行經濟研究室，1962年），頁334。

[124] 「天后宮：一在廳治西門內，乾隆十三年，同知陳玉友建。四十二年，同知王右弼修。五十七年，袁秉義捐修。據袁秉義碑記云：廟僧稱為陳護協所建，王司馬惑之。創始何年弗可考。久集都人士，謀飾體倡修，凡費香鐙三千有奇。襄厥成者，守戎盧植，二尹陳聖增。分司章汝奎，董事邵起彪。道光八年，李惟彝重修。同治九年，官紳復重修。一在北門外。乾隆七年，同知莊年，守備陳士挺建。嘉慶二十四年，郊戶同修。」陳培桂纂，《淡水廳志》卷六〈典禮志祠祀〉（臺北：臺灣銀行經濟研究室，1963年），頁149、150。

[125] 林玉茹，《清代臺灣港口的空間結構》，頁239。

傳說為乾隆7年（1742）竹塹水郊會老抽分
謁中國湄洲祖廟恭迎湄洲三媽來臺時的鑾轎
（蕭信宏攝，2019.4.25）

開始是官建的廟，並無湄洲進香之需求。至嘉慶24年（1819），郊商這時候才進入長和宮參與廟務。乾隆7年（1742）竹塹水郊會老抽分應尚未成立，是否參與建廟過程亦無資料。且神轎是否為乾隆時文物，尚需鑑定。

至於新竹長和宮清末為何要持續往湄洲進香，理由應該是不想加入北港進香的潮流，郊商想凸顯長和宮是少數從湄洲直接分靈的獨特性。分析如下：光緒20年（1894）《新竹縣采訪冊》記載：

> 本縣各處天后香火，各自嘉義縣北港分來，是月各莊士民百十為群，各製小旗（旗上有小鈴），燈籠一，上寫「北港進香」字樣，競往北港焚香敬禮，謂之「隨香」，道途往來，無分晝夜，鈴聲不絕者，皆隨香客也。[126]

[126] 陳朝龍，《合校足本新竹縣采訪冊》，頁375。

由上可知新竹縣的各處媽祖香火都來自北港，雖然長和宮是郊商的辦公會所，[127]自會有郊商香火資金的支持，故並不一定重視民間香火。但此種風潮也會對新竹長和宮會產生壓力，如果不是加入北港進香，就是去其他香火大廟進香。新竹長和宮選擇的是和鹿港舊祖宮一樣，往湄洲進香，分得湄洲祖廟的靈力。另外新竹地區的媽祖信仰情況也會對長和宮造成壓力，新竹內天后宮八個媽祖會組織，在清末的咸豐、同治年間相繼成立，時間如下：(1)咸豐元年（1851），南安天上聖母會成立。(2)咸豐3年（1853），安邑天上聖母會成立。(3)咸豐4年（1854）晉江天上聖母會成立。(4)咸豐5年（1855）同安天上聖母會成立。(5)咸豐7年（1857），惠安天上聖母會成立。(6)同治5年（1866），永春天上聖母會成立。(7)同治5年（1866），聖母祀成立。(8)同治5年（1866），廣東天上聖母會成立。[128]新竹縣為客家大縣，新竹內天后宮此時媽祖會已包含新竹縣的客家人，[129]可見新竹內天后宮信仰範圍擴大是在這個時期。此時新竹長和宮選擇往湄洲進香，是因為長和宮的郊商航行於兩岸，篤信媽祖信仰，塹郊三個媽祖會的爐主必須每三年赴湄洲本廟參謁，歸塹之時，將香火分予各會員。[130]新竹長和宮至今的信徒大會仍只由郊商後代才能加入，可見此廟和郊商關係深厚。[131]光緒年間新竹地區又有北港進香風潮的壓力，所以清末持續往湄洲進香，以強化媽祖的靈力及行郊的聲望地位。

---

[127] 增田福太郎著、江燦騰主編、黃有興譯，《臺灣宗教信仰》，頁326–327。
[128] 參見卓克華，《民間文書與媽祖廟之研究》，頁280。
[129] 范明煥，《新竹地區客家人媽祖信仰之研究》，頁95。
[130] 林玉茹，《清代竹塹地區的在地商人及其活動網絡》，頁212。
[131] 此內容卓克華老師於2020.10.17告知。

第四節　鹿港天后宮與新竹長和宮之異同

　　從上兩節可知，鹿港舊祖宮和新竹長和宮能往湄洲進香，主要的共通點為：一、皆位於通商口岸，是交通貨物集散中心，經濟條件佳，湄洲在竹塹和鹿港貿易範圍內。二、擁有船隻的郊商參與廟務，郊商比一般民眾更篤信鎮海之神媽祖，透過湄洲進香經營商業網絡，並提高行郊的聲望和地位。三、皆位於廳治，附近有官建媽祖廟，較易接收到官廟位階高於民廟的觀念。四、皆為方志排序第一的民祀香火大廟，鹿港舊祖宮在道光年間《彰化縣志》民祀媽祖廟排序第一，新竹長和宮在同治年間的《淡水廳志》民祀媽祖廟排序第一，但方志中的排序皆於附近官廟之後。五、清末縣內皆盛行北港進香。六、兩廟位於虎尾溪濁水溪以北的散村聚落分布區，此地區的進香可建立聚落間情誼，也會造成宮廟競爭。

　　鹿港舊祖宮和新竹長和宮相異點有：一、鹿港在清代的經濟、交通條件皆優於竹塹，例如：鹿港較早成為兩岸官方認可的通商港口，貿易腹地較大，因為這些較佳的條件，所以鹿港舊祖宮較早具赴湄洲進香的能力。二、清代鹿港舊祖宮分靈系統分布較廣，以目前實證的資料，可推估的範圍為嘉義（朴子配天宮）以北至大甲溪（大肚永和宮）以南，分靈子廟較多位於當時知名的街鎮上。但因清代資料不易蒐集，只能初步看出鹿港舊祖宮的信仰範圍較新竹長和宮廣，推測影響往湄洲進香的廟宇應該會較多。三、鹿港舊祖宮的媽祖會成員，不只有郊商，前四個媽會成立的時間都在乾隆期間，前三個媽祖會是由鹿港三大姓（施、黃、許）所成立的，第四個媽會才由郊商組成。由媽祖會組成成

員來看，涵蓋面較廣，鹿港郊商的辦事處不在廟內。新竹長和宮媽祖會成立時間在嘉慶以後，成員皆為郊商，長和宮為郊商的辦事處，郊商主導廟務，自會有郊商香火資金的支持，無成為香火中心的想法，故並不一定重視民間香火。四、新竹長和宮附近的官廟（新竹內天后宮）有媽祖會的成立。鹿港舊祖宮附近的官廟（新祖宮）則無媽祖會的成立，可見鹿港舊祖宮在鹿港三間媽祖廟中的地位無可動搖。但新竹長和宮在竹塹地區的民間香火雖較高，卻並非不能動搖。五、鹿港舊祖宮嘉慶19年（1814）由泉郊林文濬主導修廟，同治13年（1874）由進士蔡德芳主導修廟。從以上二次修廟資料中可看出，郊商在嘉慶19年（1814）的修廟是主導廟務的團體。但同治13年（1874）郊商雖為鹿港舊祖宮重修的出資團體，但此次是由官方會同仕紳主導修廟。[132]再加上乾隆初由業戶施長齡（施世榜家族）主導遷廟（附錄六），可見清代舊祖宮並非全由郊商主導廟務。但新竹長和宮自嘉慶以後，就由郊商主理廟務，並且在道光10年（1830）以後清廷對海口之稽查日趨廢弛，竹塹地區可正式與對岸往來，新竹長和宮因長期由郊商主理廟務，有航渡兩岸經商之便，故形成每三年赴湄洲本廟參謁的傳統，所以清末長和宮往湄洲進香的次數應該會比鹿港舊祖宮多。六、日治時期的新竹長和宮已加入迎請北港媽的行列，[133]但鹿港舊祖宮仍以湄洲祖廟的分靈代表為傲，不加入迎請北港媽的行列，且將北港朝天宮視為競爭對手，成為全臺重要的進香中心。

---

[132] 陳仕賢編輯，《鹿港天后宮志》，頁46。
[133] 卓克華，《民間文書與媽祖廟之研究》，頁218、219。

第五節　清代臺灣其他宮廟的湄洲進香

在鹿港舊祖宮和新竹長和宮的例子中,「湄洲媽」分靈至廟中的時間點,應該都不是當代宮廟所宣稱的創廟時期,反而是成為公廟後,尋求對宮廟更好的發展,才赴湄洲媽祖廟進香。之後「湄洲媽」進入廟中,因其身分特殊,利於宮廟香火發展,使信仰範圍進一步擴大。清代臺灣其他宮廟要分靈「湄洲媽」也不用到湄洲,只要到鹿港舊祖宮就近分靈就行。

臺灣尚未開發之前,原鄉一帶就有不少歷史久遠的香火大廟。清代早期臺灣是移民社會,宗族影響力在臺灣無法和原鄉相比,因此重視的是地緣關係。而「溫陵媽」(福建泉州府)、「銀同媽」(福建同安縣)、「漳州媽」(福建漳州府)、「汀洲媽」(福建長汀府)、「興化媽」(福建興化府)、「清溪媽」(福建龍溪縣)……等這些地區媽祖神明,能得到地緣性的族群認同。所以在臺灣移民時期,這些神明才是主流,而分靈來源就是原鄉,如果要回去謁祖進香,應該也是回原鄉才是。所以如果要釐清臺灣宮廟從清代何時赴湄洲進香,至少要先知道何時從湄洲分靈,並有史料證明。可惜的是,臺灣有此紀錄的宮廟相當少。

以下是日治時代以後,臺灣出現的清代湄洲進香紀錄:

(一)**西螺福興宮**:雲林縣重要的媽祖廟。在清代永念所寫(初步判斷約寫於同治年間)、[134]魏照洲(日治)抄的《福興宮事略》(附錄五),此文獻筆者認為有可能是清代永念所寫,但也有可能出自於日治後人所

---

[134] 楊朝傑口頭告知書寫年代。

寫，尚需更多考證。內容記載「嘉慶年間廖聯（聯）
科、廖澄河率信士五十餘人，買舟由笨港往湄洲進謁
祖廟。道光年間廖顯揚等率團回湄洲謁祖，隨行者
貳拾餘人」。[135]此資料出現距離清代進香時間較為接
近，可信度頗高。乾隆初方志《重修福建臺灣府志》
出現西螺街的記載，[136]可見西螺地區也是中部地區較
早開發的地區。嘉慶和道光年間經濟力強，故西螺福
興宮此時往湄洲進香，時空背景合理，所以在清代兩
次往湄洲進香是有歷史條件支持的。但西螺與鹿港互
動密切，[137]又不近海口，《福興宮事略》是否存在假
借鹿港舊祖宮湄洲進香事蹟而寫下的可能性？參考日
治時期鹿港舊祖宮赴湄洲進香的人數是在十人以下，
前文考證帆船時期的中國地區並不盛行湄洲進香，而
西螺福興宮兩次湄洲進香都在帆船時期，且西螺街並
無郊商，但嘉慶年間的西螺地區一次湄洲進香就有五
十餘人赴湄洲進香，推估所耗費的時間至少三個月以
上，費用不貲，令人懷疑此記載是否有傳抄的錯誤。
再從進香的連續性來看，日治時期西螺福興宮也沒有
往湄洲進香。另外《福興宮事略》記載：

> 康熙五十六年，臨濟宗明海師父由湄洲聖母廟
> 奉來媽祖乙尊於螺陽安茅奉祀，後因顯聖庇
> 民，香火旺盛，乃由舖民信士於雍正元年出資

---

135 參見附錄五。
136 劉良璧，《重修臺灣府志》卷二〈規制‧街市‧彰化縣〉（臺北市：臺灣銀行經濟研究室，2014年），頁85。
137 參見楊朝傑，〈清代臺灣西螺街的形成與發展〉，《歷史臺灣》9（2015年5月），頁27。

建為廟宇，乾隆初年朱成功部將鄭時敏屯田街
東，寄贈田園數甲併隨身所奉莆田聖母神像一
尊，三十五年降旨，聖母示意遷宮，街民遵旨
遷廟街西。[138]

《福興宮事略》記載香火來臺時間為康熙年間，廟產
和鄭成功部將有關，且從湄洲分靈，又有至湄洲進
香，此四件事都是日治以後宮廟競爭所重視的要件。
所以《福興宮事略》會不會是日治時期因宮廟需要，
魏照洲以（清）永念之名所寫下的？或者《福興宮事
略》是後人用此二人名義所寫下的？還是（清）永念
寫《福興宮事略》時已有宮廟競爭？福興宮赴湄洲進
香的文獻是條孤證，是否清代有至湄洲進香，仍需要
更多論證。

在《福興宮事略》之後的臺灣清代宮廟赴湄洲進香，自民國
34年（1945）至民國76年（1987）解嚴的資料如下：

（一）**麥寮拱範宮：**中部重要的媽祖廟，也有不少分靈子
廟。《民聲日報》於民國47年（1958）刊登有關拱
範宮的新聞時，寫到光緒7年（1881），本宮往湄洲
祖廟謁祖進香。[139]其位於海口的地理位置，時間又在
道光10年（1830）年清廷港口管制鬆散以後，此行
湄洲進香較可能為真。且《臺灣日日新報》大正8年
（1919）4月6日有報導麥寮拱範宮至湄洲進香，所以
麥寮鄉拱範宮日治時期是有至湄洲進香的事實，進

第四章　清代臺灣湄洲進香案例之探討

1
7
9

---

[138] 參考附錄五。
[139] 〈麥寮又將熱鬧，拱範宮媽祖正月九出巡〉，《民聲日報》，民國47年（1958）1月21
日，第2版。

香地點有其傳承性，麥寮鄉拱範宮日治時期有至湄洲進香，清代也就有可能至湄洲進香。此廟昭和4年（1929）《臺灣日日新報》有「赴鹿港祖廟，謁祖進香」的報導，戰後也有至鹿港天后宮進香的紀錄，至於清代是否有至湄洲進香仍需有更確切的證據，才能釐清。不過此廟位於通商海口，又和舊祖宮關係匪淺，光緒7年（1881）前往湄洲進香也是有可能的。

（二）**北港朝天宮**：全臺最重要的媽祖進香中心。《民聲日報》，民國52年（1959）4月27日報導北港朝天宮指出「據說：康熙三十三年間福建興化府有一和尚名叫樹壁者，由湄洲奉媽祖分靈來臺……每隔數年就得回湄洲老家一次」。[140]民國78年（1989）蔡相煇的《北港朝天宮志》亦有紀錄「昔每數年，即往湄洲謁祖一次」。[141]

民國92年（2003）《北港朝天宮》書中有湄洲進香之木製香龕一座，上聯「道光己亥年蒲月吉」，下聯「臺郡弟子張立興號謝」，[142]但這個香龕上沒有文字記載和湄洲進香有關。然而道咸時期的施瓊芳在北港進香詞裡寫到「北港靈祠冠闔臺，傳香卻向郡垣來。始知飲水思源意，不隔人神一例推。」[143]、王凱泰寫到「北港如何拜郡城」[144]、光緒年間的《安平縣雜記》寫到「北港媽來郡乞火」[145]、《臺陽見聞

---

[140] 〈北港媽祖千載史蹟〉，《民聲日報》，民國52年（1959）4月27日，第五版。
[141] 蔡相煇，《北港朝天宮志》，頁124。
[142] 蔡相煇，《北港朝天宮》，頁96。
[143] 蔣維錟、劉福鑄，《媽祖文獻史料彙編》第一輯詩詞卷，頁193。
[144] 蔣維錟、劉福鑄，《媽祖文獻史料彙編》第一輯詩詞卷，頁206。
[145] 作者不詳，《安平縣雜記》〈風俗現況〉，收錄於鄭麗航輯纂，《媽祖文獻史料彙編》第三輯方志卷・上編，頁224。

《北港朝天宮》書中有湄洲進香之木製香龕一座，上聯
「道光己亥年蒲月吉」，下聯「臺郡弟子張立興號謝」。

資料來源：2003年《北港朝天宮》

錄》「北港有天后廟，間數年，必請神像來拜郡城
天后。」[146]、《臺灣府城教會》光緒13年4月22日報
導「……在府城有一間大媽祖廟，是祀大媽與二媽，
後來有分二媽的神像到去北港服事，叫北港媽。……
北港的二媽有時三月裏就來府城，探大媽。」[147]以上
五則史料為北港朝天宮至臺南大天后宮進香的清代史
料，所以這座香龕比較有可能是北港至臺南大天后宮
進香的文物。

　　北港朝天宮文物館裡有光緒6年（1880）往湄洲

[146]　《臺陽見聞錄》，收錄於蔣維錟、鄭麗航，《媽祖文獻史料彙編》第一輯散文卷，頁
　　　196。
[147]　翁佳音〈有關北港媽祖的兩條清代資料抄釋〉，《臺灣風物》，39：1（1989年3月），
　　　頁141。

光緒6年（1880）往湄洲進香之緣金收據
木模板一塊
（蕭信宏攝，2019.2.21）

進香之緣金收據木模板一塊。[148]上款自由右至左「臺
笨朝天宮」，其中一行由上自下「天上聖母駕詣□□
進香經費」，上圖是這塊緣金收據木模板印出來的紙
本，這個模板重點是在「湄洲」二字剛好掉了，以至
於需要專家判讀是否為「湄洲」二字。以上兩件文
物，在清代無文獻可證明北港朝天宮有至湄洲進香的
情況下，仍需要更多研究考證，才能當成北港朝天宮
清代至湄洲進香的證據。北港朝天宮自清末以來就是
臺灣最大的進香中心，如果清末有至湄洲進香應該會
留下一些資料，但可惜的是並未見到，所以王見川和
李世偉才會認為北港朝天宮清代並未至湄洲進香。但
我們不可忽視北港朝天宮對湄洲進香的影響力，因為
李獻璋〈笨港聚落的成立及其媽祖祠祀的發展與信仰
實態〉一文記載了明治40年（1907）的調查，北港朝
天宮當時已經宣稱康熙33年（1694）從湄洲分靈而來
一事，雖然李獻璋此文不認同北港朝天宮康熙33年

[148] 蔡相煇，《北港朝天宮》，頁96。

（1694）從湄洲分靈的說法；[149]但日治時期的北港朝天宮認同湄洲祖廟一事，當然對全臺湄洲進香有推波助瀾的功效。清代如果有湄洲進香的傳統風俗，當時的朝天宮一定有能力去湄洲進香，但以現在的資料來看，清代原鄉並不盛行湄洲進香。日治時期的宗教研究者增田福太郎（1929）對朝天宮和湄洲祖廟的關係有以下的紀錄：

> 與本廟有關係的宗教性團體全島各州均有：又湄州（當作「洲」）之朝天閣，康熙二十三年（當作康熙三十三年，西元1694年）僧樹壁（當作「璧」）自該閣逢迎天上聖母來此處鎮守，嚴格上為本廟的本山（母廟），關係匪淺自不待言，但遠隔海外之地，因經費或其他狀況，漸少往來，自然有疏遠之傾向。[150]

據昭和4年（1929）增田福太郎的調查，北港朝天宮在日治時期和湄洲祖廟的關係是疏遠的，同時卻有不少宮廟熱衷往湄洲進香。

（三）**梧棲朝元宮**：臺中海線重要的媽祖廟。《民聲日報》，民國52年（1963）6月24日報導梧棲朝元宮「同治甲子年此間曾兩次往湄洲謁祖進香」，[151]報導

---

[149] 明治40年（1907）的調查紀錄：北港朝天宮康熙33年（1694）從湄洲分靈，但李獻璋認為臺灣港口開始建廟應該是「船仔媽」，參見李獻璋，〈笨港聚落的成立及其媽祖祠祀的發展與信仰實態〉《中國雜誌》35：8（1967年11月），頁252。

[150] 增田福太郎著、黃有興譯，〈南島寺廟採訪記〉，《臺灣宗教論集》（南投：臺灣省文獻委員會，2001年），頁230。

[151] 〈湄洲朝元宮前殿重建，前日破土〉，《民聲日報》，民國52年（1963）6月24日，第4版。

時間1963年距離同治3年（1864）已經快100年了，需要更多證據來驗證。但其位於海口的地理位置，又在道光10年（1830）清廷港口管制鬆散以後，所以此報導可信度較高。另外梧棲朝元宮有明治44年（1911）的進香旗，以其歷史脈絡來看應該為真。大正6年（1917），臺中七媽會，位置依序為龍邊最尊位為鹿港舊祖宮、虎邊最尊位為梧棲朝元宮、再來依序為北港朝天宮、新港奉天宮、彰化南瑤宮、臺中旱溪樂成宮，主辦單位為臺中萬春宮。以上這些宮廟都為有名香火大廟，尤其以北港朝天宮、新港奉天宮、彰化南瑤宮當時的香火地位，這三間宮廟怎麼可能會位居梧棲朝元宮之下？當時《臺灣日日新報》記載去湄洲進香可一謁昇格，[152]而梧棲朝元宮如果不是有去湄洲一謁昇格建立的地位，以此廟的民間香火如何能高居此位。梧棲朝元宮明治44年（1911）有至湄洲進香，進香地點有其傳承性，若日治時期有至湄洲進香，清代就有可能至湄洲進香，但還是要有直接證據最為可靠。

（四）**安平天后宮**：全臺媽祖廟進香中心之一。[153]此廟位於清代臺灣最重要的商港和軍港，是清代臺灣笨港以南香火最旺的媽祖廟，所以如果要進行湄洲進香，此廟的條件優於臺灣各廟。乾隆51年（1786），林清標的〈重建天后祠記〉有紀錄安平鎮副總戎陳宗溥幫忙

---

152 「參詣湄洲本廟。然一詣本廟。即可昇格。」，出於〈鹿港媽祖渡支〉，《臺灣日日新報》，大正5年（1916）12月18日，第4版。
153 黃美英，《臺灣媽祖的香火與儀式》，頁60。

賢良港祖祠在臺灣安平地區募款重建。[154] 可見安平人在這個時期和湄洲灣賢良港祖祠是有往來的。且日治時期的文獻也登錄安平天后宮是康熙7年（1668）鄭成功渡臺時，由湄洲迎奉前來，文獻也提到北港和臺南的媽祖是由本廟分靈的。[155] 廟方說安平天后宮媽祖，是由鄭成功從福建湄洲恭奉來臺，「布兵旗」即安平迎媽祖所用頭旗掌旗者，需三代以上福德聲望崇高七、八十歲地方長者士紳擔任之。「布兵旗」寫有「安平開臺天上聖母聖駕湄洲進香回鑾合境平安」。清代定例每年三月二

安平天后宮收藏早期上香山「布兵旗」（廟方提供文物）

（蕭信宏攝，2019.10.18）

---

154 清・林清標，〈重建天后祠記〉，收錄於蔣維錟、鄭麗航，《媽祖文獻史料彙編》第一輯碑記卷，頁209。
155 增田福太郎著、江燦騰主編、黃有興譯，《臺灣宗教信仰》，頁332。

十，由安平西北之北線尾設壇迎接上湄洲進香回鑾時，須將此頭旗立於壇前。[156]後來兩岸因相隔臺灣海峽來往不便，便在鹿耳門溪舉行「上香山」，「香山」是聖母回湄洲晉香做儀式（遙祭）的地方稱呼。但唯一的日治時期和湄洲相關的「布兵旗」無法確認製作日期，因此需要專家來確認。如果所述為真，清代應該會至湄洲進香。但同治10年（1871）以後，輪船開通，光緒年間《安平縣雜記》〈風俗現況〉，紀錄「三月二十日，安平迎媽祖。是日，媽祖到鹿耳門『廟』進香」，[157]另外《臺灣日日新報》明治42年（1909）5月5日報導「安平……以媽祖宮為最著。清時例年至三月二十日。……往鹿耳門進香。傍午歸來。登岸則裝藝棚馬隊並諸鼓樂。出為遶境。臺南市民往觀者。無慮數千名。」[158]明治43年（1910）5月4日報導「安平清時例年當陰曆三月廿日。迎該地媽祖。往鹿耳門進香。返則遊遶安平各道。改隸後此風已殺。」[159]大正4年（1915）4月17日報導，標題為〈安平媽祖〉內容有「旗鼓往鹿耳門進香。名曰試（四）草湖進香」[160]，為何以上三則日治時代報紙，分別報導有關安平天后宮到鹿耳門進香之文，卻不見上香山及遙祭湄洲祖廟之說法？安平天后宮「上香

---

[156] 林鶴亭，〈安平天后宮志〉，《臺灣風物》，26：1（新北板橋：臺灣風物雜誌社，1976年），頁37-75。

[157] 光緒年間《安平縣雜記》・風俗現況，紀錄「三月二十日，安平迎媽祖。是日，媽祖到鹿耳門廟進香，回時莊民多備八管鼓樂詩意故事迎入遶境，喧鬧一天。是夜，襄醮踏火演戲鬧熱，以祈海道平安之意。一年一次。郡民往觀者幾萬。男婦老少或乘舟、或坐車、或騎馬、或坐轎、或步行，樂游不絕也」。

[158] 〈議迎聖母〉，《臺灣日日新報》，明治42年（1909）5月5日，第4版。

[159] 〈掃興而歸〉，《臺灣日日新報》，明治43年（1910）5月4日，第4版。

[160] 〈安平媽祖〉，《臺灣日日新報》，大正4年（1915）4月17日，第6版。

山」一詞是在民國91年（2002）吳明勳所架設的「上
香山——安平迓媽祖」網站之後而被廣而使用的詞
彙。[161]另外李獻璋不認同本廟為鄭成功渡臺時由湄洲
迎奉前來的說法。他認為安平天后宮的起源，是由遷
祀鄭氏兵船之神像「船仔媽」而建立的，非鄭成功所
立。[162]因此在原鄉並不盛行湄洲進香的情況下，清代
是否有至湄洲進香仍需更多的證據，才能釐清。

（五）**大甲鎮瀾宮**：全臺最大的遠境進香團，亦是全臺進香
中心之一。在日治時期至民國63年（1974）以前都記
錄從北港分靈而來。[163]但民國63年（1974）的《鎮瀾
宮志》就曾出現「往北港進香已有百年以上歷史，當
時因時即動亂無法前往湄洲進香，而且北港朝天宮建
有聖父母殿，所以才到朝天宮謁祖進香『合火』」的
田調資料。

　　民國76年（1987）年以後出現「乾隆間建廟後，
定期返回湄洲謁祖」的紀錄，[164]「宣稱」湄洲進香時
間距離現在已經快300年了，但無史料支持。乾隆年
間大甲還在移民第一代的開發中，嘉慶21年（1816）
才有職等最低的官員「巡檢」進駐大甲。同治七年
（1868）鎮瀾宮現已丟失的碑文中寫到大甲的位置偏
僻，[165]《百年見聞肚皮集》記載咸豐年間的大甲是小

[161] 吳明勳，〈上香山——安平迎媽祖〉，《臺南文獻》，5（2014年7月），頁56。
[162] 李獻璋著、鄭彭年譯，《媽祖信仰研究》，頁214。
[163] 大甲鎮瀾宮昭和11年（1936）紀念重修落成的全台微詩中出現下列詩句：「鎮撫三台，
北港支分大甲」、「瀾安大甲，香傳北港護三台」，代表大甲鎮瀾宮當時是承認是北
港朝天宮的分香子廟。參見王見川、李世偉，《台灣媽祖廟閱覽》，頁101。
[164] 黃文博，《臺灣信仰傳奇》，頁149。
[165] 「惟鄉僻處所，小民不知讀書之樂」出於〈大甲義學租穀諭示碑〉。此碑位於大甲鎮
瀾宮，1980年重修廟宇不知如何丟失，參見蔣維錟、鄭麗航，《媽祖文獻史料彙編》第
一輯碑記卷，頁371、372。

城市。[166]在以上文獻來看，時代背景難支持「乾隆間建廟後，定期返回湄洲謁祖」此說法。但大甲鄰近海港，又有郊商，[167]地理位置位於鹿港舊祖宮和新竹長和宮之間，在道光10年（1830）以後清廷對海口之稽查日趨廢弛，促使各地較具規模的港口大多直接與內地往來。而黃敦厚〈大甲媽祖新史料《金萬和郊》帳冊的發現〉一文間接證實明治31年（1898）鎮瀾宮可能有至湄洲進香。[168]但因為進香目的地有連續性，日治時期的鎮瀾宮是往北港進香，當時雖有不少臺灣宮廟往湄洲進香，但鎮瀾宮清末有沒有至湄洲進香，也非絕對，需要有更多的研究和證據。

不論過去的進香歷史如何，現代鎮瀾宮的廟務發展已經為未來寫下相當輝煌的一頁。猶如北港朝天宮和鹿港舊祖宮過去的歷史會讓當地人驕傲，大甲鎮瀾宮現在的進香不只讓當地人驕傲，也讓世界看見臺灣特有的進香文化。

（六）鹽行天后宮： 臺南重要的媽祖廟。民國73年（1984）年石萬壽為此廟所寫的〈重修洲仔尾鹽行天后宮記〉碑記中「慶成於乾隆己巳歲，……每逢聖誕，或返湄洲謁祖，或遠鹽隁鎮邪，神輿四方雲集，香客絡繹於途，蔚為一時之盛也」。[169]但筆者查閱文獻，並無

---

[166] 恠我氏著、林美容點校，《百年見聞肚皮集點校本》，頁122。

[167] 「遇洪水橫流，水道無定，必擇水深勢緩之處始可駕船。原係官渡，逐月向官給領工銀；後廢，乃對大甲街水郊戶出辦。」見蔡振豐，《苑裏志》，收錄於盧建幸、王海浩編輯，《中國地方志集成：鄉鎮志專輯》26，頁944。

[168] 黃敦厚，〈大甲媽祖新史料《金萬和郊》帳冊的發現〉，《臺灣宗教研究通訊》，6（2003年9月）。黃敦厚，〈臺灣媽祖信仰與商人精神——以大甲、北港媽祖為研究中心〉（國立中興大學文學研究所博士學位論文，2012年），頁77、78。

[169] 李志祥，《花園媽：鹽行天后宮誌》（台南永康：永康鹽行天后宮，2019年），頁76。

此廟更早之前往湄洲進香的記載，所以這些紀錄應該是石萬壽教授田調所得，但田調會受時空環境影響，故仍需加強證據才能證實鹽行天后宮清代曾至湄洲進香。

民國76年（1987），總統蔣經國宣布解除戒嚴，當年11月2日正式開放返鄉探親，凡在中國有三親等內血親、姻親或配偶的民眾，准許登記赴中國探親，從此兩岸透過探親名義擴大交流。大甲鎮瀾宮可能受到鹿港舊祖宮影響，[170]民國76年（1987）前往湄洲祖廟請回媽祖神像，民國77年（1988）就改往新港遶境進香，之後也不斷的前往湄洲進香，帶動現在臺灣媽祖廟的湄洲進香潮。根據《湄洲媽祖志》一書提到，民國76年（1987）至民國100年（2011）間，臺灣人至湄洲進香累計人數達240多萬人次，組團去朝拜的宮廟家數至民國100年（2011）已達1200多家，其中不乏多次前往的臺灣宮廟。[171]

解嚴後出現清代臺灣宮廟赴湄洲進香的資料有：

（一）**鹽水護庇宮**：南部重要的歷史大廟。康熙末年的《諸羅縣志》記載「天妃廟：……一在鹹水港街。五十五年，居民合建」。[172]但民國78年（1989）《月港護庇宮誌》記載天啟3年（1623）鹽水糖郊「崇興行」自湄洲迎來一尊媽祖，合祀於福德祠，該廟因而改成「媽祖祠」，這尊媽祖為開基湄洲三媽（即糖郊媽）。[173]清朝時期建醮數次，湄洲進香數次，南巡北

---

[170] 洪瑩發，〈從進香到觀光與身體實踐：戰後的大甲媽祖進香〉，《媽祖國際學術研討會：媽祖、民間信仰與文物論文集》（臺中市清水：中縣文化局，2009年），頁301。

[171] 蔣維錟、朱合浦主編，《湄洲媽祖志》，頁125–126。

[172] 周鍾瑄，《諸羅縣志》，頁281。

[173] 全國寺廟整編委員會編輯部主編，《月港庇護宮誌》（鹽水：月港庇護宮管理委員會），1989年，頁10。

巡數次，但詳細資料毀於二次世界大戰。[174]另外廟方民國108年（2019）〈月港護庇宮湄洲二媽己亥年北巡四十六庄〉一文中提及：

> 清朝中葉鹽水貿易繁榮之際有五郊，分別為：糖郊、籤郊、布郊、水（油）郊、米郊。對媽祖信仰益超隆盛，後商人中國迎來雜貨商所奉祀之「籤郊媽」，布商所奉祀之「布郊媽」，水、油商所奉祀之「水郊媽」（俗稱香擔媽），昔日往湄洲進香，四郊聖母同船，水郊媽即鎮守香擔上。[175]

廟內另一尊大正十四年（1925）湄洲二媽入祀本宮亦有一段傳奇：

> 日大正十四年，時任鹽水街長陳宗能倡議往湄洲朝天閣謁祖進香，派陳郤、李海龍奉請開基三媽前往，途中遭劫因而延誤多時，此行並迎回湄洲二媽一尊入宮合祀，隔年雕刻匾額一方，題字如下：「祭者禮之大也，能興禮典樂又能集人氣像地熱故，東西洋新舊例多用之，今祭聖母亦為此發，且欲省信眾往他參詣諸不利，兼盛鹽水港，生產物品評會故當其典期，愚提親奉公議，派委員陳郤李海龍二君冒匪險

---

174 全國寺廟整編委員會編輯部主編，《月港護庇宮誌》，頁36。
175 未列撰人，〈月港護庇宮湄洲二媽己亥年北巡四十六庄〉（護庇宮提供，2019年），未出刊。

鹽水護庇宮大正15年「湄洲二媽」匾
（蕭信宏攝，2019.10.19）

涉不便渡謁祖廟，恭迎湄洲二媽金身奉祀於
本護庇宮，……大正十五年歲次丙寅上元前一
日　鹽水街長陳宗能」。[176]

所以就以上內容來看本廟共有開基湄洲三媽和湄洲
二媽兩尊「湄洲媽」，且清代回去湄洲進香多次。
鹽水位於清代商港，此說應有可能。但本廟開基湄
洲三媽的歷史和清代湄洲進香的資料都在解嚴後才
出現，而廟中的大正15年（1926）「湄洲二媽」匾
上寫的是「省信眾往他參詣諸不利兼盛鹽水港，……
派委員陳卻、李海龍二君冒匪險涉不便渡謁祖廟，恭
迎湄洲二媽金身奉祀於本護庇宮」。而日治時期的增
田福太郎文章有提到「如果湄洲聖母一旦渡臺，那
是一件不得了的大事，參拜者必群集如雲霞」。[177]從
上述條件來看，日治時期的護庇宮為了避免信眾往

---

[176] 未列撰人，〈月港護庇宮湄洲二媽己亥年北巡四十六庄〉，無頁數，未出刊。
[177] 增田福太郎著、黃有興譯，《臺灣宗教論集》，頁273。

他廟參謁「湄洲媽」，而去湄洲請回湄洲二媽，這才是當時請回湄洲二媽真正原因，本廟之前應沒祀「湄洲媽」，所以護庇宮清代是否有至湄洲進香，仍需更詳細研究。

(二) **苑裡慈和宮**：苗栗海線地區的歷史大廟。民國94年（2005）的宮誌記載清代時期曾回到中國湄洲祖廟進香，據該宮耆老所言：「在陳萬來擔任爐主的時候，曾回到中國湄洲祖廟進香一次或兩次」。[178]民國94年（2005）離清代進香時間太久了，需要更早之前的證據來證明。苑裡位於海邊，又位於鹿港舊祖宮和新竹長和宮之間，清代確實可能會受影響而至湄洲進香。《臺灣日日新報》大正11年（1922）報導苑裡人至湄洲進香遇海賊的事件，[179]所以苑裡慈和宮日治時期確定有至湄洲進香。進香地點有其傳承性，日治時期有至湄洲進香，清代亦有可能至湄洲進香。

(三) **萬春宮**：臺中歷史大廟。《萬春宮志》裡面記載嘉慶9年（1804）「大墩地方頭人帶領信徒至湄洲祖廟謁祖」。[180]此說法是根據民國88年（1999）《臺中市史》記載萬春宮「嘉慶九年前往湄洲進香，創下往湄洲進香的先例」而來，[181]但無史料根據。這本《臺中市史》民國88年（1999）出版，距離嘉慶9年（1804）已將近200年，以交通條件來說，此廟位於內陸不易至湄洲，且嘉慶年間臺中盆地東大墩為農

178 王志宇，《苑裡慈和宮誌》（苑裡鎮：苑裡慈和宮管委會，2005年），頁131。
179 〈媽祖晉香遇賊〉，《臺灣日日新報》，大正11年（1921）5月29日，第4版。
180 張桓忠，《萬春宮志》，頁155。
181 張勝彥，《臺中市史》，（臺中：中市文化，1999年），頁57。

業地區，經濟力不高，在無郊商支持情況下，若說嘉慶9年（1804）有至湄洲進香一事，需要有更多史料來證明。《日日新報》大正13年5月12日曾報導臺中萬春宮去湄洲進香，所以萬春宮日治時期是有至湄洲進香的事實。

（四）**北斗奠安宮**：彰化的歷史大廟。中國研究媽祖的學者周金琰在〈臺灣媽祖信眾湄洲朝聖現象之探析〉[182]文章中提到同治3年（1864）彰化縣北斗鎮奠安宮赴湄洲祖廟謁祖進香且在光緒17年（1891）北斗奠安宮再次組織五十三庄士庶，由年僅13歲的楊片繼承世襲轅門官，攜信隨聖駕赴湄洲祖廟進香。此後連續六年赴湄洲祖廟進香，受贈軟身聖像六尊，入祀該宮。以上這些內容周金琰註明是出自2011年莆田湄洲媽祖祖廟董事會編的《湄洲媽祖志》，但筆者查找此書卻找不到這些內容。周金琰之所以會這樣寫，應是受到北斗奠安宮廟方說法影響，內容如下：

> 謁祖進香記於同治3年（1864），本宮思源心切，尋根謁祖，叩仰聖恩，集會決議，赴湄洲祖宮進香，當年轅門官楊文德，至誠奉獻，負起重責，隨聖駕自早晨，由本宮起程，當晚在鹿港駐駕，翌日拂曉，揚帆渡海，赴湄洲祖宮，完成第一年進香宿願，相繼三載，至同治5年（1866）均由士紳，組成領隊，轅門

[182] 周金琰，〈臺灣媽祖信眾湄洲朝聖現象之探析〉，《江蘇社會科學》，3（2015年），頁227。

北斗街奠安宮
至鹿港天后宮進香旗
（蕭信宏攝，2016）

官領導護駕，每年赴祖宮時，轅門官楊文德先向祖宮三獻君臣儀禮後，承受祖宮恩賜，大開中門，歡迎本宮聖駕，登上天后宮正殿，謁祖進香，每年一次進香，承蒙祖宮惠贈軟身聖像一尊，連續三載進香，受贈共有三尊軟身聖像，本宮虔誠永留奉祀。

第二次謁祖進香記於清代光緒12年（1886）本宮五十三庄士民，再次集會，商議決定再次赴湄洲祖宮進香，當年轅門官楊文德，壽登六十有四高齡，維其年老志堅，雙肩重負，轅門官任務不辭沿途跋涉，不懼浪濤風襲，歷盡艱辛，志節永存，人間同欽連連進香兩年，屢受祖宮惠贈，軟身聖像兩尊，奉祀在本宮，長存萬世。第二次第三年進香中斷原因於清光緒14年（1888），轅門官楊文德命，命已謝世於其子楊為於清光緒八年歲次壬午，與世長辭，而其長孫楊片（外號阿片）年紀尚幼，僅十歲幼童，未能擔任世襲轅門官赴祖宮進香重責，由此第二次第三年進香，終告中斷。第二次第三年進香於清光緒17年（1891），五十三庄市庶急欲完成第二次第三年進香願望，堅決在當年赴湄洲祖宮進香，因此由年僅十三歲幼童楊片繼承世襲轅門官，負起重責，攜信物隨聖駕，赴湄洲祖宮進香，登祖宮時，楊片向祖宮先行君臣禮後，獻上信物，經祖宮核實，承蒙恩賜，大開正殿中門，歡迎本宮聖駕，趨殿進

香，共計六載進香，受贈軟身聖像六尊，奉祀
在本宮，永記祖宮恩賜。[183]

　　北斗奠安宮最後一次湄洲進香時間點在光緒20年
（1894），距離民國101年（2012）的記載已經118年
了。日治時期《寺廟臺帳》記載北斗奠安宮是從鹿港
舊祖宮分靈，鹿港舊祖宮現在還保有北斗奠安宮至鹿
港舊祖宮進香旗。北斗奠安宮以上這些記載，到底是
去鹿港舊祖宮進香還是去湄洲進香，尚待釐清。

（五）員林福寧宮：彰化的歷史大廟。廟方提供的民國108年
（2019）福寧宮的農民曆中，建廟沿革寫「購地廟地
新建，距今已有二百六十餘年歷史，其間曾多次組團
遠赴湄洲祖進香」。[184]但日治時期的《寺廟臺帳》紀錄
福寧宮從鹿港舊祖宮分靈，福寧宮位於鹿港舊祖宮彰
南枋橋頭七十二庄的信仰範圍內，二戰後有至鹿港舊
祖宮進香的紀錄。[185]地理位置並未位於海港，所以福寧
宮清代是否有至湄洲進香仍需更多資料才能證明。

（六）伸港福安宮：彰化海線的大廟。廟方提供的民國104
年（2015）農民曆提到清咸豐8年（1858）三媽發爐
（香爐忽然燃燒，聖火熊熊），經神明指示回湄洲謁

---

[183] 2019年的《北斗奠安宮農民曆》，頁4，亦有相似的記載，所以這應該是廟方更早之前
就有的說法。2012年網路有相同記載，資料來源：SO GO論壇，版主阿文ㄟ〈壬辰年
玄帝媽祖文化季，大甲媽遶境駐駕廟宇——北斗奠安宮〉，文章寫於2012.3.26。網站：
http://oursogo.com/thread-1294428-1-1.html。點閱2018.10.14。

[184] 《2019彰化員林福寧宮文化民曆》（彰化員林：員林福寧宮管理委員會，2019年），
頁1。2012年網路文章亦有相同記載，資料來源：痞客邦部落格，湊陣拜媽祖部落客
〈員林廣寧宮〉，文章為作者阿ㄇ寫於2012.09.27。網站：http://yawjong.pixnet.net/blog/
post/38803641-%E5%93%A1%E6%9E%97%E7%A6%8F%E5%AF%A7%E5%AE%AE，點閱
2018.10.20。可見員林福寧宮赴湄洲進香，此說法應該還有更早以前的資料。

[185] 王見川、李世偉，《台灣媽祖廟閱覽》，頁54-55。

祖進香，當時眾善信推派進香代表柯老、周國仁、柯元保、薛立、柯上弦、姚陣、周會等七人回三媽祖廟。[186]此廟清代位於港口地區，近鹿港，不知是否受鹿港舊祖宮影響而至湄洲進香。但此廟查無日治時期回湄洲祖廟進香紀錄（因為進香地點都有其傳承性，如果清代有至湄洲進香，日治時期應該也會至湄洲進香）。

　　日治大正年間相當多宮廟至湄洲進香，並非像一些宮廟所說日治時期政府阻礙湄洲進香。以交通條件來說，日治時期至湄洲進香比清代的海運條件好多了。有些臺灣廟宇紀錄清代湄洲進香的資料都在民國76年（1987）後，清代湄洲進香的時間距離現在已經百年以上，只能說日治時期有至湄洲進香的宮廟，在時空條件允許下，比較有可能清代去湄洲進香，因為進香有傳統性，鹿港舊祖宮和新竹長和宮就是如此。故福安宮仍需要更多證據才能釐清清代是否曾至湄洲進香。

（七）**竹南中港龍鳳宮：**苗栗海線的歷史大廟。連力東〈從泉港龍鳳宮與臺灣中港龍鳳宮看兩地民間神緣關係〉一文提及：

> 據臺灣苗栗縣竹南鎮中港龍鳳宮的資料載，……。道光十一年（1831年），連十一在

---

[186] 《農民曆2015仲港福安宮》（彰化伸港：伸港福安宮管理委員會，2015年），頁35。2012年網路文章亦有相同記載，資料來源：文化資源地理資訊系統，彰化，伸港，大同村福安宮。網站：http://crgis.rchss.sinica.edu.tw/temples/ChanghuaCounty/shengang/0705007-FAG。點閱2018/9/2。伸港福安宮赴湄洲進香傳說，應該還有更早以前的資料。

中港經商獲利，返閩攜眷回航時，又遇風暴，
聖母顯靈庇護，化危為安。連十一為叩謝神
恩，與謝掌田等人士奉請聖母神尊前往湄洲進
香，同時並依聖筊指示往福建省惠安縣壩頭
「龍鳳宮」迎請開閩聖王、太保元帥神尊反臺
安奉。……。光緒十一年（1885年）連十一
之子連阿蘭深覺廟宇簡陋，與謝掌田等地方人
士倡議改建，廟殿富麗、香火鼎聖，以正名為
「龍鳳宮」。[187]

但同本書的朱定波〈探詢泉港的閩臺同宗村〉一文
則直接寫明竹南后厝里龍鳳宮，因分靈壩頭龍鳳宮
香火，才命名為「龍鳳宮」。[188]筆者2019年11月6日
至廟，見三川殿龍邊牆上有一較早的碑文寫「本龍鳳
宮於民國十七年正月，因原土角造舊廟擴大磚造新廟
壹座，並內外造作一新。並雕刻湄洲天上聖母娘娘、
開路媽祖、觀音佛祖、關聖帝君、註生娘娘、福德正
神、千里言、順風耳等八宮（四年八月完成）。」旁
有發起人和捐獻人名單，但因一部分被櫃子擋住無法
看到全文。從本碑文可知龍鳳宮昭和三年（1928）以
前是座土角造舊廟，不是磚造的大廟，所以在此經濟
條件下會往湄洲進香嗎？湄洲天上聖母是從湄洲請
來，還是以其他方式來到廟裡恭奉，都有待更多證據

[187] 連力東，〈從泉港龍鳳宮與臺灣中港龍鳳宮看兩地民間神緣關係〉，收錄於陳支平、
蕭惠中主編，《海上絲綢之路與泉港海國文明》，頁352–353。
[188] 朱定波，〈探詢泉港的閩臺同宗村〉，收錄於陳支平、蕭惠中主編，《海上絲綢之路
與泉港海國文明》，頁251。

的出現和研究。以文獻來看，鄰近的中港慈裕宮，在清末可能更有條件往湄洲進香。

　　筆者由（附錄二）發現日治以前湄洲進香宮廟分布地點，集中在臺灣中部和桃竹苗的局部地區，竟和李建緯研究全臺26面「與天同功」匾分布位置相似。此區為清代光緒7年（1881）皇帝賜予臺灣宮廟，本不應有如此多的宮廟擁有。透過科學分析，李建緯得出這些區域對御匾追求的執著，是和區域內宮廟競爭有關，如：新竹地區新竹長和宮和新竹內天后宮、苗栗北部龍鳳宮、慈裕宮和慈雲宮，彰化的內天后宮和南瑤宮。[189]而這些清末媽祖廟香火競爭地區又位於鹿港舊祖宮和新竹長和宮附近，可見鹿港舊祖宮和新竹長和宮附近局部地區宮廟競爭明顯。鹿港舊祖宮和新竹長和宮能持續往湄洲進香，主要的共通點為兩廟皆位於通商口岸，交通貨物集散中心，經濟條件佳，擁有船隻並有篤信媽祖的郊商參與。兩廟位於虎尾溪、濁水溪以北的散村聚落分布區，有進香的傳統。因此推論：清末和鹿港舊祖宮及新竹長和宮有地緣或分靈關係的宮廟，最有可能進行困難度較大的湄洲進香。從方志的資料來看，是先有道光年間《彰化縣志》鹿港舊祖宮的「歲往湄洲進香」，再有光緒年間《新竹縣采訪冊》新竹長和宮的「每三年則專僱一船，奉安天后神像駛往湄洲進香一次」，最後是民國18年（1929）《同安縣志》風俗紀錄「祀聖母者往興化湄洲進香」的記載。而方志的記載，通常會記錄比較盛行的活動，可見原鄉本來並不重視湄洲進香，湄洲進香反而有可能是受臺灣影響而開始風行。乾隆年間陸廣霖進士說：「臺灣往

---

[189] 因「與天同功」複製匾的研究，而產生光緒7年（1881）以後這些宮廟競爭的推論，如：新竹地區新竹長和宮和新竹內天后宮、苗栗北部龍鳳宮、慈裕宮和慈雲宮、彰化的內天后宮和南瑤宮，參見李建緯，《歷史、記憶與展示：臺灣傳世宗教文物研究》，頁265。

來，神跡尤著，土人呼神為媽祖。」[190]民國5年（1916）的蟄庵說臺灣信仰媽祖更勝中國。[191]同時期的國分直一《臺灣民俗學》也說「信仰媽祖的習俗，臺灣比中國大陸更旺盛」。[192]

日治時期的增田福太郎在文章提到，如果臺灣宮廟到湄洲進香請回湄洲聖母，那是一件不得了的大事，參拜者必群集如雲霞。所以日治時期才會有一波直接赴湄洲島分靈「湄洲媽」的潮流。此現象不也正反映，清代直接從湄洲分靈「湄洲媽」是很少的，不然如果日治時期的臺灣到處都是直接分靈的「湄洲媽」，怎麼還會引起熱潮。

但是為什麼越來越多臺灣現今的媽祖廟，要創造清代湄洲進香的歷史記憶？其實不外乎就是香火競爭。明治40年（1907）北港朝天宮也宣稱康熙33年（1694）從湄洲分靈而來，加上鹿港舊祖宮大正6年（1917）大肆宣傳「湄洲媽」，兩大進香中心皆認同從湄洲分靈而來，所以大正年間才會有一波湄洲進香潮。之後臺灣進入民國時期，以前有赴湄洲進香的宮廟大多成為地方香火大廟，其中鹿港舊祖宮繼續大力宣傳，再次影響了另一間香火大廟大甲鎮瀾宮[193]於民國76年（1987）年赴湄洲進香，因而帶動另一波湄洲進香潮。當代的宮廟如果宣稱清代有至湄洲進香，就更有吸引香客的條件，所以現在不少臺灣媽祖廟號稱清代就從湄洲祖廟分靈。而這個做法其實從宮廟面臨競爭來看，是合理的，因為如不建構新的香火形象，就會導致香火不旺，所以在面臨交通和資訊更發達的情況下，基於廟務的需要，

[190] 趙翼，〈天妃〉，蔣維錟、鄭麗航，《媽祖文獻史料彙編》第一輯散文卷，頁132、133。

[191] 蟄庵，〈臺灣媽祖廟遊記及天妃考略〉，《進步雜誌》，11（1916年），頁1。

[192] 國分直一著、林懷卿譯，《臺灣民俗學》，頁121。

[193] 洪瑩發，〈從進香到觀光與身體實踐：戰後的大甲媽祖進香〉，《媽祖國際學術研討會：媽祖、民間信仰與文物論文集》，頁301。

只好建構新的傳說。

　　筆者一路研究下來，發現在清代原鄉並不盛行湄洲進香，鹿港舊祖宮是少數幾座進行湄洲進香的廟宇。鹿港舊祖宮因清代時空環境的優勢，往湄洲進香，並持之以恆。事隔將近兩百年後，湄洲祖廟現在的民間香火興盛，要歸功於臺灣的進香團，而鹿港舊祖宮就是臺灣湄洲進香的先行者與宣傳者，影響後來臺灣各地的媽祖廟前仆後繼地前往湄洲進香。

小結

　　鹿港地區受益於康熙末年的八保圳水田開發，經濟力大幅提升，清代鹿港大部分為泉州人，如果媽祖從原鄉分靈，進香路線應往原鄉。鹿港舊祖宮在福建和粵東地區並無明顯的湄洲進香風潮下，之所以會至非原鄉的湄洲進香，必定有其背後原因。其中又以目前所知最早的嘉慶22年（1817）赴湄洲進香最為重要，透過歷史文獻，整理出舊祖宮此次進香形成的原因為：(1)嘉慶22年（1817）當時鹿港的經濟、交通優勢支持舊祖宮往湄洲進香。(2)鹿港八大郊本來對媽祖信仰就很虔誠，其中又以當時鹿港首富（日茂行）林文濬的支持最為重要，利用其兩岸的政商網絡，讓此次進香可以成行。(3)可能和乾隆53年（1788）新祖宮的敕建對鹿港舊祖宮形成官廟位階高於民廟的位階壓力有關。之後由於進香傳統已經形成，又有南瑤宮的信仰圈擴張壓力，促使鹿港舊祖宮加強和母廟的往來，持續往湄洲進香，以維持香火競爭力。資料顯示，在清朝渡海至湄洲進香是很少見的。鹿港舊祖宮才會利用上述條件，透過和母廟的關係，取得更高位階的靈力。有可能因此影響同位於港口的新竹長和宮於道光15年

（1835）也至湄洲進香。後來因清末新竹地區盛行北港進香，新竹長和宮不願加入北港進香，並堅持傳統，持續舉辦湄洲進香，才被方志記錄下來。所以湄洲進香是由於臺灣內部因素而開始盛行的，並非受到原鄉的影響。

道光10年（1830）以後正口管制鬆散，臺灣具規模的港口與內地直接通商。之後同治10年（1871）的輪船定期航班及光緒元年正月（1875年2月）解除了渡臺請照制度，光緒年間的交通環境漸漸有利於進行湄洲進香。彰化、新竹和苗栗三個區域皆有媽祖廟香火競爭的文物資料，如果這些區域的媽祖廟不願加入當時盛行的北港進香，也不願意就近進香，那麼前往湄洲祖廟進香，請回最高靈力的香火就是最好的選擇，可建構香火直接來自於湄洲祖廟的形象。日治時期的中部確實是最多宮廟至湄洲進香的區域。從文獻來看，可推論清末和鹿港舊祖宮及新竹長和宮有地緣或分靈關係的宮廟，最有可能進行困難度較大的湄洲進香。

從本書來看，福建的湄洲進香反而有可能是受到臺灣宮廟的影響而開始盛行，理由如下：臺灣為移民社會，有回去過往居住地的需求，故可透過進香達到此目的。而當時臺灣水田化生產力大升，海口城市經濟發達，一方面篤信媽祖信仰的郊商可透過湄洲進香經營商業網絡，並提高郊商的聲望和地位；另一方面鹿港舊祖宮受到民祀媽祖廟位階低於官廟的壓力，往困難度較高的湄洲進香，可取得更高位階的靈力，化解位階低於官廟的壓力。後因鹿港舊祖宮和新竹長和宮持續進行，而帶動了清末兩岸的湄洲進香潮。

第五章　結論

　　從歷史來看，湄洲媽祖廟在宋元時期並非傳播媽祖信仰的主要廟宇，宋代的「聖墩媽」、「白湖媽」以及元代的「溫陵媽」，在當時的香火及影響力都比「湄洲媽」大。直到明代，因湄洲灣經濟發達，湄洲祖廟香火鼎盛，形成了「祖廟」的香火權威。進入清初，因遷界和經濟重心的轉移，湄洲灣又進入蕭條狀態。清代就整個湄洲灣的媽祖信仰來看，要分兩個面向，就官方推崇而言，湄洲島祖廟的地位在清代應該是達到歷史高峰；但就民間香火熱度來看，位於陸地上的賢良港祖祠，因地理位置優於海上的湄洲祖廟，其信眾努力建構「媽祖出生地」的傳說，加上湄洲祖廟位於地僻民稀的島上，祭祀圈裡的信眾本來就少，官方又只以規定的儀典祭祀媽祖，此舉無助民間香火，以至於賢良港祖祠的民間香火高過湄洲祖廟。

　　福建地理條件和臺灣相似，多山且河流東西流向，造成南北區隔，交通不便，容易形成區域各自發展。從清代的福建和粵東文獻來看，雖以閩南地區可證實的宮廟進香資料為最早也最多，但這些資料也呈現出當時並不盛行湄洲進香，此地區是以短期進香為主，並隨著移民傳入臺灣。

　　清同治10年（1871）以前，兩岸往來是以帆船為主，經常發生船難，以當時臺灣的經濟、交通及渡海請照制度來看，這個時期的臺灣宮廟並不適合舉辦渡海進香。鹿港舊祖宮之所以會在嘉慶22年（1817）渡海至湄洲進香，可能的原因為：(1)當時鹿

港為通商正口商貿鼎盛，有利舉辦湄洲進香。(2)鹿港八大郊本來對媽祖信仰就很虔誠，其中又以當時鹿港首富（日茂行）林文濬的支持最為重要，利用其兩岸的商貿和政商網絡，讓湄洲進香變得簡單可行，又可透過湄洲進香經營商業網絡，並提高行郊的聲望和地位。(3)在乾隆53年（1788）因新祖宮的敕建，而對鹿港舊祖宮產生官廟位階高於民廟的壓力，鹿港舊祖宮為取得更高階（更大）的靈力而赴湄洲進香，並利用正口對渡的優勢，於嘉慶22年（1817）舉辦盛大的湄洲進香，以便取得更高位階的香火靈力，之後並持續舉行。這時期的進香屬於內發因素，並非當時盛行湄洲進香。清末鹿港舊祖宮會持續往湄洲進香，一方面是進香傳統已經形成，一方面是受到彰化南瑤宮信仰圈不斷擴大和縣內盛行北港進香的影響。同在港口地區的新竹長和宮，於道光15年（1835）也至湄洲進香來增強靈力，但新竹長和宮此次規模較小，所以沒被主流文獻記錄下來。後來因清末新竹地區盛行北港進香，當時長和宮一方面是已經形成湄洲進香傳統，一方面不願意加入北港進香，因而持續舉辦湄洲進香，才被方志記錄下來。此二廟能在同治10年（1871）以前的帆船時期持續往湄洲進香，主要的共通點為兩廟皆位於通商口岸，是交通貨物集散中心，經濟條件佳，附近都有官祀媽祖廟，且郊商為湄洲進香的支持者和參與者。

　　道光10年（1830）以後正口管制鬆散，臺灣具規模的港口開始與內地直接通商，再來同治10年（1871）輪船定期航班開通及光緒元年正月（1875年2月）解除渡臺請照規定，時局的變化漸漸有利於舉行湄洲進香。透過日治文獻分析，歸納出和鹿港舊祖宮及新竹長和宮有地緣或分靈關係的宮廟，有可能受到此二廟的影響，在清末舉行湄洲進香，但以目前資料來看，宮廟數量不

會很多。清代南臺灣盛行的賽會是醮典迎神和短期的進香，而臺北地區注重的是另一種賽會形式，因地形阻隔，存在著不同區域就著重不同神明和型式的賽會，並不是臺灣各地區皆盛行湄洲進香。為什麼越來越多臺灣現今的媽祖廟，要創造清代湄洲進香的歷史記憶，不外乎就是要增加香火競爭力。

以目前實證的資料來看，在清代，進香盛行在臺灣和閩南的部分區域，而其中的宮廟赴湄洲進香，在眾多方志中只有臺灣方志的兩則記載。透過本書的分析，可知清中葉以前湄洲灣的媽祖廟雖然地位崇高，但受限於地理、交通、經濟與賽會習俗等因素，福建地區的宮廟並不盛行赴湄洲進香，所以後來原鄉的湄洲進香反而有可能是受到臺灣宮廟影響而開始盛行。其背後原因是臺灣媽祖信徒多且又為移民社會，部分地區盛行進香。而清中葉以後臺灣各方面條件逐漸讓湄洲進香可以成行，當時少數宮廟因湄洲位於郊商的航海商貿圈內，行郊可透過湄洲進香經營商業網絡，並提高行郊的聲望和地位。另一方面往最高位階的湄洲祖廟進香後，可建立位階更高的宮廟地位，故興起了湄洲進香。後來清末北港進香風行，不想加入北港進香的一些宮廟，為增強香火的靈力而加入湄洲進香，反而影響泉州府同安縣的一些媽祖廟加入，遂形成清末兩岸的湄洲進香潮。

後記

　　此書得以完成首先要感謝指導教授王志宇老師，因為有了志宇老師的提點，將研究的視野擴及中國大陸地區，使得廣度和深度得以提升，此為重中之重也。之後卓克華老師在臺灣開發、郊商、寫作方法及進香等方面的指點和張家麟老師在進香及案例交叉比對上的指教，如醍醐灌頂，讓我修正了一些偏差的概念及增進寫作方法，本書才會日趨完備。感謝秀威出版社的團隊協助，此書才能出版。

　　在資料查找過程中，要感謝大堂伯蕭添柳的口述訪談，李建緯老師、陳仕賢老師、楊朝傑先生、黃志宏先生及眾多宮廟人士的熱心幫忙，才使得研究順利完成。

　　感謝逢甲歷文所的陳哲三老師、王志宇老師、李建緯所長、王嵩山前院長、余瓊宜老師、陳玉苹老師的教導，助教佳琪的幫忙。感謝教學相長的同學以及學長姊、學弟妹、外校選修、學分班等同好，認識你們真好。感謝過去教導過我的文史老師（范淑娟、葉大沛、蔡雨亭、陳仕賢、莊研育、黃瑞興……等老師），以及幫我通過口考的同學、朋友、親戚和家人（我老媽最開心了！）。感謝我在上天的老爸，為我樹立了做人處事的典範，並留下不少人脈。

　　最後最需要感謝的就是我的老婆，一路互相扶持。

　　　　　　　　　　　　　　　　感恩媽祖保佑！

　　　　　　　　　　　　　　2020年10月24日寫於自宅

參考資料

一、史料

南宋・紹興20年（1150）廖鵬飛，〈聖墩祖廟重建順濟廟記〉，收錄於蔣維鋑、鄭麗航，《媽祖文獻史料彙編》第一輯碑記卷（北京：中國檔案出版社，2007），頁1、2。

南宋・紹興21年（1151）黃公度，〈題順濟廟詩〉，收錄於蔣維鋑、劉福鑄，《媽祖文獻史料彙編》第一輯詩詞卷（北京：中國檔案出版社，2007），頁1。

南宋・嘉泰元年（1201）陳宓，〈白湖順濟廟重建寢殿上梁文〉，收錄於蔣維鋑、鄭麗航，《媽祖文獻史料彙編》第一輯散文卷（北京：中國檔案出版社，2007），頁2-3。

南宋・嘉定7年（1214）李俊甫，〈神女護使〉《莆陽比事》卷七，收錄於蔣維鋑、鄭麗航，《媽祖文獻史料彙編》第一輯散文卷，頁3。

南宋・嘉定7年（1214）・李俊甫纂輯，《莆陽比事》，收錄於《續修四庫全書》734，上海市：古籍，1995年。

南宋・紹定元年（1228）丁伯桂，〈順濟聖妃廟記〉《咸淳臨安志》卷七十三。收錄於蔣維鋑、鄭麗航，《媽祖文獻史料彙編》第一輯碑記卷，頁2、3。

南宋・寶祐4年（1256）劉克莊，〈風亭新建妃廟記〉《後村先生大全集》卷九十一。收錄於蔣維鋑、鄭麗航，《媽祖文獻史料彙編》第一輯碑記卷，頁5、6。

南宋寶祐5年（1257）・趙與泌纂修、黃巖孫纂修，《仙溪志》，上海市：上海古籍，1995年。

南宋・寶祐年間（1253-1258）。劉克莊〈白湖廟二十韻〉《後村先生大全集》卷四十八。收錄於蔣維鋑、劉福鑄，《媽祖文獻史料彙編》第一輯詩詞卷，頁6。

南宋・寶祐年間（1253-1258）劉克莊，〈協應錢夫人廟記〉《後村先生大全集》卷九十二，收錄於蔣維鋑、鄭麗航，《媽祖文獻史料彙編》第一輯碑記卷，頁6、7。

南宋・開慶元年（1259）李丑父，〈靈惠妃廟記〉《鎮江志》卷八。收錄
　　於蔣維錟、鄭麗航，《媽祖文獻史料彙編》第一輯碑記卷，頁4、5。

元・至順4年至元統2年（1333-1334）程端學〈靈濟廟事跡記〉《積齋集》
　　卷四。收錄於蔣維錟、鄭麗航，《媽祖文獻史料彙編》第一輯碑記
　　卷，頁19、20。

明・《永樂大典「潮」字號》，收錄於饒宗頤輯，《潮州志彙編》（第一
　　部），香港：龍門，1965年。

明・弘治4年（1491）黃仲昭修纂，《八閩通志》，福州：福建人民出版
　　社，1990年。

明・弘治16年（1503）周瑛、黃仲昭著，《興化府志》，福州：福建人民
　　出版社，2007年。

明・弘治16年（1503）陳效修、周瑛、黃仲昭纂，《興化府志》，卷之二
　　十五〈禮記十一・群祀志・國朝〉，收錄於鄭麗航輯纂，《媽祖文獻
　　史料彙編》第三輯方志卷・上編，頁31。

明・弘治16年（1503）王渙修、潘援、劉則和纂，《長樂縣志》，收錄於
　　方寶川、陳旭東主編，《福建師範大學圖書館藏稀見方志叢刊》，5，
　　北京市：北京圖書館出版社，2008年。

明・弘治16年（1503）陳效修；周瑛，黃仲昭纂，《興化府志》卷之七
　　〈戶紀一・山川考上・莆田縣山水部位・新安里（山七、嶼一、港
　　一）〉，收錄於鄭麗航輯纂，《媽祖文獻史料彙編》第三輯方志卷・
　　上編，頁30、31。

明・正德15年（1520）葉溥修、張孟敬等纂，《福州府志》，收錄於方寶
　　川、陳旭東主編，《福建師範大學圖書館藏稀見方志叢刊》，3，北京
　　市：北京圖書館出版社，2008年。

明・嘉靖4年（1525），鄭慶雲、辛紹佐纂，《延平府志》，收錄於《天一
　　閣藏明代方志選刊》9，臺北：新文豐，1985。

明・嘉靖5年（1526）柴鑛等修，《永春縣志》，臺北：永春文獻社，
　　1973年。

明・嘉靖6年（1527），李文袞修、田頊纂，《尤溪縣志》，收錄於《天一
　　閣藏明代方志選刊》10，臺北：新文豐，1985。

明・嘉靖9年（1530）莫尚簡督修、張岳纂修，《惠安縣志》，臺北：惠安
　　同鄉會，1973年。

明・嘉靖13年（1534），劉天授修、林魁等纂，《龍溪縣志》，收錄於
　　《天一閣藏明代方志選刊》10，臺北：新文豐，1985。

明・嘉靖20年（1543），夏玉麟、汪佃等修纂，《建寧府志》，收錄於
　　《天一閣藏明代方志選刊》9，臺北：新文豐，1985。

明・嘉靖22年（1543），陳讓編次、邢址訂正，《邵武府志》，收錄於
《天一閣藏明代方志選刊》10，臺北：新文豐，1985。

明・嘉靖26年（1547），郭春震《潮州府志》，收錄於饒宗頤輯，《潮州
志匯編》（第二部），香港：龍門，1965年。

明・嘉靖31年（1552），汪瑀修、林有年纂，《安溪縣志》，收錄於《天
一閣藏明代方志選刊》10，臺北：新文豐，1985。

明・嘉靖32年（1553），馮繼科纂修、韋應詔補遺、胡子器編次，《建陽
縣志》，收錄於《天一閣藏明代方志選刊》，10，臺北：新文豐，
1985。

明・嘉靖35年（1556），楊載鳴編次，《惠州府志》，收錄於《天一閣藏
明代方志選刊》19，臺北：新文豐，1985。

明・嘉靖，莫尚簡修、張岳纂，《惠安縣志》，收錄於《天一閣藏明代方
志選刊》10，臺北：新文豐，1985。

明・隆慶2年（1572），黃一龍修、林大春著，《潮陽縣志》，收錄於《天
一閣藏明代方志選刊》19，臺北：新文豐，1985。

明・萬曆元年（1573）吳還初著，《天妃娘媽傳》，收錄於蔣維錟、周金
琰，《媽祖文獻史料彙編》第二輯著錄卷・上編（北京：中國檔案出
版社，2009年），頁1–67。

明・萬曆3年（1575）康大和等撰，《興化府志》（影印自日本內閣文
庫），臺北市：漢學研究中心，1990年。

明・萬曆13年（1585）王世懋撰，《閩部疏》，收錄於《續修四庫全
書》，734，上海市：上海古籍，1995年。

明・萬曆40年（1612），《永福縣志》，收錄於方寶川、陳旭東主編，
《福建師範大學圖書館藏稀見方志叢刊》，5，北京市：北京圖書館出
版社，2008年。

明・萬曆40年（1612）王應山纂輯，《閩都紀》，臺北：成文出版社，
1967年。

明・萬曆41年（1613）馬夢吉，徐穆修；林堯俞纂，《興化府志》卷之
二・輿地志二・山川。收錄於鄭麗航輯纂，《媽祖文獻史料彙編》第
三輯方志卷・上編（福州：風出版社，2011年），頁33。

明・萬曆42年（1614）林登名，〈湄洲嶼〉，收錄於蔣維錟、鄭麗航，
《媽祖文獻史料彙編》第一輯散文卷，頁65、66。

明・萬曆44年（1616）何喬遠纂，《閩書》，福州：福建人民出版社，
1995年。

明・崇禎10年（1637）劉熙祚修、李永茂，《興寧縣志》，收錄於《稀見
中國地方志彙刊》，44，北京市：中國書店，1992年。

明・崇禎14年（1641）夏允彝纂，《長樂縣志》，收錄於方寶川、陳旭東主編，《福建師範大學圖書館藏稀見方志叢刊》，6、7，北京市：北京圖書館出版社，2008年。

明末・林堯俞供稿、清・釋照乘等修訂刊佈、清・釋普日、釋通峻重修《天妃顯聖錄》。收錄於蔣維錟、周金琰，《媽祖文獻史料彙編》第二輯著錄卷・上編（北京：中國檔案出版社，2009），頁68-108。

明末清初・徐孚遠，〈賽天妃〉《釣璜堂存稿》卷六，收錄於蔣維錟、劉福鑄，《媽祖文獻史料彙編》第一輯詩詞卷（北京：中國檔案出版社，2007年），頁86。

清・清初周亮工撰，《閩小記》，收錄於《續修四庫全書》，734，上海市：上海古籍，1995年。

清・順治18年（1661）吳穎修《潮州府志》，收錄於饒宗頤輯，《潮州志匯編》（第三部），香港：龍門，1965年。

清・康熙11年（1672）劉佑編督修，《南安縣志》，臺北：南安同鄉會，1973年。

清・康熙14年（1675）金光祖纂修，《廣東通志》，收錄於《中國地方志集成》（省志輯）1、2、3，南京市：鳳凰出版社，2010。

清・康熙20年（1681）王綸部纂修，《興寧縣志》，收錄於《稀見中國地方志彙刊》，44，北京市：中國書店，1992年。

清・康熙23年（1684）金鋐、鄭開極纂修，《康熙福建通志臺灣府》，臺北：成文出版社，1983年。

清・康熙23年（1684）金鋐、鄭開極纂修，《福建通志》（下），收錄於《北京圖書館古籍珍本叢刊》35，北京：書目文獻，1995年。

清・康熙26年（1687）范正輅纂修，《德化縣志》，收錄於《中國地方志集成》（福建府縣志輯）27，上海市：上海書店出版社，2000年。

清・康熙33年（1694）鄧其文纂修，《甌寧縣志》，臺北：成文出版社，1967年。

清・康熙34年（1695）徐懷祖撰，《臺灣隨筆》，收錄於《續修四庫全書》，734，上海市：古籍，1995年。

清・康熙35年（1696）高拱乾纂，《臺灣府志》，臺北：臺灣銀行經濟研究室，1960年。

清・清康熙39年（1700）陳汝咸修、林登虎等纂，《漳浦縣志》，臺北：成文出版社，1968年。

清・清康熙39年（1700）潘拱辰等纂修，《松溪縣志》，臺北：成文出版社，1975年。

清・康熙44年（1705）金皋謝修、林麟焻纂，康熙《興化府莆田縣志》

（卷三・建置志・壇廟。收錄於鄭麗航輯纂），《媽祖文獻史料彙編》（第三輯方志卷・上編），福州：風出版社，2011年。

清・康熙51年（1712）周元文，《重修臺灣府志》，南投市：臺灣省文獻委員會，1993年。

清・康熙52年（1713）朱奇珍修、葉心朝、張金友纂，《同安縣志》，收錄於方寶川、陳旭東主編，《福建師範大學圖書館藏稀見方志叢刊》，10、11，北京市：北京圖書館出版社，2008年。

清・康熙56年（1717）周鐘瑄，《諸羅縣志》，臺北：臺灣銀行經濟研究室，1962年。

清・康熙58年（1719）朱燮、文國縉修、鄒廷機，翁兆行纂，《南平縣志》，收錄於《中國地方志集成》（福建府縣志輯），9，上海市：上海書店出版社，2000年。

清・康熙59年（1720）陳文達，《臺灣縣志》，南投：臺灣省文獻委員會，1993年。

清・康熙59年（1720）陳文達，《鳳山縣志》，南投：臺灣省文獻委員會，1993年。

清・康熙61年（1722）王楠修、林喬蕃、王世臣纂，《羅源縣志》，收錄於《中國地方志集成》（福建府縣志輯），14，上海市：上海書店出版社，2000年。

清・康熙，劉昉纂修、趙良生續纂修，《武平縣志》，收錄於《中國地方志集成》（福建府縣志輯），34，上海市：上海書店出版社，2000年。

清・康熙，王相修、昌天錦、藍三祝、游宗亨纂，《平和縣志》，收錄於《中國地方志集成》（福建府縣志輯），32，上海市：上海書店出版社，2000年。

清・康熙，秦炯纂修，《詔安縣志》，收錄於《中國地方志集成》（福建府縣志輯）31，上海市：上海書店出版社，2000年。

清・康熙，王駒修、鄺奕俊等纂，《河源縣志》，收錄於《稀見中國地方志彙刊》，44，北京市：中國書店，1992年。

清・雍正以前佚名，《天后顯聖錄》，收錄於蔣維錟、周金琰，《媽祖文獻史料彙編》（第二輯著錄卷・上編），北京：中國檔案出版社，2009年。

清・雍正8年（1730）張閭仙纂修，《惠安縣志》，臺北：惠安同鄉會，1973年。

清・雍正9年（1731）張珽美修，《惠來縣志》，臺北：成文出版社，1968年。

清・雍正9年（1731）陳樹芝纂修，《揭陽縣志》，收錄於《稀見中國地方

志彙刊》，45，北京市：中國書店，1992年。

清·雍正10年（1732）裘樹榮纂修，《永安縣志》，臺北：成文出版社，
1974年。

清·乾隆2年（1737）郝玉麟監修、謝道承編纂，《福建通志》，臺北市：
臺灣商務，1983年。

清·乾隆5年（1740）沈鍾等修纂，《屏南縣志》，收錄於《屏南縣志（四
種）》，北京市：方志出版社，2014年。

清·乾隆8年（1743）姚循義修、李正曜等纂，《南靖縣志》，收錄於《中
國地方志集成》（福建府縣志輯），32，上海市：上海書店出版社，
2000年。

清·乾隆10年（1745）王之正修、沈展才等纂，《陸豐縣志》，臺北：永
春文獻社，1973年。

清·乾隆12年（1747）范咸，《重修臺灣府志》，南投市：臺灣省文獻委
員會，1993年。

清·乾隆12年（1747）饒安鼎修、林昂、李修卿纂，《福清縣志》，收錄
於《中國地方志集成》（福建府縣志輯），20，上海市：上海書店出
版社，2000年。

清·乾隆14年（1749）陳焱等修、俞荔等纂，《永福縣志》，臺北：成文
出版社，1968年。

清·乾隆15年（1750）李仕學等編，《天后昭應錄》，收錄於蔣維錟、周
金琰，《媽祖文獻史料彙編》（第二輯著錄卷·上編），北京：中國
檔案出版社，2009年。

清·乾隆15年（1750）于卜熊纂修，《海豐縣志》，臺北：成文出版社，
1966年。

清·乾隆16年（1751）辛竟可修、林咸吉纂，《古田縣志》，臺北：成文
出版社，1967年。

清·乾隆16年（1751年）張懋建纂修，《長泰縣志》風土志卷之十·風
俗，鉛印本。

清·乾隆16年（1751）董天工撰，《武夷山志》，收錄於《續修四庫全
書》，724，上海市：上海古籍，1995年。

清·乾隆17年（1752）曾日瑛等修、李紱等纂，《汀州府志》，臺北：成
文出版社，1967年。

清·乾隆17年（1752）王必昌，《重修臺灣縣志》，南投：臺灣省文獻委
員會，1993年。

清·乾隆19年（1754）徐景熹修、魯曾煜纂，《福州府志》，臺北：成文
出版社，1967年。

清・乾隆22年（1757）莊成等輯，《安溪縣志（暨附編）》，臺北：安溪同鄉會，1967年。
清・乾隆23年（1758）廖必琦、宮兆麟、宋若霖等纂，《莆田縣志》，臺北：成文出版社，1968年。
清・乾隆26年（1761）朱珪修、李拔纂，《福寧府志》，臺北：成文出版社，1967年。
清・乾隆27年（1762）吳宜燮修、黃惠、李田壽纂，《龍溪縣志》，臺北：成文出版社，1967年。
清・乾隆27年（1762）陳鍈等修、鄧廷祚等纂，《海澄縣志》，臺北：成文出版社，1967年。
清・乾隆28年（1763）懷蔭布等修，《泉州府志》，臺南：登文印刷局，1964年。
清・乾隆28年（1763）王瑛曾，《重修鳳山縣志》，南投：臺灣省文獻委員會，1993年。
清・乾隆30年（1765）方鼎等修，《晉江縣志》，臺北：成文出版社，1967年。
清・乾隆30年（1765）傅爾泰修、陶元藻等纂，《延平府志》，臺北：成文出版社，1967年。
清・乾隆30年（1765）李永錫、程廷栻修、徐觀海等纂，《將樂縣志》，收錄於《中國地方志集成》（福建府縣志輯），39，上海市：上海書店出版社，2000年。
清・乾隆34年（1769）施文燽修、許燦纂，《泰寧縣志》，收錄於方寶川、陳旭東主編，《福建師範大學圖書館藏稀見方志叢刊》，40，北京市：北京圖書館出版社，2008年。
清・乾隆35年（1770）胡啟植、王椿修、葉和侃等纂，《僊遊縣志》，收錄於《中國地方志集成》（福建府縣志輯），18，上海市：上海書店出版社，2000年。
清・乾隆42年（1777）修光緒19年（1893）補刊萬友正纂修，《馬巷廳志》，臺北：成文出版社，1967年。
清・乾隆43年（1778）林清標編，《敕封天后志》，收錄於蔣維錟、周金琰，《媽祖文獻史料彙編》（第二輯著錄卷・上編），北京：中國檔案出版社，2009年。
清・乾隆46年（1781）盧建其修、張君賓、胡家琪纂，《寧德縣志》，收錄於《中國地方志集成》（福建府縣志輯），11，上海市：上海書店出版社，2000年。
清・乾隆51年（1786）林清標，〈重建天后祠記〉，收錄於蔣維錟、鄭麗

航，《媽祖文獻史料彙編》（第一輯碑記卷），北京：中國檔案出版社，2007年。
清‧乾隆52年（1787）鄭一崧督修，《永春州志》，臺北：永春文獻社，1973年。
清‧乾隆，胡建偉，《澎湖紀略》，南投：臺灣省文獻委員會，1993年。
清‧乾隆，陳振藻纂，《銅山志》，收錄於《中國地方志集成》（福建府縣志輯）31，上海市：上海書店出版社，2000年。
清‧嘉慶8年（1803）吳裕仁纂修，《惠安縣志》，收錄於《中國地方志集成》（福建府縣志輯），26，上海市：上海書店出版社，2000年。
清‧嘉慶12年（1807）謝金鑾，《續修臺灣縣志》，南投：臺灣省文獻委員會，1993年。
清‧嘉慶20年（1815）李書吉等修、蔡繼紳等纂，《澄海縣志》，臺北：成文出版社，1967年。
清‧嘉慶21年（1816）薛凝度修、吳文林纂，《雲霄廳志》，臺北：成文出版社，1967年。
清‧嘉慶李元春，《臺灣志略》，南投：臺灣省文獻委員會，1996年。
清‧道光2年（1822）葉廷芳等纂修，《永安縣三志》，臺北：成文出版社，1974年。
清‧道光9年（1829）梅鼎臣修、陳之駒纂，《屏南縣志》，收錄於《屏南縣志（四種）》，北京市：方志出版社，2014年。
清‧道光10年（1830）蔡世鈸修、林得震纂，《漳平縣志》，臺北：成文出版社，1967年。
清‧道光12年（1832）婁雲督修，《惠安續志》，臺北：惠安同鄉會。
清‧道光12年（1832）賈懋功修，《順昌縣志》，臺北：成文出版社，1974年。
清‧道光15年（1835）彭衍堂修、陳文衡纂，《龍巖州志》，臺北：成文出版社，1967年。
清‧道光16年（1836）周璽，《彰化縣志》，南投：臺灣文獻委員會，1993年。
清‧道光16年（1836）林焜熿，《金門志》，南投：臺灣省文獻委員會，1994年。
清‧道光19年（1839）周凱修、淩翰等纂，《廈門志》，臺北：成文出版社，1967年。
清‧道光20年（1840）盛朝輔等修、高澎然等纂，《重纂光澤縣志》，收錄於《中國地方志集成》（福建府縣志輯），11，上海市：上海書店出版社，2000年。

清‧道光，阮元修、陳昌齊等纂，《廣東通志》，收錄於《中國地方志集成》（省志輯）4-10，南京市：鳳凰出版社，2010。

清‧道光，吳之鏌修、周學曾、尤遜恭等纂，《晉江縣志》，收錄於《中國地方志集成》（福建府縣志輯），25，上海市：上海書店出版社，2000年。

清道光‧柯宗璜，《重修安平志》。收錄於盧建幸、王海浩編輯，《中國地方志集成：鄉鎮志專輯》，26，上海：上海書店，1992年。

清‧咸豐2年（1852）陳淑均總纂，《噶瑪蘭廳志》，南投：臺灣省文獻委員會，1993年。

清‧咸豐6年（1856）眾振履原本、張鶴齡續纂，《興寧縣志》，臺北：成文出版社，1966年。

清‧同治4年（1865）佚名編，《天后聖母聖跡圖志》，蔣維錟、周金琰，《媽祖文獻史料彙編》（第二輯著錄卷‧下編），北京：中國檔案出版社，2009年。

清‧同治8年（1869）李世熊撰，《寧化縣志》，臺北：成文出版社，1967年。

清‧同治10年（1871）陳壽棋等纂，《福建通志》，臺北：華文，1968年。

清‧同治林揚祖修，《莆田縣志稿》，收錄於方寶川、陳旭東主編，《福建師範大學圖書館藏稀見方志叢刊》，29，北京市：北京圖書館出版社，2008年。

清‧同治年間郭鏩齡〈潤月廿三日郡人往湄洲迎會，至城大雨，廿六又往湄洲迎會，至厝柄鄉，又遇大雨〉，收錄於蔣維錟、劉福鑄，《媽祖文獻史料彙編》（第一輯詩詞卷），北京：中國檔案出版社，2007年。

清‧同治陳雲章，〈湄洲謁天后宮〉《清園樓稿》，收錄於蔣維錟、劉福鑄，《媽祖文獻史料彙編》（第一輯詩詞卷），北京：中國檔案出版社，2007年。

清‧光緒元年（1875）董驤修、陳天樞等纂，《寧洋縣志》，臺北：成文出版社，1967年。

清‧光緒3年（1877）沈定均增刊，《漳州府志》，臺南：登文印刷局，1965年。

清‧光緒5年（1879）劉國光、謝昌霖纂修，《長汀縣志》，臺北：成文出版社，1967年。

清‧光緒6年（1880）何璟，〈重修莆田縣湄洲天后宮碑記〉，收錄於蔣維錟、鄭麗航，《媽祖文獻史料彙編》（第一輯碑記卷），北京：中國檔案出版社，2007年。

清‧光緒7年（1881）劉溎年修、鄧掄斌等纂，《惠州府志》，臺北：成文

出版社，1967年。

清・光緒10年（1884）張景祁等纂，《福安縣志》，臺北：成文出版社，
1967年。

清・光緒10年（1884）葛洲甫纂，《豐順縣志》，臺北：成文出版社，
1967年。

清・光緒10年（1884）周恒重修、張其（曾羽）纂《潮陽縣志》，臺北：
成文出版社，1966年。

清・清・光緒14年（1888）楊浚，《湄洲嶼志略》。蔣維錟、鄭麗航，
《媽祖文獻史料彙編》（第二輯著錄卷・上編），北京：中國檔案出
版社，2009年。

清・光緒18年（1892）屠繼善，《恆春縣志》，南投市：臺灣省文獻會，
1993年。

清・光緒19年（1893）周碩勛纂修，《潮州府志》，臺北：成文出版社，
1967年。

清・光緒20年（1894）陳朝龍，《合校足本新竹縣采訪冊》，南投：臺灣
省文獻會，1999年。

清・光緒20年（1894）作者不詳，《安平縣雜記》，南投：臺灣省文獻委
員會，1993年。

清・光緒24年（1898）吳宗焯修、溫仲和纂，《嘉應州志》，臺北：成文
出版社，1968年。

清・光緒26年（1900）翁天祜修、翁昭泰纂，《浦城縣志》，臺北：成文
出版社，1967年。

清・光緒26年（1900）王琛等修、張景祁等纂，《邵武府志》，臺北：成
文出版社，1967年。

清・光緒26年（1900）盧蔚猷修、吳道鎔纂，《海陽縣志》，臺北：成文
出版社，1967年。

清・光緒29年（1903）鄭祖庚纂修，《閩縣鄉土志》，臺北：成文出版
社，1974年。

清・光緒33年（1907）呂渭英修、鄭祖庚纂修，《侯官縣鄉土志》，臺
北：成文出版社，1978年。

清・光緒34年（1908）江若幹修、黃學波纂，《屏南縣志》，收錄於《屏
南縣志（四種）》，北京市：方志出版社，2014年。

清・光緒，陳汝咸原本、施錫衛再續纂修，《漳浦縣志》，收錄於《中國
地方志集成》（福建府縣志輯），31，上海市：上海書店出版社，
2000年。

民國6年（1917）孟昭涵修、李駒等纂，《長樂縣志》，收錄於《中國地方

志集成》（福建府縣志輯），21，上海市：上海書店出版社，2000年。

民國8年（1919）吳海清修、張書簡纂，《建寧縣志》，臺北：成文出版社，1967年。

民國8年（1919）李熙纂修，《政和縣志》，臺北：成文出版社，1967年。

民國9年（1920）馬龢鳴修、杜翰生等纂，《龍巖縣志》，臺北：成文出版社，1967年。

民國9年（1920）何樹德修、黃恩波、張宗銘纂、陸章銓續纂，《屏南縣志》，收錄於《中國地方志集成》（福建府縣志輯），14，上海市：上海書店出版社，2000年。

民國10年（1921）楊宗彩修、劉訓瑞纂，《閩清縣志》，臺北：成文出版社，1967年。

民國10年（1921）楊宗彩修、劉訓瑞纂，《閩清縣志》，收錄於《中國地方志集成》（福建府縣志輯），19，上海市：上海書店出版社，2000年。

民國10年（1921）左樹夔修、劉敬纂，《金門縣志》，收錄於《中國地方志集成》（福建府縣志輯），28，上海市：上海書店出版社，2000年。

民國11年（1922）董秉清等修、王紹沂纂，《永泰縣志》，臺北：成文出版社，1967年。

民國12年（1923）黃履思纂修，《平潭縣志》，臺北：成文出版社，1967年。

民國15年（1926）黎彩彰等修、黎景曾、黃宗憲纂，《寧化縣志》，收錄於《中國地方志集成》（福建府縣志輯），38，上海市：上海書店出版社，2000年。

民國16年（1927）曹剛等修、邱景雍纂，《連江縣志》，臺北：成文出版社，1967年。

民國16年（1927）盧興邦修、洪清芳纂，《尤溪縣志》，臺北：成文出版社，1974年。

民國17年（1928）梁伯蔭修、羅克涵纂，《沙縣志》，臺北：成文出版社，1975年。

民國18年（1929）·姚有則、萬文衡等修、羅應辰纂，《民國建陽縣志》，收錄於《中國地方志集成》（福建府縣志輯），6，上海市：上海書店出版社，2000年。年。

民國18年（1929）·詹宣猷修、蔡振堅等纂，《民國建甌縣志》，收錄於《中國地方志集成》（福建府縣志輯），6，上海市：上海書店出版社，2000年。年。

民國18年（1929）林學增等修、吳錫璜纂，《同安縣志》，臺北：成文出版社，1986年。

民國18年（1929）羅汝澤等修、徐友梧纂，《霞浦縣志》，臺北：成文出版社，1967年。

民國18年（1929）詹宣猷等修、蔡振堅等纂，《建甌縣志》，臺北：成文出版社，1967年。

民國20年（1931）陳棨，李漢青同編，《南安續志》，臺北：陳其志基金會，1974年。

民國20年（1931）陳朝宗修、王光張纂，《大田縣志》，臺北：成文出版社，1975年。

民國22年（1933）佚名，《閩侯縣志》，臺北：成文出版社，1966年。

民國25年（1936）高登艇、潘先龍修、劉敬等纂，《順昌縣志》，收錄於《中國地方志集成》（福建府縣志輯），11，上海市：上海書店出版社，2000年。

民國26年（1937）秦振夫修、朱書田等纂，《重修邵武縣志》，收錄於《中國地方志集成》（福建府縣志輯），10，上海市：上海書店出版社，2000年。

民國26年（1937）林其蓉纂，《閩江金山志》。收錄於盧建幸、王海浩編輯，《中國地方志集成：鄉鎮志專輯》，26。

民國27年（1938）陳一堃修、鄧光瀛纂，《連城縣志》，臺北：福建連城同鄉會，1973年。

民國29年（1940）方清芳修、王光張纂，《德化縣志》，收錄於《中國地方志集成》（福建府縣志輯），27，上海市：上海書店出版社，2000年。

民國30年（1941）劉超然修、鄭豐稔纂，《崇安縣新志》，臺北：成文出版社，1975年。

民國30年（1941）黃愷元等修、鄧光瀛、丘復等纂，《長汀縣志》，收錄於《中國地方志集成》（福建府縣志輯），35，上海市：上海書店出版社，2000年。

民國31年（1942）黃澄淵修、余鍾英等纂，《古田縣志》，收錄於《中國地方志集成》（福建府縣志輯），15，上海市：上海書店出版社，2000年。

民國31年（1942）陳蔭祖修、吳名世纂，《韶安縣志》，收錄於《中國地方志集成》（福建府縣志輯），31，上海市：上海書店出版社，2000年。

民國31年（1942）陳石、萬心權修、鄭豐稔等纂，《泰寧縣志》，收錄於《中國地方志集成》（福建府縣志輯），39，上海市：上海書店出版社，2000年。

民國32年（1943）王維樑修、廖立元纂，《明溪縣志》，臺北：成文出版社，1975年。

民國34年（1945）石有紀修、張琴纂，《莆田縣志》，收錄於《中國地方志
　　集成》（福建府縣志輯），16，上海市：上海書店出版社，2000年。
民國35年（1946），饒宗頤纂，《潮州志藁》，收錄於饒宗頤輯，《潮州
　　志匯編》（第四部），香港：龍門，1965年。
民國36年（1947）張漢等修、丘復等纂，《上杭縣志》，收錄於《中國地方
　　志集成》（福建府縣志輯），36，上海市：上海書店出版社，2000年。
民國36年（1947）徐炳文修、鄭豐稔纂，《雲霄縣志》，臺北：成文出版
　　社，1975年。
民國36年（1942）林善慶修、王瓊纂，《清流縣志》，收錄於《中國地方志
　　集成》（福建府縣志輯），38，上海市：上海書店出版社，2000年。
民國37年（1948）鄭豐稔總編纂，《長泰縣新志》卷三‧地理三‧風俗，
　　1948年鉛印本。
民國37年（1948）鄭豐稔纂，《長泰縣新志》，收錄於《中國地方志集
　　成》（福建府縣志輯），32，上海市：上海書店出版社，2000年。
民國48年（1959）吳繁綿、歐陽錦華書，〈鹿港天后宮湄洲天上聖母年
　　表〉，鹿港舊祖宮文物，1959年。
民初‧鄭豐稔纂，《華安縣志（民國稿本）》，華安縣：華安縣地方志編
　　纂委員會，1991年。
民初‧廈門市修志局纂修，《民國廈門市志》，收錄於《中國地方志集
　　成》（福建府縣志輯），3，上海市：上海書店出版社，2000年。
民初‧張超南總纂，《永定縣志》，臺北：永定縣同鄉會永定會刊社，
　　1982年。
民初‧蘇鏡潭纂修，《南安縣志》，收錄於《中國地方志集成》（福建府
　　縣志輯），28，上海市：上海書店出版社，2000年。
周金琰、周麗妃輯纂，《媽祖文獻史料彙編》（第三輯繪畫卷‧中編），
　　福州：海風出版社，2011年。
周金琰、劉福鑄輯纂，《媽祖文獻史料彙編》（第三輯繪畫卷‧下編），
　　福州：海風出版社，2011年。
周金琰、蔣曉前輯纂，《媽祖文獻史料彙編》（第三輯繪畫卷‧上編），
　　福州：海風出版社，2011年。
劉福鑄、周金琰輯纂，《媽祖文獻史料彙編》（第三輯經籤卷‧經懺
　　編），福州：海風出版社，2011年。
劉福鑄輯纂，《媽祖文獻史料彙編》（第三輯經籤卷‧籤詩編），福州：
　　海風出版社，2011年。
蔣維錟、周金琰，《媽祖文獻史料彙編》（第一輯檔案卷），北京：中國
　　檔案出版社，2007年。

蔣維錟、鄭麗航，《媽祖文獻史料彙編》（第一輯散文卷），北京：中國檔案出版社，2007年。

蔣維錟、鄭麗航，《媽祖文獻史料彙編》（第一輯碑記卷），北京：中國檔案出版社，2007年。

蔣維錟、周金琰，《媽祖文獻史料彙編》（第二輯著錄卷）・上編，北京：中國檔案出版社，2009年。

蔣維錟、周金琰，《媽祖文獻史料彙編》（第二輯著錄卷）・下編，北京：中國檔案出版社，2009年。

蔣維錟、劉福鑄，《媽祖文獻史料彙編》（第二輯匾聯卷・對聯編），北京：中國檔案出版社，2009年。

蔣維錟、劉福鑄，《媽祖文獻史料彙編》（第二輯匾聯卷・匾額編），北京：中國檔案出版社，2009年。

蔣維錟、鄭麗航，《媽祖文獻史料彙編》（第二輯史摘卷），北京：中國檔案出版社，2009年。

鄭麗航輯纂，《媽祖文獻史料彙編》（第三輯方志卷・上編），福州：海風出版社，2011年。

鄭麗航輯纂，《媽祖文獻史料彙編》（第三輯方志卷・下編），福州：海風出版社，2011年。

二、專書及論文集

王世慶，〈從清代臺灣農田水利的開發看農村社會關係〉，《清代臺灣經濟社會》，臺北市：聯經出版事業公司，1994年，頁131–215。

王志宇，《苑裡慈和宮誌》，苗栗苑裡鎮：苑裡慈和宮管委會，2005年。

王志宇，《寺廟與村落：臺灣漢人社會的歷史文化觀察》，臺北市：文津，2008年。

王見川、李世偉，《臺灣的民間宗教與信仰》，臺北縣蘆洲：博揚文化，2000年。

王見川、李世偉，《臺灣媽祖廟閱覽》，臺北縣蘆洲：博揚文化，2001年再版一刷。

王國寶主編，《大愛媽祖・媽祖信仰在寧波》，寧波：寧波出版社，2017年。

王穎，《霧峰林家——臺灣第一家族絕世傳奇》，北京：九州出版社，2009年。

石萬壽，《台灣的媽祖信仰》，臺北市：臺原，2000年。

全國寺廟整編委員會編輯部主編，《月港庇護宮誌》，臺南鹽水：月港庇
　　護宮管理委員會，1989年。

朱浩懷編纂，《平遠縣志續編資料》，臺中市：青峰，1975年。

江煥明，《丹霞萃金：漳州古城史跡考》，廈門：廈門大學出版社，
　　2014年。

余光弘，〈鹿港舊祖宮的影響範圍〉，《民間信仰與中國文化國際研討會
　　論文集》，臺北市：漢學研究中心，1994年，頁455–470。

吳文星主持；鹿港鎮志纂修委員會編纂，《鹿港鎮志・人物篇》，彰化鹿
　　港：彰縣鹿港鎮公所，2000年。

吳智剛，《21世紀海上絲綢之路與媽祖文化》，廣州：廣東旅遊出版社，
　　2017年。

李志祥，《花園媽：鹽行天后宮誌》，臺南永康：永康鹽行天后宮，
　　2019年。

李建緯，〈臺灣媽祖廟中所見「與天同功」匾之風格與工藝問題〉，
　　《2013媽祖國際學術研討會：全球化下媽祖信仰的在地書寫》，臺中
　　市：臺中市文化局，2013年，頁309–337。

李建緯，〈從文物看見歷史——臺中旱溪樂成宮既存文物與相關問題〉
　　《媽祖物質文化研討會：媽祖文化中的歷史物件、保存與再現》，臺
　　中市：臺中樂成宮，2016年，頁20–64。

李建緯，《歷史、記憶與展示：臺灣傳世宗教文物研究》，臺中市：豐饒
　　文化，2018年。

李建緯計畫主持人，《106–107年彰化縣鹿港天后宮24組具古物調查研究計
　　畫案成果報告書》，彰化市：彰化縣文化局，2018年。

李昭容，《宜樓掬月意樓春——鹿港慶昌家族史續探》，臺中市：晨星，
　　2015年。

李露露，《媽祖信仰》，臺北市：漢揚出版，1995年。

杜維運，《史學方法論》，臺北市：杜維運發行，2005年。

卓克華，《清代臺灣的商戰集團》，臺北市：臺原出版社，1990年。

卓克華，《從寺廟發現歷史：臺灣寺廟文化之解讀與意涵》，臺北市：楊
　　智文化，2003年。

卓克華，《清代臺灣行郊研究》，臺北縣深坑：楊智文化，2007年。

卓克華，《竹塹媽祖與寺廟》，臺北縣深坑：楊智文化，2010年。

卓克華，《民間文書與媽祖廟之研究》，新北市：楊智文化，2012年。

卓克華，〈彰化北斗富美館之歷史調查研究〉，《海上絲綢之路與泉港海
　　國文明》，廈門：廈門大學出版社，2015年，頁358–375。

卓克華，〈臺中市梧棲浩天宮的調查研究〉，《媽祖信仰與文化傳承》，

新北市：財團法人新人類文明文教基金會，2016年，頁237–282。

卓神保，《鹿港寺廟大全》，彰化鹿港：財團法人鹿港文教基金會，1980年。

周金琰，《媽祖祭典》，濟南市：山東友誼出版社，2013年。

林文龍，《細說彰化古匾》，彰化市：彰化縣立文化中心，1999年。

林玉茹，《清代臺灣港口的空間結構》，臺北縣中和：知書房出版，1996年。

林玉茹，《清代竹塹地區的在地商人及其活動網絡》，臺北市：聯經，2000年。

林江珠等著，《閩臺民間信仰傳統文化遺產資源調查》，廈門：廈門大學出版社，2014年。

林美容，《臺灣民間信仰研究書目》，臺北市：中研院民族所，1997年。

林美容，《媽祖信仰與臺灣社會》，台北縣蘆洲：博揚文化，2008年。

林美容，〈媽祖進香與無形文化資產〉，《2014年臺中媽祖國際觀光文化節媽祖國際學術研討會論文集》，臺中市：中市文化局，2014年，頁37–52。

林國平，《漳州民間信仰與閩南社會》（上）（下），北京：中國社會科學出版社，2013年。

林國平，《閩臺民間信仰源流》，北京：人民出版社，2013年。

林國平、鍾建華主編，《漳州民間信仰與閩南社會》，北京：中國社會科學出版社，2016年。

林國良主編，《莆田媽祖信俗大觀》，福州：海風出版社，2014年。

林滿紅，《茶、糖、樟腦業與臺灣之社會經濟變遷（1860–1895）》，新北市：聯經，2018年。

林慶元，《楊廷理傳》，南投：臺灣省文獻委員會，1998年。

邱正略，〈彰化媽祖信仰的內山傳播——以埔里媽祖信仰為例〉，《鹿港天后宮論文集》，彰化鹿港：鹿港舊祖宮，2017年，頁38–75。

恠我氏、林美容點校，《百年見聞肚皮集點校本》，新竹市：新竹文化局，1996年。

施文炳，〈媽祖信仰在臺灣〉，《海外學人論媽祖》，北京：中國社會科學出版社，1992年，頁232–243。

洪安全主編，《清宮宮中奏摺臺灣史料（九）》，臺北市：故宮，2004年。

洪瑩發，〈從進香到觀光與身體實踐：戰後的大甲媽祖進香〉，《媽祖國際學術研討會：媽祖、民間信仰與文物論文集》，臺中清水：中縣文化局，2009年，頁287–329。

范明煥，《新竹地區客家人媽祖信仰之研究》，新竹竹北：竹縣文化局，

2005年。

徐曉望著，《媽祖信仰史研究》，福州：海風出版，2007年。

徐曉望，〈廈門島的媽祖廟與媽祖稱呼的起源〉，《媽祖國際學術研討會——媽祖、民間信仰與文物論文集》，臺中清水：中縣文化局，2009年，頁29–54。

婁子匡編纂，《妙峰山》，臺北市：東方文化供應社，1970年。

張家麟，〈宗教儀式與宗教領袖詮釋——以大甲鎮瀾宮的進香儀式變遷為焦〉，《2007臺中縣媽祖國際學術研討會論文集》，臺中市：中市文化局，2007年，頁101–128。

張家麟，《人神對話：臺灣宗教儀式與社會變遷》，臺北市：蘭臺，2008年。

張桓忠，《萬春宮志》，臺中市：臺中市萬春宮管理委員會，2014年。

張珣，《媽祖‧信仰的追尋（續篇）》，臺北市：博揚文化，2009年。

張耘書，《臺南媽祖信仰研究》，臺南市：南市文化局，2013年。

許世融、張智欽，〈20世紀初泉州移民在臺灣的分布〉，《海上絲綢之路與泉港海國文明》，廈門：廈門大學出版社，2015年，頁203–212。

許雪姬主持；鹿港鎮志纂修委員會編纂，《鹿港鎮志‧宗教篇》，彰化鹿港：彰縣鹿港鎮公所，2000年。

許嘉勇，《許我一間厝、許我一塊埔：鹿港許厝埔十二庄》，彰化市：彰化縣文化局，2007年。

許達然（文雄），〈清朝臺灣社會動亂〉，《臺灣歷史與文化（一）》，臺北板橋：稻鄉出版社，1999年，頁27–80。

連力東，〈從泉港龍鳳宮與臺灣中港龍鳳宮看兩地民間神緣關係〉，《海上絲綢之路與泉港海國文明》，廈門：廈門大學出版社，2015年，頁352–357。

連橫，《臺灣通史》，臺北市：眾文圖書，1979年。

郭民富，〈清順治「辛丑播遷」史考〉，《海上絲綢之路與泉港海國文明》，廈門：廈門大學出版社，2015年，頁423–431。

郭肖華、林江珠、黃輝海，《閩臺民間節慶傳統習俗文化遺產資源調查》，廈門：廈門大學出版社，2014年。

陳支平、蕭惠中主編，《海上絲綢之路與泉港海國文明》，廈門：廈門大學出版社，2015年。

陳仕賢，《臺灣的媽祖廟》，臺北新店：遠足文化，2006年。

陳仕賢總編輯，《鹿港天后宮老照片專輯》，彰化鹿港：鹿港舊祖宮，2015年。

陳仕賢等撰稿，《鹿港天后宮論文集》，彰化鹿港：鹿港舊祖宮，2017年。

陳紹馨，《臺灣人口變遷和社會變遷》，臺北市：聯經，頁1979年。

陳進國，〈傳統的喚醒與發明——以福建陳坂宮開永媽祖廟為例〉，《2013媽祖國際學術研討會：全球化下媽祖信仰的在地書寫》，臺中市：臺中市文化局，2013年，頁77–130。

陳寶良，《中國的社與會》，臺北市：南天，頁1998年。

鹿港天后宮管理委員會，《彰化縣鹿港鎮：玉順里鹿港天后宮湄洲天上聖母簡介》，彰化鹿港：鹿港天后宮管理委員會，1968年。

鹿港天后宮管理委員會、陳仕賢作，《鹿港天后宮志》，彰化鹿港：鹿港天后宮管理委員會，2004年。

揭陽縣誌董事會編著，《揭陽縣誌》，香港九龍：集成，1969年。

黃文車，〈從波靖南溟到南海明珠——新加坡天福宮的媽祖信仰與文化網絡建構〉，《2012臺中媽祖國際觀光文化節—媽祖國際學術研討會》，臺中市：臺中市政府文化局，2012年，頁65–89。

黃文博：《臺灣信仰傳奇》，臺北市：臺原出版社，1989年。

黃秀政，《臺灣史研究》，臺北市：臺灣學生，1992年。

黃明安，《大愛媽祖》，福州：海峽文藝出版社，2016年。

黃美英，《臺灣媽祖的香火與儀式》，臺北市：自立晚報出版社，1994年。

黃美英，〈香火與女人：媽祖信仰與儀式的性別意涵〉，《寺廟與民間文化研討會論文集》，臺北市：行政院文化建設委員會，1995年，頁531–551。

黃富三、林滿紅、翁佳音，《清末臺灣海關歷年資料（Ⅰ）》，臺北市：中央研究院臺灣史研究所籌備處，1997年。

黃富三，《臺灣水田化運動先驅施世榜家族史》，南投市：臺灣文獻館，2006年。

楊天厚、林麗寬，《金門寺廟巡禮》，臺北永和：稻田出版有限公司，1998年。

楊朝傑，〈日治時期雲林地區媽祖廟往舊祖宮的進香〉，《鹿港天后宮論文集》，彰化鹿港：鹿港舊祖宮，2017年，頁122–151。

葉大沛，《鹿港發展史》，彰化市：左羊出版社，1997年。

廖風德，〈海盜與海難：清代閩臺交通問題初探〉，《中國海洋發展史論文集（三）》，臺北市：中央研究院三民主義研究所，1988年，頁191–213。

福建省地方志編輯委員會、莆田市湄洲媽祖祖廟董事會、臺灣媽祖聯誼會編，《媽祖文化志‧媽祖宮廟與文物史蹟卷》，北京：國家圖書出版社，2018年。

福建莆田文峰天后宮編，《媽祖聖跡圖》，莆田：福建莆田文峰天后宮，

2013年。

趙世瑜，《狂歡與日常——明清以來的廟會與民間社會》，北京：生活・讀書・新知三聯書店，2002年。

閩南師範大學閩南文化研究中心編，《閩南文化研究年鑑2014》，廈門：廈門大學出版社，2015年。

蔡志展〈施世榜在鹿港「懇留」湄洲媽祖的時間辨誤〉，《蚶江鹿港對渡文化論集》，武漢：武漢大學出版社，2011年，頁127–144。

蔡相輝，《北港朝天宮志》，雲林：財團法人北港朝天宮董事會，1989年。

蔡相輝，《臺灣的王爺與媽祖》，臺北市：臺原，1989年。

蔡相輝，〈以媽祖為例——論政府與民間信仰的關係〉，《民間信仰與中國文化國際研討會論文集（上）》，臺北市：編者，1994年，頁437–454。

蔡相輝，《天妃顯聖錄與媽祖信仰》，臺北市：獨立作家，2016年。

蔡相輝，《台灣的媽祖信仰》，臺北市：獨立作家，2018年。

蔡采秀，〈海運發展與臺灣傳統港都的形成——以清代的鹿港為例〉，《中國海洋發展史論文集（七）》，臺北市：中研院社科所，1999，頁503–536。

蔣炳釗，《藍鼎元傳》，南投：臺灣省文獻委員會，1998年。

蔣維錟，〈關於聖墩遺址問題的再商榷〉，《海外學人論媽祖》，北京：中國社會科學出版社，1992年，頁411–415。

蔣維錟、朱合浦主編《湄洲媽祖志》，北京：方志出版社，2011年。

鄭振滿，〈莆田江口平原的神廟祭典與社區歷史〉，《寺廟與民間文化研討會論文集》，臺北市：文建會，1995年，頁579–598。

蕭慶偉、鄧文金、施榆生主編，《閩臺文化的多元詮釋（三）》，廈門：廈門大學出版社，2014年。

蕭慶偉、陳支平、李玉柱主編，《閩臺文化的多元詮釋（四）》，廈門：廈門大學出版社，2015年。

戴志堅，《閩臺民居建築的淵源與型態》，北京：人民出版社，2013年。

戴炎輝，《清代臺灣之鄉治》，臺北市：聯經出版事業股份有限公司，1979年。

戴寶村，《海洋臺灣歷史論集》，臺北市：財團法人吳三連臺灣史料基金會，2018年。

謝宗榮、李秀娥編，《清乾隆帝敕建天后宮志》，彰化鹿港：鹿港新祖宮管理委員會，2001年。

謝宗榮，《臺灣的廟會文化與信仰變遷》，臺北蘆洲：博揚文化，2006年。

謝英從，《挖仔接腰站：清季彰化郵驛道路研究調查》，彰化市：彰化縣

政府文化局，2002年。

謝瑞隆，〈彰南地區媽祖廟的信仰圈之發展與變遷〉，《2010媽祖信仰學術研討會論文集》，彰化市：彰化縣文化局，2010年，頁135。

謝瑞隆，〈原東螺保西螺保的媽祖信仰之開展與競合〉，《2013媽祖國際學術研討會：全球化下媽祖信仰的在地書寫》，臺中市：臺中市文化局，2013年，頁183–212。

簡有慶，《關渡媽祖信仰及其年例變遷研究》，臺北市：博揚文化，2011年。

獺窟媽祖宮（西宮）管委會，《獺窟媽祖宮》，泉州市臺商投資區張坂鎮浮山村：獺窟媽祖宮（西宮）管委會，2014年。

三、期刊論文

王世慶，〈民間信仰在不同祖籍移民的鄉村之歷史〉，《臺灣文獻》，23:3（1972年9月），頁1–38。

王志宇，〈清代臺灣彰南地區的媽祖信仰——以東螺街及悅興街的發展為中心〉，《逢甲人文社會學報》，15（2007年12月），頁143–163。

王炯華，〈分靈分香保平安〉，《中華文化雙周報》，9（2005年4月25日），頁21–24。

王嵩山，〈進香活動看民間信仰與儀式〉，《民俗曲藝》，25（1983年7月），頁61–90。

王福梅，〈閩臺媽祖信仰宗教屬性比較——以湄洲祖廟和北港朝天宮為例〉，《長春工程學報（社會科學版）》，4（2010年），頁8–11。

王葶萱，〈「回娘家」：臺灣—湄洲媽祖文化交流淺析〉，《消費導刊》，23（2009年），頁223–224。

朱天順，〈媽祖信仰與兩岸關係〉，《臺灣研究集刊》，1（1998年），頁44–53。

江燦騰，〈近代以前臺灣佛教的源流與特徵：以臺灣北部新竹地區為例〉，《成大宗教與文化學報》，6（2006年6月），頁21–33。

吳明勳，〈上香山——安平迎媽祖〉，《臺南文獻》，5（2014年7月），頁50–64。

宋嘉健，〈作為朝聖行為的進香——以臺灣地區媽祖進香儀式為例〉，《集美大學學報（哲社版）》，18：3（2015年7月），頁12–18。

李少園，〈論宋元明時期媽祖信仰的傳播〉，《福建論壇（文史哲版）》，5（1997年），頁6–12。

李建緯、林郁瑜，〈雲林西螺廣福宮文物資源調查報告〉，《庶民文化》，9（2014年3月），頁76–102。

李建緯、張志相等，〈面海的女神──臺中濱海媽祖廟歷史、信仰與文物調查研究〉，《庶民文化》，12（2015年9月），頁47–143。

李獻璋，〈笨港聚落的成立及其媽祖祠祀的發展與信仰實態〉《中國雜誌》，35：7–9（1967年10、11、12月），頁203–207、252–256、286–293。

佳宏偉、張頌爽，〈廈門媽祖信仰的發展歷史及其特點〉，《福建史志》，5（2017年），頁29–34。

周金琰，〈臺灣媽祖信眾湄洲朝聖現象之探析〉，《江蘇社會科學》，3（2015年），頁226–231。

林偉盛，〈清代淡水廳的分類械鬥〉，《臺灣風物》，52：2（2002年6月），頁17–56。

林國平，〈媽祖信仰和兩岸關係的互動〉，《江西師範大學學報（哲學社會科學版）》，36：4（2003年），頁5–13。

林衡道，〈麥寮鄉拱範宮〉，《臺灣文獻》，30：2（1979年6月），頁90–95。

范正義，〈媽祖與保生大帝進香儀式的比較研究〉，《中國社會經濟史研究》，4（2008年），頁97–104。

范正義、林國平，〈閩臺宮廟間的分靈、進香、巡游及其文化意義〉，《世界宗教研究》，3（2002年），頁131–144。

夏琦，〈媽祖信仰的地理分布〉，《幼獅學誌》，1：4（1962年10月），頁（4）1–（4）32＋左6–7。

夏琦，〈媽祖傳說的歷史發展〉，《幼獅學誌》，1：3（1962年7月），頁（4）1–（4）37＋左3–4。

容肇祖，〈天后〉，《民俗周刊》，42（1929年），頁9–16。

徐一智，〈明代政局變化與佛教聖地普陀山的發展〉，《玄奘佛學研究》，14（2010年9月），頁25–88。

徐天基，〈「標準化」的帷幕之下：北京丫髻山的進香史（1696–1937）〉，《中央研究院近代史研究所集刊》，84（2014年6月），頁59–113。

徐曉望，〈論明代福建商人的海洋開拓〉，《福建師範大學學報（哲學社會科學版）》，154：1（2009年），頁112–117。

海翔，〈莆田賢良港媽祖信俗研究綜述〉，《海峽教育研究》，4（2018年），頁49–57。

翁佳音，〈有關北港媽祖的兩條清代資料抄釋〉，《臺灣風物》，39：1

（1989年3月），頁139–143。

張炳楠，〈鹿港開港史〉，《臺灣文獻》，19：1（1968年），頁1–44。

張家麟，〈酬神、融合與交陪——臺北小坪頂集應廟輪祀尪公祭典〉，《宗教哲學》，88（2019年6月），頁15–53。

張珣，〈臺灣的媽祖信仰——研究回顧〉，《新史學》，6：4（1995年12月），頁95–97。

張菼，〈清代初期治臺政策的檢討〉，《臺灣文獻》，21：1（1970年3月），頁19–44。

梅莉，〈明清時期湖北民眾武當朝香習俗概觀——以武當山現存碑刻為考察中心〉，《江漢論壇》（2006年7月），頁89–93。

莊吉發，〈清世宗禁止偷渡臺灣的原因〉，《食貨月刊》，13：7、8（1983年11月），頁293–301。

莊吉發，〈清初閩粵人口壓迫與偷渡臺灣〉，《中國雜誌》，60：1（1980年1月），頁25–33。

莊金德，〈清初嚴禁沿海人民偷渡來臺始末〉（上）、（下），《臺灣文獻》，15：3、4（1964年9月），頁1–20、40–62。

莊國土，〈海貿與移民互動：十七至十八世紀閩南人移民臺灣原因——兼論漳泉籍移民差異〉，《臺灣文獻》，51：2（2000年06月），頁11–26。

莊德，〈媽祖史事與臺灣的信奉〉，《臺灣文獻》，8：2（1957年6月），頁5–16。

許進發，〈清季搶船事件與臺灣沿海地區民眾風俗〉，《臺灣風物》，57：1（2007年3月），頁71–100。

許嘉明，〈彰化平原福佬客的地域組織〉，《中央研究院民族學研究所集刊》，36（1973年9月），頁165–190。

陳衍德，〈閩南粵東媽祖信仰與經濟文化的互動：歷史和現狀的考察〉，《中國社會經濟史研究》，2（1996年2月11日），頁76–83。

陳紹馨，〈臺灣人口史的幾個問題〉，《臺灣文獻》，13：2（1962年6月），頁110–119。

陳緯華，〈靈力經濟：一個分析民間信仰活動的新視角〉，《臺灣社會研究季刊》，69（2008年3月），頁57–106。

傅建清，〈媽祖香火與社會經濟文化關係——以潭邊龍井宮媽祖香火為例〉，《莆田學院學報》，16：4（2009年8月），頁75–80。

黃典權，〈清代臺灣南部的開發〉，《歷史月刊》，15（1989年），頁108–115。

黃敦厚，〈大甲媽祖進香源流初探〉，《民俗曲藝》，103（1996年9

月），頁49–60。

黃瑞國、黃婕，〈媽祖文化研究的歷史、傳承與發展〉，《媽祖文化研究》，1（2017年），頁27–42。

楊立志，〈武當進香習俗地域分布爭議〉，《湖北大學學報（哲學社會科學版）》，32：1（2005年1月），頁14–19。

楊彥杰，〈「林日茂」家族及其文化〉，《臺灣研究集刊》，74：4（2001年），頁23–33。

楊朝傑，〈清代臺灣西螺街的形成與發展〉，《歷史臺灣》，9（2015年5月），頁5-39。

溫振華，〈清代臺灣中部的開發與社會變遷〉，《臺灣師大歷史學報》，11（1983年），頁43–95。

葉濤，〈泰山香社傳統進香儀式研究〉，《思想戰線》，32：2（2006年），頁80–90。

劉枝萬，〈清代臺灣之寺廟（一）〉，《臺北文獻》，4（1963年6月），頁101–120。

劉枝萬，〈清代臺灣之寺廟（二）〉，《臺北文獻》，5（1963年9月），頁45–110。

劉暉菲，〈媽祖信俗在地化的發展與演變——以泉州潯埔村、沙格村民俗活動為例〉，《莆田學院學報》，22：6（2015年12月），頁7–12。

劉福鑄，〈媽祖文獻資料的搜集整理與展望〉，《浙江海洋學院學報》，32：5（2015年10月），頁21–26。

鄭振滿，〈湄洲祖廟與度尾龍井宮：興化民間媽祖崇拜的建構〉，《民俗曲藝》，167（2010年3月），頁123–150。

蟄庵，〈臺灣媽祖廟遊記及天妃考略〉，《進步雜誌》，11（1916年），頁1–11。

謝國興，〈媽祖的香路：臺灣媽祖遶境的幾種模式〉，《臺南文獻》，5（2014年7月），頁10–49。

顧頡剛，〈天后〉，《民俗周刊》，42（1929年），頁1–9。

四、外文譯著

李獻璋著、鄭彭年譯，《媽祖信仰研究》，澳門：澳門海事博物館，1995年。

必麒麟（W.A.Pickerine）著、陳逸君譯，《歷險福爾摩沙》，臺北市：前衛，2010年。

伊能嘉矩著、國史館臺灣文獻館編譯，《臺灣文化志・上卷》，臺北市：
　　臺灣書房，2011年。
伊能嘉矩著、國史館臺灣文獻館編譯，《臺灣文化志・下卷》，臺北市：
　　臺灣書房，2011年。
伊能嘉矩著、國史館臺灣文獻館編譯，《臺灣文化志・中卷》，臺北市：
　　臺灣書房，2011年。
國分直一著、林懷卿譯，《臺灣民俗學》，臺南市：莊家出版社，1980年。
鈴木清一郎著、馮作民譯，《增訂臺灣舊慣習俗信仰》，臺北市：眾文圖
　　書，1989年。
片岡巖著、陳金田譯，《臺灣風俗誌》，臺北市：眾文圖書，1990年。
松浦章著、卞鳳奎譯，《日治時期臺灣海運發展史》，臺北縣蘆洲：博揚
　　文化，2004年。
松浦章著、卞鳳奎譯，《東亞海域與臺灣的海盜》，臺北縣蘆洲：博揚文
　　化，2008年。
松浦章著、卞鳳奎譯，《清代臺灣海運發展史》，臺北縣蘆洲：博揚文
　　化，2008年。
松浦章等著、卞鳳奎主編，《明清以來東亞海域交流史》，臺北縣蘆洲：
　　揚文化，2010年。
松浦章編著，《近代東亞海域交流史》，臺北市：博揚文化，2012年。
松浦章等著，《近代東亞海域經貿交流史》，臺北市：博揚文化，2012年。
松浦章等著，《近代東亞海域交流史——晚清至戰前時期》，臺北市：博
　　揚文化，2013年。
松浦章編著，《近代東亞海域交流史：航運・海難・倭寇》，臺北市：博
　　揚文化，2014年。
松浦章編著，《近代東亞海域交流史：航運・商業・人物》，臺北市：博
　　揚文化，2015年。
松浦章編著，《近代東亞海域交流史：航運・臺灣・漁業》，臺北市：博
　　揚文化，2016年。
松浦章編著，《近代東亞海域交流史：外交・貿易・物流》，臺北市：博
　　揚文化，2017年。
增田福太郎著、黃有興譯、《臺灣宗教論集》，南投：臺灣省文獻委員
　　會，2001年。增田福太郎著、江燦騰主編、黃有興譯，《臺灣宗教信
　　仰》，臺北市：東大，2005年。
Donald R. Deglopper、賴志達譯，〈一個十九世紀臺灣港埠的社會結
　　構〉，《國立臺灣大學建築與城鄉研究學報》，1:1（1981年），頁
　　177–185。

西文

Donald DeGlopper, "Lu-kang: A City and Its Trading System", in R.G. Knapp, ed. *CHINA'S ISLAND FRONTIER*, Honolulu: University of Hawaii, 1980, pp. 143-166.

Gt. Brit Foreign office, "Returns of the trade of the various ports of China. 1846-49", ed. by Foreign office, Gt. Brit.,Lond. : H. M. Stat. off., 1847-1850.

五、學位論文

戴寶村，〈近代臺灣港口市鎮之發展：清末至日據時期〉，國立臺灣師範大學博士論文，1988年。

許瑞浩，〈清初限制渡臺下的閩南人移民活動〉，國立臺灣大學歷史所碩士論文，1988年。

蔡秀娟，〈清代閩粵臺偷渡人口問題之研究〉，國立臺灣師範大學歷史研究所碩士論文，1998年。

程美蓉，〈從麥寮拱範宮遶境活動看信仰文化中人群的結合〉，國立臺南大學鄉土文化研究所碩士論文，2002年。

姚文琦，〈臺灣媽祖信仰的進香態度及其變遷——從信眾的觀點進行觀察〉，世新大學社會發展研究所碩士論文，2002年。

林政璋，〈臺灣與福建湄洲媽祖進香交流研究〉，淡江大學中國研究所文化教育組碩士論文，2003年。

許毓良，〈清代臺灣的軍事與社會——以武力控制為核心的討論〉，國立臺灣師範大學歷史研究所博士論文，2004年。

鄭衡泌，〈媽祖信仰傳播和分布的歷史地理過程分析〉，福建師範大學碩士論文，2006年。

范宏緯，〈兩岸民間信仰交流之研究——以閩臺媽祖交流活動為例》，淡江大學中國中國研究所碩士論文，2008年。

黃建興，〈陳靖姑信仰與古田臨水祖殿「請香接火」儀式〉，福建師範大學宗教學碩士學位論文，2009年。

鐘祺，〈正統化：宋元時期福建文人對媽祖的形象建構〉，福建師範大學中國史歷史學碩士學位論文，2009年。

李佳洲，〈日治時期北港朝天宮地位崛起之考察〉，國立臺灣師範大學台灣文化及語言文學研究所碩士論文，2010年。

莊景為，〈福興、埔鹽 同安寮十二庄之請媽祖遶境研究〉，國立臺北藝術

大學文化資源學院傳統藝術研究所碩士論文，2011年。

黃敦厚，〈臺灣媽祖信仰與商人精神——以大甲、北港媽祖為研究中心〉，國立中興大學文學研究所博士學位論文，2012年。

楊朝傑，〈西螺溪下游地區宗教活動與人群關係——以西螺街媽祖信仰為中心〉，國立政治大學民族學系碩士論文，2012年。

謝英傑，〈清中期福建鄉村基層組織及其社會管理——以閩南地區為中心的考察〉，福建師範大學中國古代史歷史學碩士學位論文，2012年。

李振安，〈彰化南瑤宮進香活動之變遷研究〉，國立中正大學臺灣文學研究所碩士論文，2014年。

簡瑛欣，〈祖廟——臺灣民間信仰的體系〉，國立政治大學民族學系博士論文，2015年。

六、參考網站

中央研究院臺灣史研究所臺灣文獻叢刊資料庫：http://tcss.ith.sinica.edu.tw/cgi-bin/gs32/gsweb.cgi/login?o=dwebmge&cache=1591862193406。

附錄一　清代與民初，臺灣、福建及粵東地區「進香」的紀錄表

項目	事蹟	地區	資料來源
1	媽祖宮：在東澳社，祀天后。三月中鄉例慶天后誕。先數日，廈之諸廟必造其地，名曰**請香**	泉州府	清康熙52年（1713），朱奇珍修、葉新朝、張金友纂，《同安縣志》卷之十〈壇廟〉，收錄於鄭麗航輯纂，《媽祖文獻史料彙編》第三輯方志卷·上編（福州：風出版社，2011），頁96。
2	媽祖宮：在東澳社，祀天后。三月中鄉例慶天后誕。先數日，廈之諸廟必造其地，名曰**請香**	泉州府	清乾隆·吳鏞修、陶元藻纂，《同安縣志》卷之十〈壇廟〉，收錄於鄭麗航輯纂，《媽祖文獻史料彙編》第三輯方志卷·上編，頁97。
3	上元內外賽會迎神。鄉邨之間或於二月，謂之**進香**。	泉州府	清乾隆·懷蔭布等修，《泉州府志》卷二十〈風俗〉
4	民好事非鬼敬神重於敬祖，遇神誕**請香**迎神，鑼鼓喧天，旌旗蔽日，燃燈結彩，演劇連朝，讀書明理者夷然不屑也。	漳州府	清乾隆張懋建纂修，《長泰縣志》風土志卷之十〈風俗〉，鉛印本。
5	章帥祠在縣北十九都洪瀨街，縣志，神失其名舊蛻化於永春石竹鄉。每歲春，鄉人往石竹**取火**，遠近從之者以萬計。	泉州府	清乾隆懷蔭布等修，《泉州府志》卷十六〈壇廟寺觀〉。
6	三月十五日青礁慈濟宮吳英惠侯誕，澄人先數日各祀廟建醮。醮畢迎神，社人鼓樂，旌幟樓閣，彩亭前導致慈濟宮，傳香以歸，方言曰**割香**，歲一為常。	漳州府	清乾隆27年（1762），陳鍈等修、鄧廷祚等纂，《海澄縣志》第十五卷〈風土·歲時〉（臺北：成文出版社，1967年），頁177。
7	東澳媽祖宮：在東澳社左，祀天后，為廈門島天后廟之先。三	泉州府	清乾隆·薛起鳳纂修、黃名香、楊國春分修，《鷺江志》卷一

項目	事蹟	地區	資料來源
	月，鄉例慶天后誕。先數日，廈之諸廟必造其地，名曰**請香**		〈廟宇〉，收錄於鄭麗航輯纂，《媽祖文獻史料彙編》第三輯方志卷・上編，頁101。
8	媽祖宮：在東澳社，祀天后。三月中鄉例慶天后誕。先數日，廈之諸廟必造其地，名曰**請香**	泉州府	清嘉慶・吳堂修、劉光鼎等纂，《同安縣志》卷之十〈壇廟〉，收錄於鄭麗航輯纂，《媽祖文獻史料彙編》第三輯方志卷・上編，頁98。
9	媽祖宮：在東澳社，祀天后。三月中鄉例慶天后誕。先數日，廈之諸廟必造其地，名曰**請香**	泉州府	清道光・周凱總纂、凌翰等分輯，《廈門志》卷二〈分域略・祠廟〉，收錄於鄭麗航輯纂，《媽祖文獻史料彙編》第三輯方志卷・上編，頁103。
10	每年春季，迎天后，曰**進香**	泉州府	清道光・林焜熿纂輯，《金門志》卷十五〈風俗記・雜俗〉（臺北市：臺灣銀行經濟研究室，1960年），頁396–397。
11	天后聖母廟……在鹿港北頭，乾隆初，士民公建，歲往**湄洲進香**	臺灣府	清道光・周璽，《彰化縣志》卷五〈祀典志・祠廟〉，頁154。
12	天后聖母廟……一在邑治南門外尾窯，乾隆中士民公建，歲往笨港**進香**，男女塞道，屢著靈應	臺灣府	清道光・周璽，《彰化縣志》卷五〈祀典志・祠廟〉，頁154。
13	龍山寺……道光二十五年秋七月佛祖往浙江南普陀山**進香**。	泉州府	年代道光25年（1845）清・柯宗璠，《重修安平志》。收錄於盧建幸、王海浩編輯，《中國地方志集成：鄉鎮志專輯》，26（上海：上海書店，1992），頁622。
14	上元内外賽會迎神。鄉村間或於二月，謂之**進香**。	泉州府	清同治・陳壽棋等纂，《福建通志》卷五十六〈風俗・泉州府〉（臺北：華文，1968年），頁1140。
15	中秋士女登烏石山**進香**，夜然神光塔燈，是夜婦女連臂出遊，謂走百病。（查無宮廟「割火」儀式相關文獻，此例可能為朝山「進香」）	福州府	清同治・陳壽棋等纂，《福建通志》卷五十五〈風俗・福州府〉（臺北：華文，1968年），頁1124。

項目	事蹟	地區	資料來源
16	蓋聞我宮寔由武當分鎮。前定每逢午年，**請香**一次，後因道路阻梗，兼以甲子之變，迄今已閱三十餘年矣。……有此次進香，皆賴眾善信捐資集腋，合將開用諸費勒石，以示不忘。以後仍舊章，逢照午年**進香**……計共捐緣資三百六十三……	漳州府	清光緒3年（1878）〈鳳霞宮武當山進香碑記〉。收錄於江煥明，《丹霞萃金：漳州古城史跡考》（廈門：廈門大學出版社，2014），頁258。
17	赤峯嶂……廟祀定光伏虎，歲時朝謁者肩摩而進，秋冬尤盛。俗於遠處**進香**謂之**朝山**。赤峯特盛，平原次之。縣北都朝大悲，縣南都朝龜龍東華……。（此例為朝山「進香」）	汀州府	清光緒5年（1979）·劉國光謝昌霖纂修，《長汀縣志》卷之三〈山川〉（臺北：成文出版社，1967年），頁55。
18	南泉堂在同禾里六都，俗名草捕宮，祀清水祖師，其神甚靈，有禱歲輒應。正月往彭巖**進香**，四方從者以數千計，近遭拆毀成訟案未興脩。	泉州府	清乾隆42年修清光緒19年（1893）補刊·萬友正纂修，《馬巷廳志》（臺北：成文出版社，1967年），頁83。
19	郊戶所祀之天后香火，則自興化府屬之湄洲分來，每三年則專僱一船，奉安天后神像駛往**湄洲進香**一次	臺灣省	清光緒20年（1894）以後·陳朝龍，《合校足本新竹縣采訪冊》，頁375。
20	本縣各處天后香火，各自嘉義縣北港分來，是月各莊士民百十為群，各制小旗（旗上有小鈴），燈籠一，上寫「北港**進香**」字樣，競往北港焚香敬禮，謂之「隨香」，道途往來，無分晝夜，鈴聲不絕者，皆隨香客也。	臺灣省	清光緒20年（1894）以後·陳朝龍，《合校足本新竹縣采訪冊》，頁375。
21	三月，北港**進香**，市街里保民人沿途往來數萬人，日夜絡繹不絕，各持一小旗，掛一小燈，（燈旗各寫「天上聖母、北港進香八字」	臺灣省	清光緒20年（1894）以後·作者不詳，《安平縣雜記》〈風俗現況〉，收錄於鄭麗航輯纂，《媽祖文獻史料彙編》第三輯方志卷·上編，頁224。

項目	事蹟	地區	資料來源
22	北港媽來郡**乞火**，鄉莊民人隨行者數萬人，入城，市街民人款留三天，其北港媽駐大媽祖宮，為闔郡民**進香**，至十五、十六日出廟繞境，沿途回港護送者蜂擁，隨行者亦同返，此係俗例，一年一次也。	臺灣省	清光緒20年（1894）以後，作者不詳，《安平縣雜記》〈風俗現況〉，收錄於鄭麗航輯纂，《媽祖文獻史料彙編》第三輯方志卷·上編，頁224。
23	三月二十日，安平迎媽祖。是日，媽祖到鹿耳門廟**進香**，回時莊民多備八管鼓樂詩意故事迎入繞境，喧鬧一天。	臺灣省	清光緒20年（1894）以後，作者不詳，《安平縣雜記》〈風俗現況〉，收錄於鄭麗航輯纂，《媽祖文獻史料彙編》第三輯方志卷·上編，頁224。
24	天后宮：在街中。雍正庚戌年建。乾隆辛未年，笨港縣丞薛肇廣與貢生陳瑞玉等捐資重修，兼擴堂宇。……廟貌香火之盛，冠於全臺。神亦屢著靈異，……每歲春，南北居民赴廟**進香**，絡繹不絕。	臺灣省	清光緒20年（1894），倪贊元纂，《雲林縣采訪冊》（臺北市：臺灣銀行經濟研究室，1959年），頁49。
25	三月二十三日為天后誕，各家鳩捐需費，多有到北港**進香**者。未至家，時必先陳金鼓旗幟，迎接聖駕，演劇。有貯積公款，每年放利而為媽祖會；設值年頭家、爐主輪流掌管。	臺灣省	清光緒24年（1898），林百川、林學源纂，《樹杞林志》（臺北市：臺灣銀行經濟研究室，1959年），頁100。
26	東佛去**取火**，西佛去接香，旗鼓相當最怕相逢狹路旁。[1]	泉州府	清末吳增，〈泉俗激刺篇·**上香山**〉，《泉州舊風俗資料匯編》（泉州：泉州市民政局泉州志編纂委員會辦公室，1985），頁124。
27	迎神各祠廟皆有，而以保生大帝為最，祀大帝者往白礁**進香**，歸則勝設儀仗，綵旗鸞輿妝閣及馬匹扮演故事，鼓樂喧天遶城廂，各保外皆須妝故事會迎名日迎香，謂可以邀神佑也。	泉州府	民國18年（1929），林學增等修、吳錫璜纂，《同安縣志》卷二十二〈禮俗〉，頁611、612。

---

[1] 泉州所謂「上香山」是指把本境的菩薩抬到另一處有名的寺廟，將那裡的香火迎取回來，俗稱「取火」。參見林國平，《閩台民間信仰源流》，頁167。

項目	事蹟	地區	資料來源
28	祀聖母者往興化湄洲**進香**，	泉州府	民國18年（1929），林學增等修、吳錫璜纂，《同安縣志》卷二十二〈禮俗〉，頁611、612。
29	祀廣澤尊王者，往南安鳳山寺**請火**，歸時亦如之。	泉州府	民國18年（1929），林學增等修、吳錫璜纂，《同安縣志》卷二十二〈禮俗〉，頁611、612。
30	又有臨水真人由省抵廈**進香**	泉州府	民國18年（1929），林學增等修、吳錫璜纂，《同安縣志》卷二十二〈禮俗〉，頁611、612。
31	有甲第大帝由郡赴白礁**進香**均道經同城，亦照例迎賽，計每次費千金或數百金。	泉州府	民國18年（1929），林學增等修、吳錫璜纂，《同安縣志》卷二十二〈禮俗〉，頁611、612。
32	南泉堂在同禾里六都，俗名草捕宮，祀清水祖師，其神甚靈，有禱歲輒應。正月往彭巖**進香**，四方從者以數千計。	泉州府	民國18年（1929），林學增等修、吳錫璜纂，《同安縣志》卷二十四〈祠祀・壇廟〉，頁660。
33	此邦鄉社神，每三年**請火**一次（亦有一年一次者，但在社內不出鄉）先期由跳童者指定往某社**請火**，至期視其社之大小，或千餘人或數百人擎旗，鳴銃抬偶像，將其神廟香火包回。其被請火之社須具千人或數百人之食以招待之。回社后建醮演劇，輒三五日不等。雖費數十萬金不願（怨）也。	漳州府	鄭豐稔纂，《華安縣志》（民國稿本），（華安縣：華安縣地方志編纂委員會，1991），頁32。
34	上元內外賽會設鼓樂，迎神遶境以為祈年之樂，或於二月，謂之**進香**。	泉州府	民國20年，陳蓁，李漢青同編，《南安續志》（臺北：陳其志基金會，1974），頁66。
35	東岐廟每歲上元賽社遊觀不絕，二月望日妙峰寺佛誕亦禱者雲集，又上巳之修禊，端午塔江之競渡，中秋通天臺**進香**遺風具在。（查無宮廟「割火」儀式相關文獻，此例可能為朝山「進香」）	福州府	民國26年（1937）林其蓉纂，《閩江金山志》。收錄於盧建幸、王海浩編輯，《中國地方志集成：鄉鎮志專輯》26，頁108。

項目	事蹟	地區	資料來源
36	**請火**迎香之煩費。境內各廟每年必抬偶像往他一廟**請火**，回時本廟所屬之鄉村民眾以儀仗待於中途接入本廟，謂之**割香**，所費動以鉅萬。	漳州府	民國37年（1948），鄭豐稔總編纂，《長泰縣新志》卷三〈地理三·風俗〉，1948鉛印本。
37	媽祖宮：在東澳社，祀天后。三月中鄉例慶天后誕。先數日，廈之諸廟必造其地，名曰**請香**	泉州府	民國·廈門市修志局纂修，《廈門市志》卷五〈附祠廟〉，收錄於鄭麗航輯纂，《媽祖文獻史料彙編》第三輯方志卷·上編，頁106。

（蕭信宏製表）

附錄二 臺灣清代和日治時期至湄洲進香的宮廟表

序號	廟或地區	資料出現時間	內容	資料來源
1	鹿港舊祖宮	道光年間	在鹿港北頭，乾隆初，士民公建，歲往湄洲進香，廟內有御賜「神昭海表」匾額	周璽，《彰化縣志》，頁154。
2	新竹長和宮	光緒20年（1894）以後	郊戶所祀之天后香火，則自興化府屬之湄洲分來，每三年則專僱一船，奉安天后神像駛往湄洲進香一次，祭以少牢。回時各郊戶具鼓樂旗幟往海口迎接回宮，輪日演劇。	陳朝龍，《合校足本新竹縣采訪冊》（南投：臺灣省文獻會，1999年），頁375。
3	新竹長和宮	明治31年（1898）	新竹北門外有天后宮……且十年八年之間必往湄洲進香一次，其開費動輒千金，……本年兩月前又復醵資付郊中善信之人，供奉聖母航海進香	〈進香回宮〉，《臺灣日日新報》，明治31年（1898）8月7日，第6版。
4	新竹人	明治36年（1903）	竹人邀集六七十人，奉一神曰天上聖母，曰將到湄洲進香，一去兩月餘，全無歸訊，竹人疑之，至昨十日歸來。	〈航海歸來〉，《臺灣日日新報》，明治36年（1903）12月15日，第3版。
5	臺中梧棲朝元宮	明治44年（1911）	文物——明治44年（1911）湄洲進香旗。	李建緯、張志相等，〈面海的女神——臺中濱海媽祖廟歷史、信仰與文物調查研究〉，《庶民文化》（第12期，2015年），頁83。

序號	廟或地區	資料出現時間	內容	資料來源
6	基隆慶安宮	大正3年（1914）多次報導。	基隆媽祖廟新築，10餘人坐輪船至湄洲謁祖回，請到200多年的舊金身神像一尊。	〈湄洲聖母抵基〉，《臺灣日日新報》，大正3年（1914）5月8日，第6版。
7	鹿港舊祖宮	大正5年（1916）大正6年（1917）	謁祖進香，經彰化、臺北、廈門、臺中，日日新報大幅報導，由王君年帶領十數名隨神進香。[1]謁湄洲祖廟可昇格，故歸臺後參詣者必頓加。[2]	此次湄洲進香共7則報導。[3]
8	新竹長和宮、新竹內天后宮	大正6年（1917）兩則報導	新竹長和宮與新竹內天后宮一起至湄洲祖廟進香，擬雇支那專船（商船），由舊港出發。新竹內天后宮參加人士10餘名。	〈新竹媽祖進香〉，《臺灣日日新報》，大正6年（1917）6月20日，第6版。〈內聖母謁祖進香〉，《臺灣日日新報》，大正6年（1917）7月1日，第6版。
9	楊梅壢（疑似是朝蓮宮）	大正8年（1919），去回兩則報導。	舊例是往北港朝天宮，但今年楊梅壢庄民約坐輪船往湄洲進香，黃樹霖等13人。[4]	〈湄洲進香〉，《臺灣日日新報》，大正8年（1919）2月20日，第6版6714號。〈香客歸楊〉，《臺灣日日新報》，大正8年（1919）3月16日，第6版。
10	雲林麥寮拱範宮	大正8年（1919）	本來礁議年年往鹿港進香，但神明指示要往湄洲進香，從打狗（高雄）出發。	〈湄洲進香〉，《臺灣日日新報》，大正8年（1919）4月6日，第6版6753號。

[1] 〈鹿港媽湄洲進香〉，《臺灣日日新報》，大正6年（1917）1月17日，第5版。

[2] 〈鹿港媽祖渡支〉，《臺灣日日新報》，大正5年（1916）12月18日，第4版。

[3] 〈鹿港媽祖的渡支〉，《臺灣日日新報》，大正5年（1916）12月17日，第7版。〈鹿港媽祖渡支〉，《臺灣日日新報》，大正5年（1916）12月20日，第3版。〈鹿港媽祖的歸臺〉，《臺灣日日新報》，大正6年（1917）1月28日，第3版。〈鹿港媽祖的盛況〉，《臺灣日日新報》，大正6年（1917）2月20日，第3版。〈鹿港媽之歸廟〉，《臺灣日日新報》，大正6年（1917）2月21日，第6版5979號。大正6年（1917）1月17日、大正5年（1916）12月18日。

[4] 朝蓮宮此廟現已不存在。日治時期增田福太郎的《臺灣宗教信仰》記載中壢郡楊梅庄較大間的媽祖廟就是朝蓮宮，光緒2年（1876）由北港朝天宮分靈，所以此廟會不會就是朝蓮宮？參見增田福太郎著、江燦騰主編、黃有興譯，《臺灣宗教信仰》，頁327。

序號	廟或地區	資料出現時間	內容	資料來源
11	嘉義朴子配天宮	大正9年（1920）兩則報導	先到嘉義與朝天宮溫陵媽遶境，後從打狗（高雄）輪船出港。	〈諸羅特訊 湄洲晉香〉，《臺灣日日新報》，大正9年（1920）2月25日，第6版。〈諸羅特訊 媽祖祭典〉，《臺灣日日新報》，大正9年（1920）3月26日，第6版。
12	嘉義溪北六興宮	大正9年（1920）5月5日	震災後重修後往湄洲進香，從打狗（高雄）出發，經香港。	〈母德馨香〉，《臺灣日日新報》，大正9年（1920）5月5日，第6版。
13	彰化內天后宮	大正10年（1921）	湄洲進香，行程約需三週。大正10年湄洲進香爐（文物）	〈湄洲進香〉，《臺灣日日新報》，大正10年（1921）4月6日，第6版。
14	慈和宮[5]	大正11年（1922）	苗栗苑裡庄人，一行6人由基隆坐輪船至廈門，上路後至洛陽，[6] 買舟至湄洲途中遇海賊。身上衣物、手錶和現金300圓被奪。	〈媽祖晉香遇賊〉，《臺灣日日新報》，大正11年（1921）5月29日，第4版。
15	鹿港舊祖宮	大正11年（1922）	鹿港舊祖宮留有大正11年（1922）湄洲進香照片和由當時渡華旅券，可證明鹿港舊祖宮人員有進出廈門的紀錄。	楊朝傑，〈日治時期雲林地區媽祖廟往舊祖宮的進香〉，《鹿港天后宮論文集》（彰化縣鹿港：鹿港舊祖宮，2017年），頁132–133。
16	臺中萬春宮	大正13年（1924）兩則報導	請得湄洲六媽來臺中，各個迎接藝閣、陣頭、演戲十分熱鬧。	〈將迎媽祖〉，《臺灣日日新報》，大正13年（1924）4月6日，第6版8610號。〈祀迎媽祖〉，《臺灣日日新報》，大正13年（1924）5月6日，第6版。

---

[5] 苗栗苑裡庄人在王志宇《苑裡慈和宮誌》指的就是苑裡慈和宮。王志宇，《苑裡慈和宮誌》，頁131。

[6] 洛陽鎮屬於福建省惠安縣，位於惠安縣西南部，東鄰螺陽、東園兩鎮，南臨泉州灣。

序號	廟或地區	資料出現時間	內容	資料來源
17	臺中樂成宮	大正13年（1924）	文物——「天上聖母」木額，直書「天上聖母」，上橫書為「湄洲天后宮」，上款「甲子年臺中樂成宮進香留念」下款「天后宮贈」。樂成宮三川殿龍虎堵各有「甲子年湄洲進香總理裔孫大發敬納」「甲子年湄洲（洲）進香理事林阿堂全獻」「甲子年湄洲（洲）進香理事賴為元敬獻」	文物——「天上聖母」木額，參見李建緯，〈從文物看見歷史——臺中旱溪樂成宮既存文物與相關問題〉《媽祖物質文化研討會：媽祖文化中的歷史物件、保存與再現》（臺中市：臺中樂成宮，2016年），頁46。樂成宮三川殿龍虎堵資料為2019年現場考察所得。
18	臺北天母教	大正14年（1924）兩則報導	日本人創立為融合臺灣宗教，提倡萬教歸一，至湄洲請回媽祖神像和福建都城隍。	〈天母教神安位式〉，《臺灣日日新報》，大正14年（1924）3月10日，第4版。〈天母教之信仰〉，《臺灣日日新報》，大正14年（1924）3月23日，第4版。
19	鹽水護庇宮	大正15年（1926）	匾文「派委員陳卻李海龍二君冒匪險涉不便渡謁祖廟，恭迎湄洲二媽金身奉祀於本護庇宮，……大正十五年歲次丙寅上元前一日 鹽水街長陳宗能」。	文物大正15年（1926）湄洲二媽匾，此文物位於鹽水護庇宮三川殿龍邊牆上（2019.10.19）。
20	彰化內天后宮	大正15年（1926）	1926年回湄洲進香旗，旗上書有「天后宮聖三媽第三回往湄洲進香」[7]	福建省地方志編輯委員會、莆田市湄洲媽祖廟董事會、臺灣媽祖聯誼會編，《媽祖文化志·媽祖宮廟與文物史蹟卷》（北京：國家圖書出版社，2018年），頁324。
21	雲林大義崙庄天后宮	昭和4年（1929）	昭和4年（1929），前往湄洲進香，由當時渡華旅券，可證明大義崙庄天后宮人員有進出廈門的紀錄。	楊朝傑，〈日治時期雲林地區媽祖廟往舊祖宮的進香〉，《鹿港天后宮論文集》，頁140–142。

（蕭信宏製表）

---

[7] 可見彰化內天后宮1926年以前有三次往湄洲進香的紀錄。

附錄三　鹿港舊祖宮傳說
——耆老蕭添柳口述記錄

受訪者：蕭添柳
訪問者：蕭信宏
整理稿：蕭信宏
受訪時間：2018年11月25日早上10點至11點
受訪地點：蕭添柳福興鄉自宅

　　蕭添柳，昭和6年出生（民國20年、1931年），鹿港興化人蕭氏家族年紀最長者，訪問者從小就知道這位長者長期住在鹿港附近，喜愛交朋友和聊天，熟知家族和鹿港事務。

> ## 受訪者述說鹿港舊祖宮的故事

一、鹿港舊祖宮湄洲開基二媽和建廟時間

　　談到鹿港舊祖宮湄洲開基二媽的由來，據我聽老一輩的說法，是由泉州街黃姓討海跑船（行船）人家，到湄洲祖廟參拜時，覺得當時祖廟破敗，管理不嚴，又聽說湄洲祖廟的梳妝樓有六個或八個在牆壁裡的神龕，[1]拜的是湄洲祖廟開基時的幾尊神像，於是泉州街黃姓跑船人家將位在湄洲祖廟梳妝樓神龕中的開基湄洲二媽偷請回鹿港祭拜，[2]日後湄洲祖廟派人來到鹿港，要

---

[1] 湄洲祖廟梳妝樓現在不存在這些傳說神龕的踪象。筆者2016年曾經去過湄洲祖廟。
[2] 蕭添柳鹿港天后宮湄洲開基二媽的由來說法與《鹿港天后宮志》、《寺廟臺帳》不

請回開基二媽，泉州街黃姓人群請擁有18條船的船頭行——日茂行林品（林文濬）[3]出面斡旋，向湄洲祖廟的人說明神像請回鹿港也真的是誠心恭奉，不是做什麼壞事，恭奉在鹿港舊祖宮祭拜沒有不敬的意思，最後日茂行林品私下給予湄洲祖廟的人大紅包，成功的說服湄洲祖廟派來的人，將開基二媽當作分靈至鹿港舊祖宮，從此之後鹿港舊祖宮就經常往湄洲進香。[4]我相信這個說法，是因為我知道天后宮有條古例：如果湄洲開基二媽要出門遶境，從抬出廟門到沿路抬轎都是由泉州街黃姓信徒們負責，[5]這條古例直到鹿港舊祖宮辦媽祖誕生一千周年時才停止，當時因

符。鹿港天后宮管委會、陳仕賢編，《鹿港天后宮志》，頁42，紀昭和三年（1928）鹿港文人羅君藍為天后宮重修所寫的序文。序曰：「鹿港聖母之寶像，乃是康熙貳拾貳年施靖海將軍之戎幕僚藍理，同湄之僧恭請而來，俾鹿崇祀，至雍正參年即始建此天后宮」。另外大正13年（1924）鹿港街役場，《寺廟臺帳》，創立緣由中紀載天后宮「雍正三年鹿港商人某，請讓湄洲祖廟奉祀神像歸台，在小祠創立祭祀」。

[3] 林文濬（1757年8月15日－1826年3月31日），又名品、元品，字金伯，號淵巖，乾隆廿二年（1757）出生，道光六年（1757）逝世，享壽70歲，是鹿港日茂行創辦人林振嵩的三子，乾隆53年（1788）父親回鄉，林文濬接手日茂行，他曾協助清朝政府處理林爽文事件，又曾捐資贊助地方上的公共建設，如鹽水式廟、府城彌陀寺、鹿港天后宮（新祖宮）、彰化縣城等等，為人熱心公益。以上資料來自吳文星主持；鹿港鎮志纂修委員會編纂《鹿港鎮志・人物篇》，頁21。

[4] 蕭添柳說法與有「鹿港通」之稱的丁玉書說法有出入，丁玉書對湄洲二媽出處看法如下：舊祖宮（天后宮）創建於明朝永曆初，因廟宇過熱，由八堡圳創辦人施長齡捐獻自有土地，經街眾募捐建二進式木造媽祖宮，前有宮牆、三門、中庭、正殿、丹墀、天公殿。正殿主神為湄洲天后宮六尊鎮殿媽之一尊，俗稱「湄洲媽」。清朝時前往湄洲進香，而湄洲天后宮廟祝認定是正湄洲媽鎮殿媽之一，決定留下不放回，當時八郊之一泉郊株日茂行老闆林品頭，趕往湄洲與廟祝理論，主張有鹿港媽來進香而無媽祖回鑾不成體統，最後捐一筆巨款始奉回鹿港。民國十三年時（正確是民國11年）之管理人施性懇組隊擬前往湄洲進香，鑑於過去險象有存留教訓，專請中國彫刻師來鹿，仿正湄洲媽一模一樣，雕成為「聖大媽」，而後前往湄洲進香。祖廟知道鹿港媽正是由祖廟出現，故特賜這尊黃紙神像（木板）及鎮宮印璽贈給施性懇先生奉回鹿港，為鹿港天后宮寶貝，現保存寺中。鹿港舊祖宮由八郊每年輪番為大檀越外，民間奉祀大約如下：施姓奉祀大媽，黃姓奉祀二媽（正湄洲媽），許姓奉祀三媽，郊奉祀四媽，日用什貨商奉祀五媽，陳姓奉祀六媽，各媽爐下組有轎班。該廟地係由八堡圳創始者施長齡捐獻，是故大媽爐下係宮後，後裔客滸海施姓佔大多數。二媽在泉州街建立一間二媽會館（現改為安安幼稚園），爐下即泉州街、菜園、東石等黃姓。三媽由許進士肇清的牛墟頭為首，許厝埔十二庄及麥嶼厝許姓為其爐下。四媽、五媽由其所屬商業團體為爐主。六媽為慶昌陳堯為主柱，所有陳姓為其爐下。參見丁玉書、丁志達、丁志申合著，《勿忘草》，頁114。

[5] 蕭添柳說法與2004年《鹿港天后宮志》說法稍有出入。《鹿港天后宮志》，頁66、67，紀載鹿港天后宮在清嘉慶中葉以後，相繼組織媽祖會。嘉慶二十年（1815）天后宮重修完成，嘉慶二十二年（1817）天后宮總理日茂行林文濬與太學生施士簡率八郊人士組團至湄洲祖廟謁祖進香，回鑾時由泉州街黃姓人士替媽祖扛抬鳳輦，由於天后宮進香的媽祖為「開基二媽」，黃姓人士為了紀念組織二媽會；翌年上元（農曆元月十五日）迎出媽祖遊行，稱為「迎春」。

為鹿港各個角頭廟宇向來就有參與天后宮活動的慣例，遇上媽祖誕生一千周年又將擴大舉辦，因此各宮廟傳統陣頭要出陣，泉州街黃姓群眾因為要抬黃姓角頭廟的藝閣「七番弄」[6]和玄天上帝神轎，並認為天后宮香火旺，應該自行找人抬媽祖鑾轎，泉州街黃姓人群從此自動放棄了這項古例。但之後鹿港附近頂、廈菜園的黃姓角頭，以及鹿港附近黃姓村庄二港仔、下寮東勢厝都還保有請二媽來宴客的習俗。

「鹿港媽祖是偷請的」這件事情我是聽施性瑟[7]本人說的，小時候施性瑟在媽祖聖誕時都會在天后宮講古，我很喜歡聽他說。施性瑟是有錢人家的少爺，他的綽號叫「瘋瑟仔」[8]，一輩子不用工作，媽祖的故事很多都是從他那邊聽來的，他親口跟我說鹿港最早的媽祖廟是興安宮[9]，不是鹿港舊祖宮。

樂觀園老闆李丕顯[10]在媽祖誕生一千周年錄了一個唱片，[11]分送給大家，裡面說到湄洲開基二媽是施琅將軍護送到臺灣來的，這我認為是完全騙人的，我認為政治人物不會跟神打交道的，除非是要靠神的力量來誤導大眾，才會和神明扯上關係，李丕顯捏造事實，因為我從施性瑟那邊聽來的不是這種說法。據我

6　鹿港泉州街集英宮特有陣頭。
7　施性瑟，生於明治29年（1896）卒於民國63年（1974），東京明治中學畢業，日治時期擔任天后宮大總理，大正11年（1922）率領天后宮人員至湄洲祖廟進香謁祖，進香團由基隆港出發，當時施性瑟聘請攝影師隨同進香團至湄洲祖廟，為天后宮留下數張珍貴照片，日治和民國時期擔任不少公職，熱心公益為鹿港知名仕紳。
8　鹿港有稱熱心地方人士綽號為「瘋……」的例子。
9　紀載興安宮創建於清康熙23年（1684），參見卓神保，《鹿港寺廟大全》，（鹿港：財團法人鹿港文教基金會，1980），頁103。
10　《人間福報》報導，2007.1.19，〈搶救天后宮皇匾　鹿港人感念〉：曾任彰化縣鹿港天后宮首屆管委會主委的地方耆宿李丕顯本月初辭世，享壽八十二歲的李丕顯，二十四歲即擔任鹿港鎮代會主席，不到三十歲並選上縣議員。他經營樂觀園戲院，……還任職鹿港鎮清代遺留下的商會組織「泉郊」慈善會長，在鹿港鎮相當活躍，曾被戲稱為鹿港的「北頭皇帝」。
11　民國48年鹿港天后宮正逢媽祖誕生一千周年，特別編製了〈湄洲聖母到台沿革史〉插曲曲詞作為宣傳，其中幾句如下「……聖恩浩蕩照四海，康熙二二的時代，施琅帶軍過湄海，恭請聖母來到台。佑濟昭靈傳萬代，鹿港媽祖最老牌，不論千里就來拜，五湖四海通人知……」，參見陳仕賢編，《鹿港天后宮志》，頁94、95。

聽老一輩的說法，是由泉州街黃姓討海跑船（行船）人家偷請來的，我認為李丕顯的說法怎麼對得起媽祖。

二、鹿港舊祖宮大正11年（1922）的湄洲進香

　　鹿港媽祖在光復前最後一次過去湄洲進香就是由他「瘋瑟仔」和其他六位人士共七位[12]過去割香的，當時要過去湄洲進香沒那麼簡單，都是要由這些有錢人的子弟出錢才能有錢雇船過去。[13]這時候的「瘋瑟仔」是個約20來歲的年輕人，七個人共帶了八支進香旗過去，為什麼多出一支是因為鹿港名人貴族院議員辜顯榮[14]拜託「瘋瑟仔」帶過去蓋進香旗寶印的，因為進香都會在進香旗上蓋上寶印，但湄洲祖廟堅持來七個人就蓋七支進香旗，所以「瘋瑟仔」只好看清楚寶印放的位置，趁沒人時，用偷的方式將寶印帶回鹿港家中祭拜，他的媽媽是虔誠的媽祖信徒，也一起祭拜，等他年紀大時正逢媽祖誕生一千周年，再將寶印捐給天后宮，現在天后宮都宣稱寶印是湄洲祖廟送給鹿港舊祖宮的。偷寶印這件事我是聽「瘋瑟仔」本人說的。

三、鹿港舊祖宮民國79年（1990）的湄洲進香

　　解嚴後我聽說鹿港舊祖宮主委王登海帶領信徒到湄洲進香，[15]因為鹿港媽祖出祖（分香）是從湄洲祖廟的梳妝樓來的，

---

[12] 此次進香人數版本各有不同。

[13] 大正6年湄洲進香是到基隆坐定期航班輪船過去，推論大正11年應該也是坐輪船過去，不是像文中說的雇船過去，參見楊朝傑，〈日治時期雲林地區媽祖廟往舊祖宮的進香〉，收錄於陳仕賢等撰稿，《鹿港天后宮論文集》，頁130。

[14] 昭和9年（1934）辜顯榮才獲昭和天皇敕選為貴族院議員，以上資料來自吳文星主持；鹿港鎮志纂修委員會編纂《鹿港鎮志・人物篇》，頁25。

[15] 1990年10月22日出發去湄洲進香，參加湄洲祖廟朝天閣落成典禮，參見陳仕賢編，《鹿港天后宮志》，頁132。

所以交香地點要在梳妝樓，但是文革時期，梳妝樓已經被紅衛兵
摧毀殆盡，因此鹿港媽祖沒有以本來屬於開基二媽的龕前來做交
香地點，因不想交香過程太過隨便，鹿港舊祖宮的人員在回臺之
後募捐，幫祖廟蓋了現今的梳妝樓。[16]

---

[16] 鹿港天后宮捐贈湄洲祖廟60萬人民幣建朝天閣，新港奉天宮才是捐梳妝樓，參見陳仕
賢編，《鹿港天后宮志》，頁132。

附錄四 清代莆田地區分靈自湄洲祖廟的宮廟田調資料表

序號	分靈年代	廟名	出處
1	清初	莆田秀嶼區埭頭鎮后溫水仙宮	《媽祖文化志·媽祖宮廟與文物史蹟卷》，頁67、68。
2	康熙3年（1664）	仙遊縣鯉城街道澄坑媽祖宮	《媽祖文化志·媽祖宮廟與文物史蹟卷》，頁87。
3	康熙20年（1681）	仙遊縣龍華鎮錦鯉宮	《媽祖文化志·媽祖宮廟與文物史蹟卷》，頁104。
4	康熙年間	莆田荔城區北高鎮呈洋靈慈廟	《媽祖文化志·媽祖宮廟與文物史蹟卷》，頁54。
5	康熙年間	莆田涵江區庄邊鎮聖堂宮	《媽祖文化志·媽祖宮廟與文物史蹟卷》，頁39、40。
6	康熙年間	莆田秀嶼區東嶠鎮顯應宮	《媽祖文化志·媽祖宮廟與文物史蹟卷》，頁72。
7	康熙年間	仙遊縣郊尾鎮明山宮	《媽祖文化志·媽祖宮廟與文物史蹟卷》，頁97、98。
8	康熙年間	寧德縣福鼎市大白鷺媽祖宮	《媽祖文化志·媽祖宮廟與文物史蹟卷》，頁150。
9	乾隆4年（1739）	仙遊縣石蒼鄉天堂宮	《媽祖文化志·媽祖宮廟與文物史蹟卷》，頁103。
10	乾隆15年（1750）	莆田涵江區新縣鎮新縣村新峰宮	《媽祖文化志·媽祖宮廟與文物史蹟卷》，頁38、39。
11	乾隆19年（1754）	仙遊縣賴店鎮潘坑宮	《媽祖文化志·媽祖宮廟與文物史蹟卷》，頁90。
12	乾隆27年（1762）	莆田秀嶼區平海鎮石獅宮	《媽祖文化志·媽祖宮廟與文物史蹟卷》，頁78。

序號	分靈年代	廟名	出處
13	乾隆34年（1769）	莆田秀嶼區東庄鎮玉湖宮	《媽祖文化志・媽祖宮廟與文物史蹟卷》，頁75。
14	乾隆年間	漳州新華東路媽祖廟	《媽祖文化志・媽祖宮廟與文物史蹟卷》，頁133。
15	嘉慶13年（1808）	莆田荔城區西天尾鎮龍山媽祖宮	《媽祖文化志・媽祖宮廟與文物史蹟卷》，頁45。
16	嘉慶元年（1796）	莆田秀嶼區東嶠鎮龍蝦宮	《媽祖文化志・媽祖宮廟與文物史蹟卷》，頁72。
17	嘉慶年間	莆田荔城區新度鎮极高明天后宮	《媽祖文化志・媽祖宮廟與文物史蹟卷》，頁50、51。
18	嘉慶年間	莆田秀嶼區埭頭鎮錦天宮	《媽祖文化志・媽祖宮廟與文物史蹟卷》，頁69。
19	嘉慶年間	仙遊縣大濟鎮瑞湖宮	《媽祖文化志・媽祖宮廟與文物史蹟卷》，頁91。
20	道光7年（1827）	仙遊縣楓亭鎮安福宮	《媽祖文化志・媽祖宮廟與文物史蹟卷》，頁80。
21	道光19年（1839）	莆田秀嶼區東嶠鎮玉成宮	《媽祖文化志・媽祖宮廟與文物史蹟卷》，頁74。
22	道光年間	莆田荔城區黃石鎮通應廟	《媽祖文化志・媽祖宮廟與文物史蹟卷》，頁47。
23	同治7年（1868）	莆田涵江區庄邊鎮朝天祖宮	《媽祖文化志・媽祖宮廟與文物史蹟卷》，頁40。
24	同治8年（1869）	莆田荔城區北高鎮同顯宮	《媽祖文化志・媽祖宮廟與文物史蹟卷》，頁52、53。
25	同治12年（1873）	仙遊縣榜頭鎮厚載宮	《媽祖文化志・媽祖宮廟與文物史蹟卷》，頁84。
26	光緒6年（1880）	莆田城廂區霞林境興隆社龍山祖宮紫霞宮	《媽祖文化志・媽祖宮廟與文物史蹟卷》，頁27。
27	光緒8年（1882）	莆田秀嶼區埭頭鎮演嶼祖廟	《媽祖文化志・媽祖宮廟與文物史蹟卷》，頁69。
28	光緒10年（1884）	莆田荔城區黃石鎮興保社	《媽祖文化志・媽祖宮廟與文物史蹟卷》，頁48。
29	光緒24年（1898）	莆田涵江區梧塘梅岭慈雲殿	《媽祖文化志・媽祖宮廟與文物史蹟卷》，頁35。

序號	分靈年代	廟名	出處
30	光緒24年（1898）	莆田北岸開發區忠門鎮南清行宮	《媽祖文化志·媽祖宮廟與文物史蹟卷》，頁64。
31	光緒年間	莆田城廂區靈川鎮龍津宮	《媽祖文化志·媽祖宮廟與文物史蹟卷》，頁26。
32	光緒年間	莆田秀嶼區東嶠鎮明德宮	《媽祖文化志·媽祖宮廟與文物史蹟卷》，頁73。
33	光緒年間	仙遊縣楓亭鎮龍騰宮	《媽祖文化志·媽祖宮廟與文物史蹟卷》，頁80。
34	光緒年間	仙遊縣榜頭鎮文興宮	《媽祖文化志·媽祖宮廟與文物史蹟卷》，頁85。
35	光緒年間	仙遊縣賴店鎮龍峰宮	《媽祖文化志·媽祖宮廟與文物史蹟卷》，頁89。
36	光緒年間	仙遊縣大濟鎮蜚烏宮	《媽祖文化志·媽祖宮廟與文物史蹟卷》，頁90、91。
37	清朝	莆田城廂區常太鎮山門宮	《媽祖文化志·媽祖宮廟與文物史蹟卷》，頁28。
38	清朝	莆田秀嶼區埭頭鎮度邊靈慈宮	《媽祖文化志·媽祖宮廟與文物史蹟卷》，頁68。
39	清朝	莆田荔城區北高鎮呈山村呈祥宮	《媽祖文化志·媽祖宮廟與文物史蹟卷》，頁54。
40	清朝	莆田秀嶼區埭頭鎮靈顯宮	《媽祖文化志·媽祖宮廟與文物史蹟卷》，頁68。
41	清朝	仙遊縣郊尾鎮橋頭天后宮	《媽祖文化志·媽祖宮廟與文物史蹟卷》，頁99。

上表為田調資料，資訊不一定正確。（蕭信宏製表）

資料來源：《媽祖文化志·媽祖宮廟與文物史蹟卷》（北京：國家圖書出版社，2018）。

附錄五　《福興宮事略》（福興宮提供）

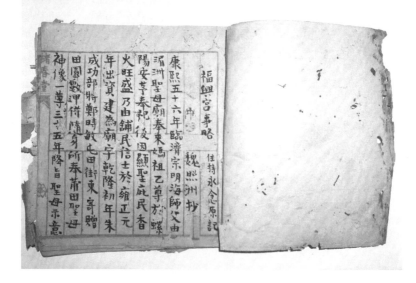

附錄六　有關鹿港舊祖宮的創建年代的 考證（蕭信宏撰）

　　因本書和湄洲二媽何時來到鹿港舊祖宮相關，故本文置於附錄，鹿港舊祖宮在道光版《彰化縣志》天后聖母廟的項目中，為當時臺灣中部眾多民祀（建）媽祖廟位列第一。[1]可見鹿港舊祖宮在《彰化縣志》編撰者的眼中是中部最重要的民祀媽祖廟，排名位列在「屢著靈應」的彰化南瑤宮之前。到日治時期，鹿港舊祖宮與北港朝天宮、彰化南瑤宮並稱全臺三大媽祖廟。[2]當時鹿港舊祖宮主祀天上聖母，一般稱作「湄洲媽」或「湄洲正二媽」，[3]建廟年代至少有以下四種說法，分別是永曆年間、康熙年間、雍正3年（1725）與乾隆初年。[4]

　　日治時代的大正6年（1917）《臺灣日日新報》漢文版上就有對鹿港舊祖宮作比較大篇幅的報導，裡面提到湄洲二媽是施琅帶來臺灣，鹿港人民懇請隨軍之媽祖神像長留鹿港，文章標題為〈鹿港媽湄洲進香〉，內容如下：

> 崇祀天上聖母神像，歷今二百數十載，……而此舊祖宮，
> 其神像之渡臺，實係前清靖海侯施琅曩時督師，欲渡臺平
> 定鄭克塽，因屢屢為風浪所阻，舟師不得濟，後有閩海軍

1　依照周璽《彰化縣志》的其他神明廟宇排序來看，的確有以重要性來排序。周璽，
　《彰化縣志》卷五〈祀典志・祠廟〉，頁154。
2　〈中部的舊跡鹿港天后宮〉，《臺灣日日新報》，大正6年（1917）6月7日第6版。
3　〈鹿港媽湄洲進香〉，《臺灣日日新報》，大正6年（1917）1月17日第5版。
4　四種建廟時間，參見許雪姬，〈鹿港天后宮歷史沿革〉，收錄於鹿港天后宮管理委員
　會、陳仕賢編，《鹿港天后宮志》，頁42。

人，為告以神靈，施乃詣湄洲析禱，竝叩請神像，偕舟師渡臺，……族親施世榜父子，亦隨來鹿，開墾中部土地圳務。……施欲奏凱班師，急於去鹿，而鹿之人民，挽留不得，因懇請隨軍之媽祖神像，長留鹿港。

以上文字說明在大正6年（1917）時，有人受訪時說鹿港舊祖宮的湄洲二媽是施琅將軍於康熙22年（1688）帶來臺灣的，並由施世榜懇求慰留在鹿港，但關於懇留湄洲媽祖一說，在葉大沛《鹿港發展史》[5]和蔡志展〈施世榜在鹿港「懇留」湄洲媽祖的時間辨誤〉的文章中提出反駁，[6]指出以施世榜的年紀、來到鹿港發展時間和開發八堡圳時間（1709-1719），沒辦法和康熙22年（1688）吻合。因此2004年出版的《鹿港天后宮志》已不再採此說法，宮志採用另一個說法是昭和三年（1928）鹿港文人羅君藍為天后宮重修所寫的序文。序曰：「鹿港聖母之寶像，乃是康熙22年（1688）施靖海將軍之戎幕僚藍理，同湄洲之僧恭請而來，俾鹿崇祀，至雍正參年（1725）即始建此天后宮」。[7]在蔡志展〈施世榜在鹿港「懇留」湄洲媽祖的時間辨誤〉的文章中，也指出康熙22年鹿港是個尚待開發的地方，藍理到底有沒有到過鹿港都沒有紀錄，以臺灣開發史來看，藍理來過鹿港機率不高。[8]依康熙23年（1684）後的〈臺灣里圖〉來看，[9]當時住在鹿

5　從史實來看，施琅恭請湄洲媽祖神像護軍之事，本就子虛烏有。……以施世榜獻地一事來判斷，當以「乾隆初年」建廟較為合理。參見葉大沛，《鹿港發展史》，頁161-163。

6　蔡志展認為湄洲二媽非康熙年間施琅請來，是配合施世榜七十大壽，乾隆5年（1740）恭迎來鹿港，參見蔡志展，〈施世榜在鹿港「懇留」湄洲媽祖的時間辨誤〉，收錄於《蚶江鹿港對渡文化論集》，頁127-143。

7　羅君藍撰，〈鹿港舊祖宮重修序〉（鹿港舊祖宮藏，未刊本），1928年。

8　參見蔡志展，〈施世榜在鹿港「懇留」湄洲媽祖的時間辨誤〉，收錄於《蚶江鹿港對渡文化論集》，頁127-143。

9　本圖早於國立臺灣歷史博物館的〈康熙臺灣輿圖〉，年代大致為康熙23年（1684）後。資料來源：網站：數位方輿http://digitalatlas.asdc.sinica.edu.tw/map_detail.

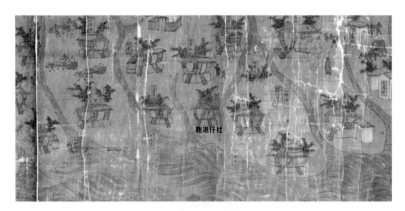

康熙臺灣輿圖
（資料來源：數位方輿網站）

港地區是平埔族鹿港仔社社民，漢人為少數民族，所以當時是否有媽祖廟的存在，仍然有疑問。

　　另外根據廟中嘉慶21年（1816）的碑文記載，「顧自創建迄今，百有餘年，榱題磚甓，不無剝落。於是泉、廈各郊相聚而咨，……」。[10]可見鹿港舊祖宮至少創建於嘉慶21年（1816）的百餘年前，也就是康熙55年（1716）以前。康熙56年（1717）《諸羅縣志》記載「鹿仔港港口有水棚，可容六、七十人，冬日捕取烏魚。商船到此，載脂麻、粟、豆」，[11]此時位於港邊的天妃廟應是當地漁民和商船上岸時「船仔媽」恭奉處及少數漢人的信仰中心。依李獻璋提出臺灣早期港口祭祀的是「船仔媽」論點來推論，當時鹿仔港天妃廟祭拜的應該是「船仔媽」，沒有分靈「湄洲媽」的時空環境。所以鹿港舊祖宮的正確創建年代應該是〈重修鹿港舊聖母廟碑記〉所記載的嘉慶21年（1816）的百

jsp?id=A103000059，下載於2019.5.15。
[10]　〈重修鹿港舊聖母廟碑記〉此碑位於鹿港天后宮進三川殿後龍邊走廊牆上。
[11]　周鐘瑄，《諸羅縣志》，頁13。

餘年前，也就是這間海邊規模不大的鹿仔港天妃廟在康熙55年（1716）以前就存在。但創建時間的上限，應該是在鹿港仔社消失後，約在康熙33年（1694）之後。此時漢人來鹿港漸增，才可能草創鹿港天妃廟，讓來鹿港的商船置奉船頭媽，這樣的推論比較吻合增田福太郎的論點。[12]

2017年增補再版的《鹿港天后宮志》根據戰後的資料，將創廟年代寫於萬曆19年（1591），年代再次前移，這個現象其實是臺灣宮廟普遍現象，以《湄洲媽祖志》所收集的臺灣創廟年代如下：

臺北北投關渡宮（1666年），苗栗后厝龍鳳宮（1661年，鄭成功部將），彰化天后宮（1676年），雲林二天后宮（1664年）、斗六長和宮（1666年）、番薯厝順天宮（1668年）、嘉義朝天宮（1677年）、朴子配天宮（1682年）、臺南鹿耳門天后宮（1661年，鄭成功護軍媽），嘉義開臺天后宮（1661年，鄭成功護軍媽），臺南下茄冬泰安宮（1659年）、山上天后宮（1661年，鄭部護軍改屯墾守護神）、善化茄拔天后宮（1661年）、永康鹽行天后宮（1661年，政部將陳永華）、安定蘇厝湄婆宮（1667年）、茅港天后宮（1677年）、西港玉敕慶安宮（1661年），高雄路竹天后宮（1671年）、橋頭鄉天后宮（1674年）、大樹和山寺（明鄭時期，南安陳有德隨軍奉

---

[12] 第一期為部落草創期，此時移民各自帶香火，但因部落未成形，隨時有回鄉的的打算，故此時期尚未有建立寺廟的餘力。第二期為部落構成期，此時期以農民為主，故先有和農民最相關的土地公廟的建立。既成部落後，除土地公廟外，又祀奉其他神佛，祠廟的建立可分以下三種情節：第一種由民宅奉祀至祠堂奉祀，第二種拾到香火或神像的祠堂奉祀，第三種個人攜帶的神像祭祀，大多為僧侶所攜帶的神像。此時期雖有建廟之事實，但極為粗糙簡樸。

像來），屏東慈鳳宮（明鄭時期，高僧）。[13]

　　蔣維錟、朱合浦也在《湄洲媽祖志》書中指出臺灣寺廟創建年代的部分，需要再進一步查證。[14]筆者在讀媽祖史料的過程中，慢慢了解到神話是需要被創造的，很多宮廟也是迫於現實，如不改變宮廟歷史就不能建立香火權威，也不利於擴大信仰範圍。

　　再從媽祖會組織來看，鹿港舊祖宮的大媽（大媽會）是由施氏族群成立，而湄洲二媽（二媽會）和黃姓族群關係匪淺。[15]如果湄洲媽由施家所請，成立的媽祖會應會和湄洲二媽會有關，所以湄洲二媽來臺應與施氏族群（施世榜家族）無關，湄洲二媽應該不是創廟時就已經分靈到舊祖宮了。

　　綜合以上所論，鹿港舊祖宮應該創建在鹿港仔社消失後，約在康熙23年（1684）之後10年間，此時的鹿港漢人漸增，鹿仔港天妃廟位在碼頭區，規模很小。康熙末期施世榜家族，因八堡圳的開發來到鹿港定居，之後拓墾有成，雍乾間獻地擴建媽祖廟。在鹿港舊祖宮廟史中，有項因素絕對不能忽視，就是因為有施世榜家族參與鹿港舊祖宮的廟務活動，才能讓鹿港舊祖宮在乾隆初年就成為中部最重要的媽祖廟。爾後在道光年間，名列《彰化縣志》民祀媽祖廟的首位。但從媽祖會組織來看，鹿港舊祖宮的大媽（大媽會）才是和施氏族群關係深厚，湄洲二媽來臺應與施世榜家族無關。

　　但如果我是以鹿港天后宮的信徒身分來看，我一定會宣傳建廟於萬曆19年（1591），因為開臺媽祖的說法會提升媽祖靈驗

---

[13] 蔣維錟、朱合浦主編，《湄洲媽祖志》，頁187、188。
[14] 蔣維錟、朱合浦主編，《湄洲媽祖志》，頁188。
[15] 鹿港天后宮管理委員會、陳仕賢作，《鹿港天后宮志》，頁66。

度。所以學術歸學術，宗教歸宗教，在此問題上無需過於爭執，建廟時間只需在學術上清楚就好。

鹿港天后宮供奉施世榜牌位旁對聯的抬頭文字

（蕭信宏攝，2019.9.25）

讀歷史150　PC1083

香火競爭：
清代媽祖廟的湄洲進香

作　　者／蕭信宏
責任編輯／楊岱晴、鄭伊庭
圖文排版／黃莉珊
封面設計／王嵩賀

發 行 人／宋政坤
法律顧問／毛國樑　律師
出版發行／秀威資訊科技股份有限公司
　　　　　114台北市內湖區瑞光路76巷65號1樓
　　　　　電話：+886-2-2796-3638　傳真：+886-2-2796-1377
　　　　　http://www.showwe.com.tw
劃撥帳號／19563868　戶名：秀威資訊科技股份有限公司
　　　　　讀者服務信箱：service@showwe.com.tw
展售門市／國家書店（松江門市）
　　　　　104台北市中山區松江路209號1樓
　　　　　電話：+886-2-2518-0207　傳真：+886-2-2518-0778
網路訂購／秀威網路書店：https://store.showwe.tw
　　　　　國家網路書店：https://www.govbooks.com.tw

2023年4月　BOD一版
定價：390元
版權所有　翻印必究
本書如有缺頁、破損或裝訂錯誤，請寄回更換

讀者回函卡

國家圖書館出版品預行編目

香火競爭：清代媽祖廟的湄洲進香 / 蕭信宏著.
-- 一版. -- 臺北市：秀威資訊科技股份有限公
司, 2023.04
　面；　公分
BOD版
ISBN 978-626-7187-76-0(平裝)

1.CST: 媽祖 2.CST: 民間信仰
3.CST: 田野工作 4.CST: 清代

272.71　　　　　　　　　　　112004288